本书是教育部人文社会科学研究青年基金项目“汉语方位词句法语义演变史”（批准文号：11YJC740087）系列研究成果之一

汉语方位词
“上”“下”“内”“外”“里”“中”
发展演变史

The History of the Development and Evolution of the Chinese Direction Words Shang, Xia, Nei, Wai, Li, Zhong

施建平　著

暨南大學出版社
JINAN UNIVERSITY PRESS

中国·广州

图书在版编目（CIP）数据

汉语方位词“上”“下”“内”“外”“里”“中”发展演变史/施建平著．—广州：暨南大学出版社，2018.6
（先秦至清汉语方位词发展演变史研究）
ISBN 978－7－5668－1845－4

Ⅰ．①汉…　Ⅱ．①施…　Ⅲ．①汉语—名词—语言学史　Ⅳ．①H14－09

中国版本图书馆 CIP 数据核字（2016）第 100481 号

汉语方位词“上”“下”“内”“外”“里”“中”发展演变史
HANYU FANGWEICI SHANG XIA NEI WAI LI ZHONG FAZHAN YANBIANSHI
著　者：施建平

出 版 人： 徐义雄
策划编辑： 杜小陆
责任编辑： 齐　心
责任校对： 邓丽藤　刘雨婷
责任印制： 汤慧君　周一丹

出版发行： 暨南大学出版社（510630）
电　　话： 总编室（8620）85221601
营销部（8620）85225284　85228291　85228292（邮购）
传　　真：（8620）85221583（办公室）　85223774（营销部）
网　　址： http：//www. jnupress. com
排　　版： 广州良弓广告有限公司
印　　刷： 虎彩印艺股份有限公司
开　　本： 787mm×960mm　1/16
印　　张： 18. 25
字　　数： 300 千
版　　次： 2018 年 6 月第 1 版
印　　次： 2018 年 6 月第 1 次
定　　价： 56. 00 元

总　序

汉语中的方位词是非常有特色的一类词，它属于名词的一个小类，但在句法功能上又与名词大相异趣。早在20世纪90年代，我就对汉语方位词产生了浓厚的兴趣，收集过一些材料，还为此写过一篇小文章（未刊），后来因为移情别恋于别的课题，就将方位词的相关材料束之高阁了。

2010年前后，我指导的第一届硕士研究生、目前在苏州职业大学学报编辑部就职的施建平同志来找我咨询有关教育部人文社科基金项目的申报事宜，我便竭力向他推荐汉语方位词研究这个课题，希望他花些功夫，做些源流梳理工作，对现代汉语中的方位词系统的形成脉络做个初步的揭示。施建平同志是个有科研激情的人，一旦碰到好的课题他是不会轻易放弃的。当他发现汉语方位词的发展演变这个课题在国内尚未得到很好开展的时候，就一头扎了进去，开始了研究前的一系列热身工作，并以此为课题申报了2011年度的教育部人文社科基金青年项目，结果获得评审专家的青睐得以立项。这也是苏州市职业大学建立以来所获得的第二个教育部人文社科基金给予资助的项目。

课题的跨度很大，从先秦开始一路追踪到清代晚期，绵延数千年。课题的难度之大，恐怕是施建平同志当初所未曾想到的。要做到精准描写，必须要计量；要计量，必须先要建语料库。有了语料库，披沙拣金的工作量就大得惊人，因为“前、后、上、下、左、右、东、西、南、北”等既可为动词，也可为方位词。披沙拣金之后，每一种用法在某部文献中的分布情况统计又是惊人的工作量。这也就是该课题原本计划于2014年结项，结果却一拖再拖的主要原因。

国内各级各类的项目一般以两到三年为研究期限，如果做一部专书语法专题研究，尚能从容对待，但是若对某一类语法现象做跨度千年以上的历时研究，则无疑显得紧迫。民间有慢工出细活之说，一切精品都是在雍容休闲的状态下反复打磨而成的；每天计算着时间的长短，被时间追着奔跑，是出不了好结果的。

在繁重的工作量面前，施建平同志显然压力巨大，便跑来求助，希望我能在计量统计的过程中施以援手。于是，苏州大学文学院的几位研究生便挺身而出，李璐同学承担了方位词“左、右、东、西、南、北”的计量统计工作，季林莉同学承担了方位词“上、下”的计量统计工作，胡敏韬同学则承担了方位词“内、外、里、中”的计量统计工作。虽然在这一过程中，几乎每个星期都有碰头会，大家交流在计量统计过程中碰到的疑难问题，我也尽量参加并给出一些建议，但个中的舛误仍然在所难免，我们也只能听取方方面面的意见并于今后的修订中加以完善。

既然答应给人作序，总得说几句好话。

这套丛书作为一个青年项目的结项成果，初步地且勉为其难地完成了汉语方位词从先秦到清代晚期的发展演变情况的大致勾勒和描写。在这个过程中，作者顺带也先后完成了对先秦、魏晋南北朝、晚唐五代、宋代、元代、明代、清代这七个时点的七部代表性文献的方位词句法语义特点的专书计量描写，为今后学人的深入研究和精确描写提供了可贵的资料。同时，在讨论过程中，作者能不时地印证前哲和时贤在方位词研究中提出的论断，也能对其中的一些论断提出自己的不同意见。

如《世说新语》中有单音节方位词单独作谓语的用例，因此，林晓恒在《中古汉语方位词研究》一书中指出《世说新语》中没有单音节方位词单独作谓语的例句，这种说法是不够准确的。

又如邱斌在其《古今汉语方位词对比研究》一书中将“齐侯不务德而勤远略，故北伐山戎，南伐楚，西为此会也”中的“北”视为作主语的用例，显然是欠妥的，此处的“北”修饰动词“伐”，应是作状语。

一部汉语方位词句法语义演变史究竟应该怎么写，施建平同志给出了他的初步解答。平心而论，他的解答就整体而言是略显粗糙的，但其筚路蓝缕，先行探索的首创之功还是值得肯定的。我倒是认为，施建平同志的探索实践，更大的意义在于抛砖引玉，引起学界对汉语方位词句法语义发展演变问题的关注，并在他初步勾勒的基础上建构一部更加翔实且令人信服的汉语方位词发展演变千年史。

曹　炜

2015 年冬

于苏州市区学士街学士花园寓所

前　言

近年来，方位词研究已成为现代汉语学界的热点问题，在进行方位词研究之前，我们有必要对学界方位词的研究有一个完整而清晰的认识。方位词的研究综述，已有学者做过阐述，但大都侧重于对现代汉语方位词研究的总结。我们在这里将从古代汉语方位词研究和现代汉语方位词研究两个方面对方位词的研究作一个全面的梳理。

古代汉语方位词发展绵延数千年，然而相对于现代汉语，其研究成果则相形见绌。学界对古代汉语方位词的研究大致体现在以下四个方面：

首先是对古代专书中方位词的计量研究。这一方面的研究成果包括梁桦的《〈左传〉方位词研究》、蔡言胜的《〈世说新语〉方位词研究》、蔡思杨的《〈朱子语类辑略〉方位词研究》等。其中，最值得关注的是蔡言胜的这本关于中古方位词的研究著作，该书指出：中古汉语方位词系统内部存在严重的发展不平衡；《世说新语》后置方位词较之先秦使用频率大增，且有泛化和虚化的趋势，其前可依附的名词范围大为扩展，空间方位词的时间、状态隐喻功能，到汉魏以降大有发展；《世说新语》等中古文献中的后置方位词在语义指称上对其前的参照名词有一定的选择性。蔡言胜的这篇文献具有很高的学术价值，作者通过历时比较，从认知语言学的视角剖析了《世说新语》等中古文献中方位词的使用情况，弥补了中古汉语方位词研究中的不足。

其次是对古代汉语方位词的断代研究。如甘露的《甲骨文方位词研究》一文认为甲骨文方位词根据其构成，可以分为单纯方位词和复合方位词，其中，单纯方位词由一个语素构成，有“东、南、西、北、上、中、下、左、右、后”共10个；商代复合方位词还不够完善，构词时语素的排列还有一定的随意性；甲骨文方位词以单义词为主，不过也有一词多义的现象，另外，甲骨文方位词的语法功能也具有多样性。这是关于甲骨文方位词研究为数不多的一篇文章，对于后来金文、先秦文献中方位词的研究有重要的意义。张静的《先秦汉语方位词流研究》将“东、南、西、北”及其组成的合成方位词称为“太阳方位词”，将“左、右、上、下、前、后、内、外”等称为“人事方位词”；先秦时期空间词、合成词产生，方位概念和实体概念开始分离。本文献选取了19部先秦典籍进行封闭式研究，勾勒出了先秦汉语方位词的全貌。

再次是对古代汉语方位词的个案研究。有关这方面的研究著述这些年来比较多，选择的角度大多是方位词的语义探源，如汪维辉的《方位词“里”考源》一文认为方位词“里”是从名词“表里”的“里”转化而来的，而其差别就在于三维空间和二维空间的不同，汪维辉对其用法作了历时的研究，让我们对“里”的发展轨迹有了清晰的认识。张雪芹在《“南”字溯源及其文化意蕴》中指出：最初“南”是一种乐器，后指代一种祭祀时的乐曲，并引申出用“南”来表示方位，这是作者在郭沫若和张富祥先生研究的基础上做出的猜想，对于我们认识“南”在中国古代文化中的内涵有很大帮助。还有一些研究是基于语义探源基础引发的对中国古代尊卑观念的探析，如常林炎的《尊右、尊左辨》一文，该文认为秦汉以前主要是以右为尊的，关于尊左现象，除少数特定环境（民俗等），其他多与阴阳、五行、吉凶等抽象乃至神秘观念相联系，尊右是常，尊左是变。作者用《老子》《礼记》《汉书》等古代典籍中的用例来具体论证自己的观点，并对学界中一些尊左的论据作了驳议，是一篇经典的学术论文。

最后是对古代汉语方位词的功能特点的研究。唐启运的《论古代汉语的处所方位名词》应该是最早对古代汉语方位词功能特点进行较为全面概括的文章，该文论述了古代汉语方位词在语义表达上的作用以及单独或组合入句后的多功能特点，且将处所方位名词归为名词，指出其数量不止一般说的十几个；余心乐的《方位词在古汉语中的动词功能》一文通过对几个典型的单纯方位词的语义分析，列举了它们在古代典籍中的若干用例，得出了古代汉语方位词兼有名词和动词功能的结论，文章对字形、字义的分析对于我们研究其他方位词在方法上提供了指导。祖生利的《元代白话碑文中方位词的格标记作用》一文认为，汉语方位词的后置性特征与蒙古静词等变格成分一致，宋元时期汉语方位词的意义与用法也与其一致，指出了中古汉语方位词的格标记作用，对研究少数民族方位词的使用有重要意义。

除此之外，还有一些研究古汉语方位词的专书著作，如林晓恒的《中古汉语方位词研究》，该书从语义和语法相结合的角度来探讨中古汉语方位词系统的基本情况、方位词系统的演变轨迹、不同词义类方位词的特点及方位词之间的关系。杨伯峻和何乐士的《古汉语语法及其发展》一书认为“上、下、左、右、东、西、南、北”等词在古代基本上是名词，也常和其他一些名词结合，同时讨论了方位词的兼类问题。李佐丰的《先秦汉语实词》认为方位词是一个封闭的词类，可分为具体方位词和抽象方位词，并总结出了先秦汉语方位词的两大特点。张文国和张能甫的《古汉语语法学》主要分析了古代汉语方位词前加“之”“以”“而”的情况，并具体探讨了方位词的句法功能。祁永华的《文言句式》将方位词归为名词的一个附类，重点对方位词的使动句、宾语前置句作了探析。总体而言，古代汉语方位词研究呈现出研究上的不平衡、不深入的特点，微观分析和宏观比较都相对不足，仍有很大的研究空间。

相较于古代汉语方位词的研究，现代汉语方位词的研究取得了丰硕的成果。尤其是近年来认知语言学和语用频率统计在方位词研究上的运用，在现代汉语方位词研究方法上具有开拓性的意义。具体成果主要体现在以下几个方面：

（1）方位词的共时研究和历时研究。

现代汉语方位词的共时研究主要体现在对方位词语法的描写上，同时也与语义相结合。较早对方位词进行穷尽性统计分析的语言学家为吕叔湘先生，他以陈士和评书《聊斋》中的两篇和老舍《骆驼祥子》的前八章共十万字为研究材料，对其中的方位词进行了统计研究，并围绕不同方位词的使用情况、表示同一方位的单音节方位词和双音节方位词的分工条件以及表示同一方位的几个双音节方位词的用法的异同这三方面展开论述。吕叔湘先生在文中提出了方位词“泛向性”和“定向性”的双重意义，取材精当，方法科学，在国内语言学界较早使用了特定语料的穷尽性统计分析方法，结论准确，堪称语言学“方位词”研究史上的经典之作。后来的学者也有一些借鉴了吕叔湘先生的研究方法，如赵元任先生结合语料的统计指出，在有方位词的复合词里，“上”和“里”的结合能力几乎是无限的，而它们的反义词“下”和“外”以及“里”的同义词“内”就差得多。

“语言共时的变异现象是历时演变过程的反映”①，通过对方位词的历时研究，我们可以洞察语言变化中的特点，发现其中的规律性。储泽祥的《汉语空间方位短语历史演变的几个特点》一文从结构方式、结构类别和语义方式上总结出了空间方位短语在历史演变过程中的规律，并得出了方位短语在结构方式上由多种方式发展为单一方式，类别的发展具有不平衡性，其历史演变与民族空间认知能力有密切关系这三个结论。总体而言，这篇文章对方位短语历时研究的文章高度凝练、结构清晰，对我们研究上古到现代汉语方位短语有很大的启发。邱斌的《古今汉语方位词对比研究》几乎描绘了古今方位词的全貌，对以 14 个核心方位字为主的方位词和方位短语进行了古今对比，同时运用了现代流行的认知语言学的研究方法，具有极高的学术价值。

（2）现代汉语方位词的个案研究和研究的专书。

现代汉语方位词的个案研究覆盖面广，形式多样，其中包括单个词的研

① 王文格．现代汉语形谓句优先序列研究［M］．北京：中国社会科学出版社，2010．

究，如窦融久的《方位词“上”管窥》；也有对举方位词的研究，如张乃一的《“左”“右”纵横谈》；也包括几个或几组方位词的研究，如陈楠的《浅谈“前后/左右/上下”》。方位短语的研究有储泽祥的《汉语“在 + 方位短语”里方位词的隐现机制》、周卫红的《“× + 上下/前后/左右”的约量表达研究》等。个案研究的论文数量多，内容分布广，既有语法研究、语义研究、词汇研究，也有文化、心理等方面的研究，此处不再赘述。

随着对方位词研究的不断深入，关于现代汉语方位词研究的专著也越来越多。储泽祥的《现代汉语方所系统研究》一书全面而深入地考察和描写了现代汉语的方所系统，在现代汉语语法研究史上第一次为现代汉语方所整理出了一个“标系统”，在研究方法上重视“表—里—值”三角研究方法的运用，受到了学界的一致好评。齐沪扬的《现代汉语空间问题研究》是与《现代汉语方所系统研究》同时代的作品，作者认为汉语空间关系的表达，除了涉及方位词，还涉及了介词、趋向动词、动词、处所动词等各个方面，这本书在描写汉语空间系统的基础上总结出了一些简明的语言规则，对方位词的一些方面作了合理的解释，同时该书采用了现代汉语先进的研究方法，有很大的创新性。王红厂的《复合方位词“前后”“左右”“上下”研究》一书对反义复合式方位词“前后”“左右”“上下”进行了深入的挖掘，运用了语义功能语法的框架理论，吸收了当代认知语言学、功能语言学和配价语法等理论方法，前人未曾像王红厂先生这样系统地对这三个词进行过研究。

（3）认知视域下的方位词研究。

认知语言学是在吸收了语用学、生成语义学和认知科学等诸多成果的基础上形成的一种研究方法，它注重语言结构的理据分析和解释，正逐渐成为汉语语法研究的一个新热点。因此，从功能和认知上对方位词和方位结构进行研究越来越受到学界的青睐。廖秋忠、沈家煊、崔健、方经民、刘宁生等诸位先生在这方面做出了卓越的成绩。廖秋忠在《空间方位词和方位参考点》中指出位置参考点选择的两个基本条件以及一个次要条件，同时参考点的范围受具体语境的控制，根据语境位置参考点与方位词所指的两种位置关系将方位词分为两类；方经民认为“方位参照是指观察者利用参照点、方位词描写某一客体所处的空间、时间的方位辖域”，并把认知和叙述者的动机联系起来确定位置参照点。认知语言学不仅是一种理论，也是一种方法，在运用认知研究方位词的过程中也存在一些争议，认知视域下研究的不确定性使得一些学者并不认可使用这种研究方法所得出的结论。

（4）方言方位词研究和汉外方位词的对比研究。

方言中的方位词研究也是现代汉语方位词研究中重要的一部分，如郑懿德《福州方言的方位词》将福州方言的方位词分成单音节方位词和合成方位词两类，合成方位词又可分为双音节和三音节方位词两类。中国语文杂志社编的《潮州方言》论述了现代汉语方位词中使用频率较高的一些词在潮州方言中的不同用法。方言中的方位词研究在整个汉语方位词研究中显得比较薄弱，这也是我们今后在方位词研究方面的一个重点工作。

将“汉语置于世界语言变异的范围内来考察”有利于加深我们对汉语特点的认识，在这方面，沈家煊和崔健的论述最有代表性。沈家煊先生对英汉两种语言在目标体和参照体的次序、方所关系的表达等方面作了对比分析，指出汉语在表达空间关系上比英语有更强的由参照体到目标体的顺序倾向。崔健先生对韩语和汉语的方位隐喻和空间关系在结构形式、语义表达上作了对比分析。此外，在一些汉外语言研究的专书中也涉及了方位词的比较研究，如裴晓睿的《泰语语法新编》比较了泰语和汉语方位词的用法。迟军的《汉译日基础教程》涉及了汉语和日语方位词的比较研究。方法上，语序类型相关研究开拓了方位词研究的视野。

总体而言，汉语方位词的研究呈现出以下几个特点：

①现代汉语方位词研究成果丰富且深入，古代汉语方位词研究较薄弱；②以语法和语义研究为主，训诂学方面研究不足；③以方法见长，其中认知语言学成果丰硕，发展迅速；④方位词的研究专书还较为稀少。

在了解了汉语方位词研究的基本概况之后，我们也有必要对本书研究的基本方法和所依据的文献语料情况作个梳理。

本书以七种重要的文献为语料，对方位词中的“左”“右”“东”“西”“南”“北”的语义、句法功能的演变进行了详尽的描述。相关文献及成书年代见下表：

文献名	成书年代
《左传》	战国初期
《世说新语》	公元 425 年
《祖堂集》	公元 952 年
《三朝北盟会编》	宋代
《元刊杂剧三十种》	元代
《金瓶梅词话》	明代
《儿女英雄传》	清代

本书的研究方法主要有：

① 语义研究和语法研究相结合。根据方位词的特点，词语的语义往往是通过与某种句法关系相结合而实现的。本书通过语义和句法相结合的方法对方位词“左”“右”“东”“西”“南”“北”作了较为深入的分析，揭示了其发展与演变规律。

② 共时描写与历时比较相结合。对方位词的历时演变考察，首先是建立在对每个共时层面的细致考察的基础上的，只有把共时层面与历时层面相结合进行分析比较，才能将其发展演变脉络清晰地整理出来，发现内在规律。

③ 描写归纳和解释分析相结合。经过调查、统计，我们可以得到大量相关实例和数据。我们把研究重点放在对这些实例和数据的解释上，并在解释时注意相关理论的运用，如将语言现象置于语法化理论的框架中去讨论等，力图揭示出这些数据所包含的历时演变事实。

④ 定量分析与定性分析相结合。所谓定量分析，就是对处于随机状态的某种语言现象给予数量统计，通过频率、频度、频度链等量化形式来揭示这类随机现象背后所隐藏的规律性。当然，对某现象规律的考察离不开定性分析，所谓定性式方法，即研究主要凭借的是研究者对材料的主观感受和判断。由于定性式方法是主观判断，所以带有一定的不确定性，往往容易造成歧义的产生，因此我们要在充分准备了确切的语料的前提下，坚持在定量分析的基础上作定性分析。

施建平
2015 年 1 月

目　录

第一章　先秦至魏晋南北朝“上”“下”的历时演变

方位词是表示物体空间位置关系的形式标记，既可表示方向，又能表示位置。① 方位词反映事物存在和运动的空间概念，对空间概念的明确反映是有特定作用的，它可以比较完整地表示处所的方向位置，可以明确地区别处所的方位界限，从而使思想能够得到明晰的表达。② “上”“下”方位是人们在认识世界的过程中最早确定的方位之一。早在甲骨文中就已经有了“上”“下”的出现，为指事字，指在物体之上或物体之下。《诗经·周颂》“命不易哉，无曰高高在上”中的“上”指在高处、上面；《诗经·召南》“在南山之下”中的“下”指底部。“上”“下”最初的意义及其最基本的意义就是表方位。《说文解字》中指出“上，高也”，“下，底也”，同样表示方位意义。③

先秦与魏晋南北朝时期的语言有很大的差异，将两个时代的语言贯穿起来，可以看出语言变化的痕迹，方位词“上”“下”演变的历史轨迹也有了清晰的脉络。本章将对先秦至魏晋南北朝时期的方位词“上”“下”进行全面的描写，主要以先秦时期的代表文献（以《左传》为主，兼及《尚书》《论语》等）和魏晋南北朝时期的代表文献（以《世说新语》为主，兼及

---

① 参见蒋绍愚．古汉语词汇纲要［M］．北京：北京大学出版社，1989. 参见唐启运．论古代汉语的处所方位名词［J］．华南师范大学学报，1992（1）．

② 方位词表示处所的哪个方向和哪个位置，因此，人们在反映客观情况时，如果要把某一事物的存在和运动过程所处的具体空间说出来，就往往要把处所名词和处所方位名词组成方位词组一起使用，这种方位词组既表明了处所，又表明处所的具体方向和具体位置。参见唐启运．论汉语的处所方位名词［J］．华南师范大学学报（社会科学版），1992（1）．

③ 在《现代汉语词典》第六版中，方位词“上”共有 8 个义项，分别是：位置在高处的；次序或时间在前的；等级或品质高的；旧时指皇帝；向上面；用在名词后，表示物体的表面；用在名词后，表示在某种事物的范围以内；用在名词后，表示某一方面。方位词“下”共有 7 个义项，分别是：位置在低处的；次序或时间在后的；表属于一定范围、情况、条件等；等级或品级低的；向下面；表示当某个时间或时节；用在数目字后面，表示方面或方位。

《史记》《战国策》等)①。

第一节　“上”“下”的语义特征演变

一、“上”“下”单独作句法成分时的语义演变

《左传》中单独作句法成分的“上”共出现63例，其语义特征主要表现在空间义、引申义和动作义。其中引申义表示等级、品质、状态，动作义有使动、意动、处动用法。

1. 空间义，实指空间位置，共有4例，即：

中美能黄，上美为元，下美则裳，参成可筮。(昭公十二年)

顾而见人，黑而上偻，深目而豭喙。号之曰：“牛！助余!”乃胜之。(昭公四年)

有陈豹者，长而上偻，望视，事君子必得志，欲为子臣。(哀公十四年)

公曰：“所难子者，上有天，下有先君。”(哀公十四年)

其中，以上各例中的“上”指身体的上半部分，可译为“上半身”。

2. 引申义，皆引申为主观义。常引申为等级、地位高，表示“在上位者”，代指指人名词，共29例，如：

故天子建国，诸侯立家，卿置侧室，大夫有贰宗，士有隶子弟，庶人工商，各有分亲，皆有等衰。是以民服事其上而下无觊觎。(桓公二年)

所谓道，忠于民而信于神也。上思利民，忠也；祝史正辞，信也。(桓公六年)

---

① 李学勤先生在《〈左传〉是研究古代历史文化的基础》中认为，建立古史系统的主要依据是《史记》，其依据除了《诗经》《书经》《世本》以外，最主要的就是《左传》。参见李学勤.《左传》是研究古代历史文化基础[J].中国文化研究，2009(4)：19-22. 理由之一，是如今我们所见的《左传》版本，汉代刘向并未进行过窜改，到了晋代，杜预还利用出土文献进行过校勘。理由之二，《左传》是考古学者必须熟悉的文献。如河南的淅川下寺一号墓，发现了大鼎上有长篇铭文，铭文的器主“王子午”，又称“令尹子庚”，这是谁呢？实际上古书里有“王子午”，即“令尹子庚”，只有《左传》记载下来。如果不用《左传》，就没法研究。1973年，湖北当阳季家湖出土了一件铜钟，铭文不全：“王卑命竞平王之定救秦戎”。“竞平王之定”，许多学者写文章讨论了半天，都没解释清楚。其实，《左传》中就有“××之××”式的人名格式，竞平王就是景平王，“子”在上古音系中归“之”部，因此“竞平王之定”即“景平王子定”。《左传》里保存了很多这样的例子。李学勤认为，“如果没有《左传》，我们永远没法解释，所以说《左传》是我们研究古代的历史文化，包括古代的经典的重要基础”。

礼不卜常祀，而卜其牲、日，牛卜日曰牲。牲成而卜郊，上怠慢也。（僖公三十一年）

初，伯宗每朝，其妻必戒之曰：“‘盗憎主人，民恶其上。’子好直言，必及于难。”（成公十五年）

3. 还可以引申为位序、位次在前，表示“位次先后关系”，共14例，如：

不可。臣闻之，大上以德抚民，其次亲亲以相及也。（僖公二十四年）

豹闻之，大上有立德，其次有立功，其次有立言，虽久不废，此之谓不朽。（襄公二十四年）

公曰：“善哉！寡人今而后闻此礼之上也。”（昭公二十六年）

今纵无法以遗后嗣，而又收其良以死，难以在上矣。（文公六年）

以上除后3例，其余皆可译为“上位”“在上位”。

4. 较少用例引申为水平高、状态好，共3例，即：

既战，简子曰：“吾伏弢呕血，鼓音不衰，今日我上也。”（哀公二年）

大子曰：“吾救主于车，退敌于下，我，右之上也。”（哀公二年）

邮良曰：“我两靷将绝，吾能止之，我，御之上也。”（哀公二年）

5. 动词义，为方位词活用。其中，使动用法共有5例，可译为“使……上”，如：

母淫子辟，无威。陈小而远，无援。将何安焉？杜祁以君故，让偪姞而上之，以狄故，让季隗而己次之，故班在四。（文公六年）

又使栾黡，辞曰：“臣不如韩起。韩起愿上赵武，君其听之！”（襄公十三年）

范匄少于中行偃而上之，使佐中军。韩起少于栾黡，而栾黡、士鲂上之，使佐上军。（襄公九年）

6. 意动用法共有4例，可译为“以……为上”，如：

季梁曰：“楚人上左，君必左，无与王遇。且攻其右，右无良焉，必败。偏败，众乃携矣。”（桓公八年）

故禹不先鲧，汤不先契，文、武不先不窋。宋祖帝乙，郑祖厉王，犹上祖也。（文公二年）

7. 处动用法共有4例，可译为“在……上”，如：

公曰：“君子不欲多上人，况敢陵天子乎！苟自救也，社稷无陨，多矣。”（桓公五年）

范匄少于中行偃而上之，使佐中军。韩起少于栾黡，而栾黡、士鲂上之，使佐上军。（襄公九年）

《左传》中“上”单独作句法成分时，它的语义特征情况分析如下：

语义特征	空间义	引申义			动作义		
		等级	位序	状态	使动	意动	处动
个数	4	29	14	3	5	4	4
总计	4	46			13		

由上表可知，《左传》中“上”多用作引申义，约是空间义的12倍，约是动作义的4倍。其中等级义占绝大部分，是引申义的63.04%。表示空间的意义最少，仅占全部意义的6.35%。

发展到《世说新语》时期，单独作句法成分时的“上”共出现23例，用例骤减，语义特征也产生了一定的变化。《世说新语》中“上”的语义特征如下：

1. 空间义共有10例，如：

上有万仞之高，下有不测之深。（德行第一）
见令史受杖，上捎云根，下拂地足。（政事第三）
其母愍之，窃以锦被蒙上。（规箴第十）
时有群猪来饮，直接去上，便共饮之。（任诞第二十三）

其中，第三例指身体的上半部分，可译为“上半身”。

2. 时间义，指称时间，有2例，如：

籍商略终古，上陈黄、农玄寂之道，下考三代盛德之美以问之，仡然不应。（栖逸第十八）

3. 引申义同样可以引申为等级、地位高，包含表示“皇上”意义，共9例，如：

上意欲令小加弘润。（政事第三）

齐帅贱，其求不多，不如下之。（昭公二十二年）

《左传》中“下”单独作句法成分时，它的语义特征情况分析如下：

语义特征	空间义	时间义	引申义		动作义	
			等级	位序	使动	处动
个数	13	1	21	4	8	9
总计	13	1	25		17	

由上表可知，《左传》中“下”也多用作引申义，其中表示等级这一用法的情况最多，表示时间的意义较少。且“下”与“上”相比，少了表示时间、状态和意动的用法。

发展到《世说新语》时期，单独作句法成分的“下”共出现22例，用例同样骤减，但语义特征有些许变化。其语义特征主要如下：

1. 空间义，共6例，如：

上为甘露所沾，下为渊泉所润。（德行第一）
见山巨源，如登山临下，幽然深远。（赏誉第八）
火在熨斗中而柄尚热，今既着襦，下亦当暖，故不须耳。（夙慧第十二）
袁绍年少时，曾遣人夜以剑掷魏武，少下，不著。（假谲第二十七）

2. 时间义，共2例，与“上”例相同。
3. 引申义，多表示等级、地位的，共有7例，如：

群下不宁，不审尊体起居何如？（言语第二）
冲乃粗下意。（政事第三）
犯上难，摄下易。（品藻第九）
昔唐尧在上，四凶在下。（排调第二十五）

4. 也可表示位序、位次在后，仅有1例，即：

圣人忘情，最下不及情。情之所钟，正在我辈。（伤逝第十七）

5. 还可以表示程度，共有2例，即：

于是庾下声语曰：“定何似？”（轻诋第二十六）
袁绍年少时，曾遣人夜以剑掷魏武，少下，不著。（假谲第二十七）

6. 动作义有使动用法，仅有1例，即：

谢公夫人帏诸婢，使在前作伎，使太傅暂见，便下帏。（贤媛第十九）

7. 还有处动用法，共有3例，如：

此蔺相如所以下廉颇也。（识鉴第七）

钟不以贵陵郝，郝亦不以贱下钟。（贤媛第十九）

《世说新语》中“下”单独作句法成分时，它的语义特征情况分析如下：

语义特征	空间义	时间义	引申义			动作义	
			等级	位序	程度	使动	处动
个数	6	2	7	1	2	1	3
总计	6	2	10			4	

由上表可知，《世说新语》中“下”多用作引申义，其中表示等级这一用法的情况最多，表示时间的意义较少。

《左传》和《世说新语》中“下”均多用作引申义，其中等级义最多。在《左传》时期，空间义与时间义的比例为13∶1，而在《世说新语》时期，空间义减少而时间义增多，空间义与时间义的比例为3∶1，但空间义所占比例仍高于时间义。此外，与“上”的使用情况相同，《世说新语》中动作义使用频率骤减。

二、“上/下＋XP”中“上”“下”的语义演变

“上”“下”放于名词之前，作前置构词语素或用作定语，对后面的名词起修饰限定作用。

《左传》中放于名词之前的“上”出现了77例，其语义特征主要有空间义、时间义、引申义。

1. 表空间义的共5例，当“XP”为抽象名词，有“上天”（1例）、“上流”（2例）、“上国”（1例），如：

上天降灾，使我两君匪以玉帛相见，而以兴戎。（僖公十五年）

秦人毒泾上流，师人多死。（襄公十四年）

夏，楚子使然丹简上国之兵于宗丘，且抚其民。（昭公十四年）

上举最后一例中，“上”指楚国的西边，此处以西为上，以东为下。①

当“XP”为具体名词，仅1例，即：

公敛处父帅成人，自上东门入，与阳氏战于南门之内，弗胜。（定公八年）

上例指鲁国都城东面的北门，此处以北为上，以南为下。

2. 时间义，指称时间②，有2例，皆为“上辛”，如：

鲁将以十月上辛，有事于上帝先王，季辛而毕。③（哀公十三年）

3. 引申义，有70例，表示“等级较高、地位尊贵”的共有68例。当“XP”为抽象名词，主要有“上帝”（6例）、“上国”（5例）、“上命”（1例）、“上位”（1例）、“上禄”（1例）、“上公”（1例）、“上令”（1例），如：

昭告昊天上帝、秦三公、楚三王曰：“余虽与晋出入，余唯利是视。”（成公十三年）

吴为封豕、长蛇，以荐食上国，虐始于楚。（定公四年）

实列受氏姓，封为上公，祀为贵神。（昭公二十九年）

中行寅为下卿，而干上令，擅作刑器，以为国法，是法奸也。（昭公二十九年）

当“XP”为职官名词，主要有“上卿”（16例）、“上军”（26例）、“上大夫”（9例）、“上介”（1例），如：

凡公女嫁于敌国，姊妹则上卿送之，以礼于先君；公子则下卿送之。（桓公三年）

纳我而无二心者，吾皆许之上大夫之事，吾愿与伯父图之。（庄公十四年）

使狐偃将上军，让于狐毛，而佐之。（僖公二十七年）

上介芋尹盖对曰：“寡君闻楚为不道，荐伐吴国，灭厥民人。”（哀公十五年）

还可以表示品质、质量高，主要有“上乘”（1例）、“上物”（1例），即：

---

① 《淮南子·天文训》里记载了远古人民对中国地势地貌的看法：西北为高，东南为低。高则为上，低则为下。西和北为上，东和南为下。“西为上、东为下”的观念，古今是一致的。

② 曾有学者研究表明，几乎在所有语言中，表示时间的词语都来自空间概念。

③ 胡裕树曾谈到“上半夜”“下半夜”中“上”“下”不是方位词，而是区别词。“上辛”类似此种情况，但在此不予采纳。

尝献马于季孙，不入于上乘，故又献此，请与子乘之。(哀公六年)
周之王也，制礼，上物不过十二，以为天之大数也。(哀公七年)

《左传》中“上”放于名词之前，作前置构词语素或用作定语时，其语义特征情况如下：

语义特征	空间义	时间义	引申义	
			等级	品质
个数	5	2	68	2
总计	5	2	70	

由上表可知，《左传》中“上”放于名词之前，作前置构词语素或用作定语时，主要表示引申义，其中等级义占97.14%。

发展到《世说新语》时期，“上+XP”的用例出现8例，用例骤减幅度增大，其语义特征情况为：

1. 空间义中“XP”均为抽象名词，有“上流”(2例)，如：

桓公将伐蜀，在事诸贤咸以李势在蜀既久，承藉累叶，且形据上流，三峡未易可克。(识鉴第七)

2. 引申义，表示等级较高、地位尊贵。当“XP”抽象名词时，有“上流”(1例)、“上人”(1例)、“上坐”(1例)、“上国”(1例)、“上客”(1例)，如：

尔时语已神悟，自参上流。(言语第二)
上人当是逆风家，向来何以都不言？(文学第四)
卫军，僧弥殊不肃省，乃侵陵上国也。(雅量第六)

当“XP”为职官名词，有“上佐”(1例)，即：

作白事成，以见存，存时为何上佐，正与謇共食。(政事第三)

《世说新语》中“上”放于名词之前，作前置构词语素或用作定语时，其语义特征情况如下：

语义特征	空间义	等级义
个数	2	6

由上表可知，《世说新语》中“上”放于名词之前，作前置构词语素或用作定语时，主要表示等级义。

《左传》和《世说新语》中“上”作前置构词语素或用作定语时，还是主要表示等级义，《世说新语》时期并未发现时间义。

《左传》中“下+XP”的用例出现64例，其语义特征主要有空间义、等级义。具体如下：

1. 空间义，有“下道”（1例）、“下风”（1例）、“下体”（1例），即：

秦子、梁子以公旗辟于下道，是以皆止。（庄公九年）

君履后土而戴皇天，皇天后土实闻君之言，群臣敢在下风。（僖公十五年）

采葑采菲，无以下体。（僖公三十三年）

2. 引申义，表示等级、地位低。当“XP”为抽象名词时，主要有“下国”（3例）、“下臣”（14例）、“下民”（2例）、“下位”（1例）、“下人”（1例）、“下妾”（1例）、“下妃”（1例）、“下吏”（1例）、“下等”（1例），如：

秋，狐突适下国，遇大子。（僖公十年）

下民之孽，匪降自天，僔沓背憎，职竞由人。（僖公十五年）

固在下位而有不仁，不可谓元。（襄公九年）

当“XP”为职官名词时，主要有“下卿”（6例）、“下军”（28例）、“下大夫”（2例），如：

晋侯作二军，公将上军，大子申生将下军。（闵公元年）

克敌者，上大夫受县，下大夫受郡，士田十万，庶人工商遂，人臣隶圉免。（哀公二年）

怀子为下卿，宣子使城著而遂逐之。（襄公二十一年）

《左传》中“下”放于名词之前，作前置构词语素或用作定语时，其语义特征情况如下：

语义特征	空间义	等级义
个数	3	61

由上表可知，“下”放于名词之前，作前置构词语素或用作定语时，等级义占95.31%。

发展到《世说新语》时期，“下＋XP”的用例出现16例，用例幅度骤减，其语义特征均为引申义，情况如下：

1. 表示等级、地位低，有“下舍”（1例）、“下意”（1例）、“下坐”（3例）、“下官”（9例）、“下都”（1例），如：

尝因行散，率尔去下舍，便不复还，内外无预知者。（德行第一）

诸人在下坐听，皆云可通。（文学第四）

公戎车犯正，下官忝率六军，而王师不振，以此负公。（方正第五）

2. 表示质量差，有“下策”（1例），即：

伯仁笑曰：“阿奴火攻，固出下策耳！”（雅量第六）

《世说新语》中“下”放于名词之前，作前置构词语素或用作定语时，其语义特征情况如下：

语义特征	引申义	
	等级	质量
个数	15	1

由上表可知，《世说新语》中“下”放于名词之前，作前置构词语素或用作定语时，均表示引申义，且等级义占93.75%。

《世说新语》中“下”作前置构词语素或用作定语时，未发现其空间义，且新增了表示质量的意义，但用例较少。

经过前文的考察发现，“上”“下”单独作句法成分和作前置构词语素或用作定语两种情况下，先秦时期的用例明显多于魏晋南北朝时期。由此可知，这两种情况正随着时间发展而慢慢减少。

三、“X（＋之）＋上/下”中“上”“下”的语义演变

“上”“下”与名词性成分结合，作为后置方位词，构成方位词组，即

“X（+之）+上/下”，表示处所义。①

《左传》中“X（+之）+上”的用例出现55例，其语义特征主要有以下几类：

1. 当“X”为指物名词时，共有46例，均实指空间方位，有五种意义。

第一，表示某一事物之上但并不接触的上方空间，没有承载与被承载的关系。仅有1例。“X”为无生普通名词，即：

光，远而自他有耀者也。《坤》，土也。《巽》，风也。《乾》，天也。风为天于土上，山也。（庄公二十二年）

第二，表示物体的顶部或表面，有承载与被承载的关系。

当“X”为无生普通名词时，共16例，如：

有山之材而照之以天光，于是乎居土上，故曰：“观国之光，利用宾于王。”（庄公二十二年）

晋侯围曹，门焉，多死，曹人尸诸城上，晋侯患之，听舆人之谋曰：“称舍于墓。”（僖公二十八年）

夫子获罪于君以在此，惧犹不足，而又何乐？夫子之在此也，犹燕之巢于幕上。（襄公二十九年）

成子衣制，杖戈，立于阪上，马不出者，助之鞭之。（哀公二十七年）

孟、仲之子杀诸塞关之外，投其首于宁风之棘上。（昭公五年）

物体可以是实心的、不可容性的，如第二、三、五例，也可以是空心的、可容性的，如第四、六例。当“X”为有生普通名词时，有2例，即：

楚令尹围请用牲，读旧书，加于牲上而已。晋人许之。（昭公元年）

牛虽瘠，偾于豚上，其畏不死？（昭公十三年）

当“X”为无生专有名词时，有2例，即：

甲戌，将战，邮无恤御简子，卫太子为右。登铁上，望见郑师众，大子惧，自投于车下。（哀公二年）

掘褚师定子之墓，焚之于平庄之上。（哀公二十六年）

第三，表示江河的上方边侧，即“边侧”义，没有承载与被承载的关系。

---

① 唐启运曾认为这种方位词组在结合关系上是一种偏正结构，方位词处于中心语位置，即“X（+之）+上/下”，这种方位词组常与介词“于”构成介词结构使用。方位词进入句子之后，即使是单独使用，结合上下文和具体语境，也可以知道所指的是什么处所的方向、位置、位界和范围。

当“X”为无生专有名词[①]时，如“河上”“颍上”“泗上”“昌衍之上”“彭水之上”等，共有21例，如：

郑人恶高克，使帅师次于河上，久而弗召。师溃而归，高克奔陈。郑人为之赋《清人》。(闵公二年)

十月庚午，围郑。楚公子申救郑，师于汝上。(成公十七年)

夏五月，晋韩厥、荀偃帅诸侯之师伐郑，入其郛，败其徒兵于洧上。(襄公元年)

晋侯使荀会逆吴子于淮上，吴子不至。(襄公三年)

当“X”为无生普通名词时，仅有1例，即：

与渠丘公立于池上，曰：“城已恶!”(成公八年)

第四，表示物体的垂直接触面，含有“附着”意义，仅有1例，即：

过伯有氏，其门上生莠。子羽曰：“其莠犹在乎?”(襄公三十年)

第五，表示物体以外但紧靠物体的位置，有2例，即：

居肓之上，膏之下，若我何?(成公十年)

在肓之上，膏之下，攻之不可，达之不及，药不至焉，不可为也。(成公十年)

《左传》中“上”作为后置方位词，“X”为指物名词时，其情况如下：

语义特征	上方空间	顶部或表面	上方边侧	垂直接触面	物体以外但紧靠物体的位置
个数	1	20	22	1	2
频率	2.17%	43.48%	47.83%	2.17%	4.35%

由上表可知，《左传》中“上”作为后置方位词，“X”为指物名词时，均实指空间方位，“顶部或表面”义和“上方边侧”义占绝大多数，其余意义都较少。

2. 当“X”为指人名词时，均引申为位序在前、地位高的意义，可译为

① 这里以生命度高低、可数与否、普通抑或专有等为类别参考项，对后置方位词前的参照名词“X”成分进行认知语义考察。

“位置在上的”，共有4例，如：

岂其使一人肆于民上，以从其淫，而弃天地之性？（襄公十四年）

伯有侈而愎，子皙好在人上，莫能相下也。（襄公三十年）

犹求圣哲之上，明察之官，忠信之长，慈惠之师，民于是乎可任使也，而不生祸乱。（昭公六年）

3. 当“X”为代词时，共有5例，有以下两种情况：

第一，代词指代物体，实指空间方位，共有4例，即：

晋御其上，戎亢其下，秦师不复，我诸戎实然。（襄公十四年）

将行，谋于桑下。蚕妾在其上，以告姜氏。（僖公二十三年）

公使大史固归国子之元，置之新箧，褽之以玄纁，加组带焉。置书于其上，曰：“天若不识不衷，何以使下国？”（哀公十一年）

得梦启北首而寝于卢门之外，己为鸟而集于其上，咮加于南门，尾加于桐门。（哀公二十六年）

第二，代词指代人。表示位序在前、地位高，仅有1例，即：

王唯信吴，故处诸蔡，二三子莫之如也。而在其上，不亦难乎？（昭公十五年）

《左传》中“上”作为后置方位词，“X”为代词时，其语义特征情况如下：

语义特征	空间义	等级义
个数	4	1

由上表可知，《左传》中“上”作为后置方位词，“X”为代词时，空间义多于等级义。

发展到《世说新语》时期，“X（+之）+上”的用例共出现64例，用例有所增加，其语义特征情况如下：

1. 当“X”为指物名词时，共有53例，有五种意义。

第一，表示某一事物之上但并不接触的上方空间，没有承载与被承载的关系。仅有1例，“X”为无生普通名词，即：

令史受杖，正从朱衣上过。（政事第三）

第二，表示物体的顶部或表面，有承载与被承载的关系。

当“X”为无生普通名词时，共24例，如：

玄亦疑有追，乃坐桥下，在水上据展。（文学第四）

渊使少年掠劫，渊在岸上，据胡床指麾左右，皆得其宜。（自新第十五）

既见，坐之独榻上与语。（排调第二十五）

当“X”为无生专有名词时，有4例，如：

羊叔子自复佳耳，然亦何与人事，故不如铜雀台上妓。（言语第二）

见裴叔则，如玉山上行，光映照人。（容止第十四）

第三，表示上方边侧，即“边侧”义，没有承载与被承载的关系。

当“X”为无生专有名词时，共有3例，如：

谢公与人围棋，俄而谢玄淮上信至，看书竟，默然无言，徐向局。（雅量第六）

东信至，传淮上大捷。（尤悔第三十三）

当“X”为无生普通名词时，有2例，如：

尝见井上取水，举动容止不失常，未尝忤观，以此知之。（贤媛第十九）

第四，表示物体的垂直接触面，含有“附着”意义，有2例，即：

碑背上见题作“黄绢幼妇，外孙齑臼”八字。（捷悟第十一）

安后来，值康不在，喜出户延之，不入，题门上作“凤”字而去。（简傲第二十四）

第五，实指范围，泛指某一空间领域，即事物的内部，相当于“里”“中”“内”，共有17例，如：

桓公见谢安石作简文谥议，看竟，掷与坐上诸客曰：“此是安石碎金。”（文学第四）

射，误中舵工，应弦而倒，举船上咸失色分散。（雅量第六）

王独在舆上回转，顾望左右移时不至，然后令送著门外，怡然不屑。（简傲第二十四）

王谓厕上亦下果，食遂至尽。（纰漏第三十四）

《世说新语》中“上”作为后置方位词，“X”为指物名词时，其情况如下：

语义特征	上方空间	顶部或表面	上方边侧	垂直接触面	事物的内部，表范围
个数	1	28	5	2	17
频率	1.89%	52.83%	9.43%	3.77%	32.08%

由上表可知，《世说新语》中“上”作为后置方位词，“X”为指物名词时，均实指空间方位，“顶部或表面”义和“事物的内部”义占绝大多数，其余意义都较少。

2. 当“X”为身体名词时，均表示身体的表面。有以下3种情况：

当表示水平表面时，有1例，即：

汝看我眼光，乃出牛背上。（雅量第六）

当表示垂直表面时，含“附着”之意，有1例，即：

顾长康画裴叔则，颊上益三毛。（巧艺第二十一）

当表示立体表面，有3例，如：

既还，蓝田爱念文度，虽长大，犹抱着膝上。（方正第五）

既而唤顾共行，顾乃命左右取杭上新衣，易己体上所著。（排调第二十五）

除此之外，值得注意的是，这一时期出现了将事物拟人以表示方位的情况，如：牛背上、盖头上、碑背上。

3. 当“X”为指人名词时，均引申为位序在前、地位高的意义，可译为“位置在上的”，共有2例，即：

见裴令公精明朗然，笼盖人上，非凡识也。（赏誉第八）

仲举遂在三君之下，元礼居八俊之上。（品藻第九）

4. 当“X”为时间名词，表示时间，有1例，即：

廉颇、蔺相如虽千载上死人，懔懔恒如有生气。（品藻第九）

5. 当“X”为代词时，有以下两种情况：

第一，实指空间方位，共有2例，即：

千岩竞秀，万壑争流，草木蒙笼其上，若云兴霞蔚。（言语第二）

但明点童子，飞白拂其上，使如轻云之蔽日。（巧艺第二十一）

第二，表示虚拟处所，有 1 例，即：

殷中军见佛经，云：“理亦应在阿堵上。”（文学第四）

《左传》和《世说新语》中“上”作为后置方位词，“X”为指物名词时，《左传》中“上方边侧”义和“顶部或表面”义占绝大多数。《世说新语》中“顶部或表面”义使用频率依旧很高，且新增了实指范围义，泛指某一空间领域，相当于“里”“中”“内”。“X”为指物名词以外的其他名词时，值得注意的有以下几点：

（1）在魏晋南北朝时期，出现了“X”为身体名词的情况，均表示身体的表面，可以表示水平表面、垂直表面、立体表面三种情况。除此之外，这一时期出现了将事物拟人以表示方位的情况，如：牛背上、盖头上、碑背上。

（2）“X”可以为时间名词，表示时间。

（3）“X”为代词时没有了指代人物的情况，却出现了表示虚拟处所的情况，如：

殷中军见佛经，云：“理亦应在阿堵上。”（文学第四）

由上面的分析可以看出，《世说新语》时期“上”的虚指义已经开始萌芽。但实指空间义占绝大多数，多达 93.75%。

《左传》中“X（+之）+下”用例出现了 47 例，其语义特征如下：

1. 当“X”为指物名词时，实指空间方位，有 5 种意义。

第一，表示物体下部的周边或附近，且物体与地面有所接触，内部不具有可容性，共有 23 例。

当“X”为无生普通名词时，共 20 例，如：

楚人坐其北门，而覆诸山下，大败之，为城下之盟而还。（桓公十二年）
将行，谋于桑下。（僖公二十三年）
十有八年春王二月丁丑，公薨于台下。（文公十八年）

当“X”为无生专有名词时，共 3 例，如：

文夫人敛而葬之郐城之下。（僖公三十三年）
六月壬申，师至于靡笄之下。（成公二年）

第二，表示物体的垂直下方，物体与地面形成一个可容性的空间，共有 7 例，均为无生普通名词，如：

射其左，越于车下。（成公二年）

先登，求自门出，死于溜下。（定公九年）
大国在敝邑之宇下，是以告急。（哀公二十七年）
普天之下，莫非王土。率土之滨，莫非王臣。（昭公七年）

第三，表示物体的内部，物体本身具有可容性且与地面接触，共有 5 例，均为无生普通名词，如：

及享，具五献之笾豆于幕下。（昭公元年）
又战于棘下，阳氏败。（定公八年）
使毛迁孺子于骀，不至，杀诸野幕之下，葬诸殳冒淳。（哀公六年）

第四，表示物体的侧面下方，物体是一个与地面垂直的平面，共有 2 例，均为无生普通名词，即：

见公之足于户下，遂弑之，而立无知。（庄公八年）
七战皆获，有马百乘，死于牖下。（哀公二年）

第五，表示物体以内紧靠着物体的位置，有 2 例，即：

居肓之上，膏之下，若我何？（成公十年）
在肓之上，膏之下，攻之不可，达之不及，药不至焉，不可为也。（成公十年）

“下”作为后置方位词，“X”为指物名词时，其情况如下：

语义特征	下部的周边或附近	垂直下方	物体内部	侧面下方	物体以内紧靠着物体的位置
个数	23	7	5	2	2
频率	58. 97%	17. 95%	12. 82%	5. 13%	5. 13%

由上表可知，“下”作为后置方位词，“X”为指物名词时，均实指空间方位，“下部的周边或附近”义占优势地位。

2. 当“X”为指人名词时，表示位序在后、地位低，共有 5 例，如：

位于七人之下，而求掩其上。（成公十六年）
韩起之下，赵成、中行吴、魏舒、范鞅、知盈。（昭公五年）
羊舌肸之下，祁午、张趯、籍谈、女齐、梁丙、张骼、辅跞、苗贲皇，皆诸侯之选也。（昭公五年）

能信不为人下。(昭公元年)

3. 当“X”为抽象名词时，表示位序在后，有1例，即：

固将谋子，子早图之。图之，莫如尽灭之。需，事之下也。(哀公六年)

4. 当“X”为代词时，实指出空间方位，有2例，即：

丑父寝于轏中，蛇出于其下，以肱击之，伤而匿之，故不能推车而及。(成公二年)

晋御其上，戎亢其下，秦师不复，我诸戎实然。(襄公十四年)

发展到《世说新语》时期，“X（+之）+下”的用例出现66例，用例有所增加，其语义特征情况如下①：

1. 当“X”为指物名词，实指空间方位，有6种情况。

第一，表示物体下部的周边或附近，且物体与地面有所接触，内部不具有可容性，共有9例。

当“X”为无生普通名词时，共6例，如：

人想王荆产佳，此想长松下当有清风耳。(言语第二)

斐令公目王安丰：“眼烂烂如岩下电。”(容止第十四)

康方大树下锻，向子期为佐鼓排。(简傲第二十四)

当“X”为无生专有名词，共3例，即：

谢公时，兵厮逋亡，多近窜南塘下诸舫中。(政事第三)

长舆曰：“必大夏门下盘马。”(方正第五)

王武子被责，移第北邙下。(汰侈第三十)

第二，表示物体的垂直下方，物体与地面形成一个可容性的空间，共有10例，均为无生普通名词，如：

儿徐进曰：“大人岂见覆巢之下，复有完卵乎？”(言语第二)

玄亦疑有追，乃坐桥下，在水上据展。(文学第四)

庇其宇下，使人忘寒暑。(赏誉第八)

第三，表示物体的内部，相当于“里、中、内”。

当“X”为无生普通名词时，共有20例，如：

① “下”作为后置方位词，这里“足下”“陛下”这类完全成词的结构不计入其中。

王东亭到桓公吏，既伏阁下，桓令人窃取其白事，东亭即于阁下更作，无复向一字。（文学第四）

王丞相主簿欲检校帐下，公语主簿：“欲与主簿周旋，无为知人几案闲事。”（雅量第六）

征西密遣人察之，至日，乃往荆州门下书佐家，处之怡然，不异胜达。（任诞第二十三）

“门下”指在某人门庭之下或门生、门客，“阁下”指在官署之中，在此时有其特定内涵。蔡言胜指出，“门下”“阁下”属于处所泛指，显示了“门下”“阁下”完全词汇化并成为固定用语的过渡状态。①

当“X”为无生专有名词时，有8例，如：

庾太尉在洛下。（赏誉第八）

陈林道在西岸，都下诸人共要至牛渚会。（豪爽第十三）

崖在京下有好桃，玄连就求之，遂不得佳者。（排调第二十五）

“洛下”指洛阳，“都下”“京下”均指京都。蔡言胜指出，“下”近于方位处所标记，大致相当于“洛中”“都中”“京中”。②

另外，文中有“顷下论以我比安期、千里，亦推此二人。”（品藻第九）一句，“顷下”为“洛下”讹误，故也放入其中。③

第四，表示物体的侧面前方，物体与地面有接触，相当于“前”，有8例，均为无生普通名词，如：

文帝兄弟每造其门，皆独拜床下。其见礼如此。（方正第五）

诸君莫轻道，仁祖企脚北窗下弹琵琶，故自有天际真人想。（容止第十四）

尝行从棺邸下度，流涕悲伤。（棺材铺前）（纰漏第三十四）

第五，表示物体的附近、边侧，相当于“旁、边”，有2例，均为无生普通名词，即：

居在临海，住兄侍中墓下（指墓旁）。（栖逸第十八）

王子猷出都，尚在渚下（指小洲边）。（任诞第二十三）

第六，表示虚拟处所，有1例，即：

---

① 参见蔡言胜.《世说新语》方位词研究［D］. 上海：复旦大学，2005.

② 柳士镇，刘开骅. 世说新语全译［M］. 贵阳：贵州人民出版社，2008.

③ 参见蔡言胜.《世说新语》方位词研究［D］. 上海：复旦大学，2005.

曹蜍、李志虽见在，厌厌如九泉下人。（品藻第九）

《世说新语》中“下”作为后置方位词，“X”为指物名词时，其情况如下：

语义特征	下部的周边或附近	垂直下方	物体的内部	侧面前方	附近、边侧	虚拟处所
个数	9	10	28	8	2	1
频率	15.52%	17.24%	48.28%	13.79%	3.45%	1.72%

由上表可知，《世说新语》中“下”作为后置方位词，“X”为指物名词时，均实指空间方位，“物体的内部”义占优势地位。

2. 当“X”为指人名词时，有两种情况。

第一，表示位序在后、地位低，共有3例，如：

诸葛道明初过江左，自名道明，名亚王、庾之下。（识鉴第七）

仲举遂在三君之下，元礼居八俊之上。（品藻第九）

第二，虚指范围，相当于“中”，有1例，即：

出自厮下，不愿名器。（任诞第二十三）

3. 当“X”为身体名词时，实指空间方位，相当于“前”，有1例，即：

唯阿奴碌碌，当在阿母目下耳。（识鉴第七）

4. 当“X”为代词时，有两种情况。

第一，指示代词，实指空间方位。

其中，表示“物体的下方”意义的有1例，即：

枝条拂青天，不以为高；群狐乱其下，不以为浊。（排调第二十五）

表示“物体的内部”意义的有1例，即：

柏梁云构，工匠先居其下；管弦繁奏，钟、夔先听其音。（言语第二）

第二，人称代词，表示等级低、位序后，有1例，即：

少时与渊源共骑竹马，我弃去，己辄取之，故当出我下。（品藻第九）

《左传》和《世说新语》中“下”作为后置方位词，“X”为指物名词时，《左传》中“下部的周边或附近”义占优势地位，《世说新语》中“物体的内部”义占优势地位，且“下”出现了“附近、边侧”义，相当于“旁、边”。

除此之外，《世说新语》中“下”还可以表示虚拟处所，如：

曹蜍、李志虽见在，厌厌如九泉下人。（品藻第九）

《世说新语》中值得注意的还有以下两点：

（1）《世说新语》中“足下”“陛下”已完全成词。

（2）“X”为指物名词，表示物体的内部时，相当于“里、中、内”。“门下”指在某人门庭之下或门生、门客，“阁下”指在官署之中，在此时有其特定内涵。蔡言胜指出，“门下”“阁下”属于处所泛指，显示了“门下”“阁下”完全词汇化并成为固定用语的过渡状态。①“洛下”指洛阳，“都下”“京下”均指京都。蔡言胜指出，“下”近于方位处所标记，大致相当于“洛中”“都中”“京中”。②

《世说新语》中“X”为除指物名词以外的其他名词时，有以下几点值得关注：

（1）“X”为指人名词时，虚指范围，相当于“中”，有1例，即：

出自厮下，不愿名器。（任诞第二十三）

（2）“X”为抽象名词的情况消失，但出现了为身体名词的情况，实指空间方位，相当于“前”，有1例，即：

唯阿奴碌碌，当在阿母目下耳。（识鉴第七）

（3）“X”为代词时，也可以表示物体的内部，有1例，即：

柏梁云构，工匠先居其下；管弦繁奏，钟、夔先听其音。（言语第二）

另外，还出现了代词是人称代词的情况，表示等级低、位序后，有1例，即：

少时与渊源共骑竹马，我弃去，已辄取之，故当出我下。（品藻第九）

---

① 蔡言胜．《世说新语》方位词研究［M］．天津：南开大学出版社，2008.

② 蔡言胜．《世说新语》方位词研究［M］．天津：南开大学出版社，2008.

第二节　“上”“下”的句法功能演变

一、“上”“下”单独作句法成分时的句法演变

《左传》中“上”可作主语、宾语、谓语、定语。

1. 作主语，共有19例，如：

所谓道，忠于民而信于神也。上思利民，忠也；祝史正辞，信也。（桓公六年）

窃人之财，犹谓之盗，况贪天之功以为己力乎？下义其罪，上赏其奸，上下相蒙，难与处矣！（僖公二十四年）

晋郤克、卫孙良夫伐啬咎如，讨赤狄之余焉。啬咎如溃，上失民也。（成公三年）

中美能黄，上美为元，下美则裳，参成可筮。（昭公十二年）

2. 作宾语，共有18例，有两种情况。

第一，作动词宾语，共有12例。其中跟在动词“在”之后作宾语的例子有6例，表示“在上位”，如：

《周志》有之，“勇则害上，不登于明堂”。（文公二年）

其三帅者专行不获，听而无上，众谁适从？此行也，晋师必败。（宣公十二年）

三年春，庄叔会诸侯之师伐沈，以其服于楚也。沈溃。凡民逃其上曰溃，在上曰逃。（文公三年）

今纵无法以遗后嗣，而又收其良以死，难以在上矣。君子是以知秦之不复东征也。（文公六年）

第二，跟在介词后，作介词宾语，共有6例。能带单纯方位词作宾语的介词有“于、以、自”，如：

特相会，往来称地，让事也。自参以上，则往称地，来称会，成事也。（桓公二年）

子产辞邑，曰：“自上以下，隆杀以两，礼也。臣之位在四，且子展之功也。臣不敢及及赏礼，请辞邑。”（襄公二十六年）

民知有辟，则不忌于上，并有争心，以征于书，而徼幸以成之，弗可为矣。(昭公六年)

3. 作谓语[①]，有四种情况。

第一，饰词性“上”作谓语，仅有1例，即：

吾伏弢呕血，鼓音不衰，今日我上也。(哀公二年)

第二，使动用法，共有5例，如：

阳子，成季之属也，故党于赵氏，且谓赵盾能，曰：“使能，国之利也。”是以上之。(文公六年)

母淫子辟，无威。陈小而远，无援。将何安焉？杜祁以君故，让偪姞而上之，以狄故，让季隗而己次之，故班在四。(文公六年)

又使栾黡，辞曰：“臣不如韩起。韩起愿上赵武，君其听之！”(襄公十三年)

第三，意动用法，共有4例，如：

季梁曰：“楚人上左，君必左，无与王遇。且攻其右，右无良焉，必败。偏败，众乃携矣。”(桓公八年)

二月，晋郤縠卒。原轸将中军，胥臣佐下军，上德也。晋侯、齐侯盟于敛盂。(僖公二十八年)

第四，处动用法，共有4例，如：

公曰：“君子不欲多上人，况敢陵天子乎！苟自救也，社稷无陨，多矣。”(桓公五年)

晋公子，姬出也，而至于今，一也。离外之患，而天不靖晋国，殆将启之，二也。有三士足以上人而从之，三也。(僖公二十三年)

4. 作定语，共有77例，如：

上天降灾，使我两君匪以玉帛相见，而以兴戎。若晋君朝以入，则婢子夕以死；夕以入，则朝以死。唯君裁之。(僖公十五年)

是以神降之福，时无灾害，民生敦厖，和同以听，莫不尽力以从上命，致死以补其阙。(成公十六年)

又谓其上之人曰：“王唯信吴，故处诸蔡，二三子莫之如也。而在其上，

① 在此，我们只讨论方位词用作谓语的情况，如使动用法、意动用法、处动用法，而不讨论“上”的一般动词的用法。下同。

不亦难乎？弗图，必及于难。”（昭公十五年）

公敛处父帅成人，自上东门入，与阳氏战于南门之内，弗胜。又战于棘下，阳氏败。（定公八年）

其中，52例“上”均在官名之中，有上卿、上大夫、上军、上介等。

《左传》中“上”单独作句法成分，其情况如下：

句法功能	作主语	作宾语	作谓语	作定语
个数	19	18	14	77
频率	14.84%	14.06%	10.94%	60.16%

由上表可知，《左传》中“上”的句法功能比较全面，可以作主语、宾语、谓语、定语，多用作定语。其中，作定语时有67.53%用于职官名词。

发展到《世说新语》时期，还出现了作状语的情况，句法功能如下：

1. 作主语，共有8例，如：

简文在暗室中坐，召宣武，宣武至，问上何在。（言语第二）

上意欲令小加弘润。（政事第三）

王子猷、子敬曾俱坐一室，上忽发火，子猷遽走避，不惶取屐。（雅量第六）

2. 作宾语，共有8例，如：

于是至诸屯邸，检校诸顾、陆役使官兵及藏逋亡，悉以事言上，罪者甚众。（政事第三）

陈仲举强于犯上，李元礼严于摄下，犯上难，摄下易。（品藻第九）

昔唐尧在上，四凶在下。（排调第二十五）

3. 作谓语，有两种情况。

第一，使动用法，有1例，即：

上人着百尺楼上，儋梯将去。（黜免第二十八）

第二，处动用法，有1例，即：

宏自以有才，多好上人，坐上无折之者。（轻诋第二十六）

4. 作定语，共有9例，如：

上人当是逆风家，向来何以都不言？（文学第四）
卫军，僧弥殊不肃省，乃侵陵上国也。（雅量第六）
公自上流来，赴苏峻之难，令诛庾公。（假谲第二十七）

5. 作状语，有4例，如：

北门之叹，久已上闻；穷猿奔林，岂暇择木？（言语第二）
籍商略终古，上陈黄、农玄寂之道，下考三代盛德之美以问之，仡然不应。（栖逸第十八）

《世说新语》中“上”单独作句法成分，其情况如下：

句法功能	作主语	作宾语	作谓语	作定语	作状语
个数	8	8	2	9	4
频率	25.81%	25.81%	6.45%	29.03%	12.9%

由上表可知，《世说新语》中“上”的句法功能比较全面，可以作主语、宾语、谓语、定语、状语。除作谓语、状语的数量略少外，作主语、宾语、定语的数量均旗鼓相当。

《左传》中“上”多用作定语。《世说新语》中出现了“上”作状语的情况，且主语、宾语、定语的使用频率相差无几。

《左传》中“下”的句法功能如下：

1. 作主语，共有15例，如：

高下在心。（宣公十五年）
圣达节，次守节，下失节。（成公十五年）
君明臣忠，上让下竞。（襄公九年）

2. 作宾语，共有11例，有两种情况。

第一，作动词宾语，共有2例，即：

谷也食子，难也收子。谷也丰下，必有后于鲁国。（文公元年）
君夫人在堂，三揖在下。（哀公二年）

第二，跟在介词后，作介词宾语，共有9例，能带单纯方位词作宾语的介词有“于、以、自”，如：

子都自下射之，颠。(隐公十一年)
夫舞所以节八音而行八风，故自八以下。(隐公五年)
恐陨越于下，以遗天子羞。(僖公九年)

3. 作谓语，有三种情况。
第一，饰词性，共有4例，即：

楚小位下，而亟暴于二王，能无咎乎？(昭公十一年)
单子会韩宣子于戚，视下言徐。(昭公十一年)
鲍国之位下，其国小，而使鞅从其牢礼，是卑敝邑也。(昭公二十一年)
道下，遇雨，将不出，是不归也。(昭公二十三年)

第二，使动用法，共有8例，如：

下展禽，废六关，妾织蒲，三不仁也。(文公二年)
下其手，曰：“此子为穿封戌，方城外之县尹也。谁获子？”(襄公二十六年)
从善如流，下善齐肃，不藏贿，不从欲，施舍不倦，求善不厌，是以有国，不亦宜乎？(昭公十三年)

第三，处动用法，共有9例，如：

季梁请下之：“弗许而后战，所以怒我而怠寇也。”(桓公八年)
既不能强，又不能弱，所以毙也。国危矣，请下齐以救国。(僖公七年)
齐帅贱，其求不多，不如下之。(昭公二十二年)

4. 作定语，共有66例，如：

秦子、梁子以公旗辟于下道，是以皆止。(庄公九年)
固在下位而有不仁，不可谓元。(襄公九年)
今称伐则下等也，计功则借人也，言时则妨民多矣，何以为铭？(襄公十九年)

其中，有36例用在官名之中，如下卿、下大夫、下军等。
《左传》中“下”单独作句法成分，其情况如下：

句法功能	作主语	作宾语	作谓语	作定语
个数	15	11	21	66
频率	13.27%	9.73%	18.58%	58.41%

由上表可知，《左传》中“下”的句法功能比较全面，可以作主语、宾语、谓语、定语，多用作定语。其中，作定语时有54.55%用于职官名词。

发展到《世说新语》时期，“下”的句法功能情况如下：

1. 作主语，共有7例，如：

群下不宁，不审尊体起居何如？（言语第二）
就而视之，其根则群狐所托，下聚溷而已！（排调第二十五）

2. 作宾语，共有4例，如：

见山巨源，如登山临下，幽然深远。（赏誉第八）
昔唐尧在上，四凶在下。（排调第二十五）

3. 作谓语，有三种情况。

第一，饰词性，共有2例，即：

于是庾下声语曰：“定何似？”（轻诋第二十六）
袁绍年少时，曾遣人夜以剑掷魏武，少下，不著。（假谲第二十七）

第二，使动用法，有1例，即：

谢公夫人帏诸婢，使在前作伎，使太傅暂见，便下帏。（贤媛第十九）

第三，处动用法，共有3例，如：

文王曰：“可复下此不？”（方正第五）
锺不以贵陵郝，郝亦不以贱下钟。（贤媛第十九）

4. 作定语，共有16例，如：

尝因行散，率尔去下舍，便不复还，内外无预知者。（德行第一）
冲乃粗下意。（政事第三）
诸人在下坐听，皆去可通。（文学第四）

5. 作状语，有3例，如：

向从阁下过，见令史受杖，上捎云根，下拂地足。（政事第三）
上不及尧、舜，下不逮周、孔，亦一时之懿士。（排调第二十五）

“下”单独作句法成分，其情况如下：

句法功能	作主语	作宾语	作谓语	作定语	作状语
个数	7	4	6	16	3
频率	19.44%	11.11%	16.67%	44.44%	8.33%

由上表可知，“下”的句法功能比较全面，可以作主语、宾语、谓语、定语、状语，多用作定语。

与“上”相同，相比于《左传》时期，《世说新语》时期出现了“下”作状语的情况。但是，《世说新语》时期“下”作定语的频率仍然较高，与“上”的情况有所出入。

二、“上”“下”作为后置方位词的句法演变

《左传》中“X+上”的句法功能如下：

1. 作主语，有2例，即：

叔向告晋侯曰：“城上有乌，齐师其遁。”（襄公十八年）

过伯有氏，其门上生莠。子羽曰：“其莠犹在乎?”（襄公三十年）

2. 作宾语，共12例，如：

有山之材而照之以天光，于是乎居土上，故曰：“观国之光，利用宾于王。”（庄公二十二年）

对曰：“伯有侈而愎，子皙好在人上，莫能相下也。虽其和也，犹相积恶也，恶至无日矣。”（襄公三十年）

犹求圣哲之上，明察之官，忠信之长，慈惠之师，民于是乎可任使也，而不生祸乱。（昭公六年）

3. 作定语，仅有1例，即：

登者六十人。缒绝。师鼓噪，城上之人亦噪。（昭公十九年）

4. 作状语，有3例，即：

晋灵公不君：厚敛以雕墙；从台上弹人，而观其辟丸也；宰夫胹熊蹯不熟，杀之，置诸畚，使妇人载以过朝。（宣公二年）

畴无余、讴阳自南方，先及郊。吴大子友、王子地、王孙弥庸、寿于姚自泓上观之。（哀公十三年）

初，公自城上见己氏之妻发美，使髡之，以为吕姜髢。(哀公十七年)

5. 作补语，其中包括“X（+之）+上”作介词宾语，构成介词结构再作补语的状况①，共33例，如：

光，远而自他有耀者也。《坤》，土也。《巽》，风也。《乾》，天也。风为天于土上，山也。(庄公二十二年)

出御之，大败。掘褚师定子之墓，焚之于平庄之上。(哀公二十六年)

公使大史固归国子之元，置之新箧，褽之以玄纁，加组带焉。置书于其上，曰：“天若不识不衷，何以使下国?”(哀公十一年)

得梦启北首而寝于卢门之外，己为鸟而集于其上，咮加于南门，尾加于桐门。(哀公二十六年)

6. 作谓语，有2例，即：

大子曰：“吾救主于车，退敌于下，我，右之上也。”(哀公二年)

邮良曰：“我两靷将绝，吾能止之，我，御之上也。”(哀公二年)

《左传》中“上”作为后置方位词时，其情况如下：

句法功能	作主语	作宾语	作定语	作状语	作补语	作谓语
个数	2	12	1	3	33	2
频率	3.77%	22.6%	1.89%	5.66%	62.26%	3.77%

由上表可知，《左传》中“X+上”的句法功能比较全面，可以作主语、宾语、定语、状语、补语、谓语，其中大多作补语。

发展到《世说新语》时期，“X+上”作谓语的情况在《世说新语》中没有出现，优势地位也由作补语变为作宾语，具体情况如下：

1. 作主语，有10例，如：

桓玄义兴还后，见司马太傅，太傅已醉，坐上多客。(言语第二)

射，误中舵工，应弦而倒，举船上咸失色分散。(雅量第六)

人饷魏武一杯酪，魏武啖少许，盖头上提“合”字以示众，众莫能解。(捷悟第十一)

① 此种状况下文不再详述。

2. 作宾语，共29例，如：

大去后，既举所坐者送之。既无余席，便坐荐上。（德行第一）
玄亦疑有追，乃坐桥下，在水上据展。（文学第四）
玄在听事上，版至，即答版后，皆粲然成章，不相揉杂。（文学第四）

3. 作定语，有12例，如：

既有艰难，则以微臣为先，今犹俎上腐肉，任人脍截耳！（方正第五）
客问淮上利害，答曰：“小儿辈大破贼。”（雅量第六）
坐上宾甚多，不悟二人俱到。（仇隙第三十六）

4. 作状语，有9例，如：

有人道上见者，问云：“公何处来？”（文学第四）
王平子年十四、五，见王夷甫妻郭氏贪欲，令婢路上儋粪。（规箴第十）
世子嘉宾出行，于道上闻信至，急取笺视，视竟，寸寸毁裂，便回。（捷悟第十一）

《世说新语》中“上”作为后置方位词时，其情况如下：

句法功能	作主语	作宾语	作定语	作状语
个数	10	29	12	9
频率	16.67%	48.33%	20%	15%

由上表可知，《世说新语》中“X+上”的句法功能比较全面，可以作主语、宾语、定语、状语，其中大多作宾语。

《左传》中“X+下”的句法功能如下：

1. 作主语，有4例，即：

普天之下，莫非王土。率土之滨，莫非王臣。（昭公七年）
韩起之下，赵成、中行吴、魏舒、范鞅、知盈。（昭公五年）
羊舌肸之下，祁午、张趯、籍谈、女齐、梁丙、张骼、辅跞、苗贲皇，皆诸侯之选也。（昭公五年）
松柏之下，其草不殖。（襄公二十九年）

2. 作宾语，共5例，如：

晋御其上，戎亢其下，秦师不复，我诸戎实然。（襄公十四年）

能信不为人下。（昭公元年）
居肓之上，膏之下，若我何？（成公十年）

3. 作定语，有6例，如：

大败之，为城下之盟而还。（桓公十二年）
城下之人，伍列登城。（昭公十八年）

4. 作补语，其中包括“X（+之）+下”作介词宾语，构成介词结构再作补语的状况，共26例，如：

及享，具五献之笾豆于幕下。（昭公元年）
又战于棘下，阳氏败。（定公八年）
丑父寝于轏中，蛇出于其下，以肱击之，伤而匿之，故不能推车而及。（成公二年）

5. 作谓语，有1例，即：

固将谋子，子早图之。图之，莫如尽灭之。需，事之下也。（哀公六年）

《左传》中“下”作为后置方位词时，其情况如下：

句法功能	作主语	作宾语	作定语	作补语	作谓语
个数	4	5	6	26	1
频率	9.52%	11.9%	14.29%	61.9%	2.38%

需要注意的是，《左传》中作中心语的情况[①]，如在“X（+之）+下”中就有5例作中心语的情况，如：

诸侯事晋，未敢携贰，况卫在君之宇下，而敢有异志？（襄公九年）
拜君之勤郑国，微君之惠，楚师其犹在敝邑之城下。（襄公二十六年）

由上表可知，《左传》中“下”的句法功能比较全面，可以作主语、宾语、定语、补语、谓语，其中大多作补语。与“上”相比，“下”缺少了作状语的用法。

发展到《世说新语》时期，“下”的句法功能与“上”相同，作谓语的情况在《世说新语》时期未出现，但是在这一时期出现了作状语的情况，补

① 下文中作中心语的情况均不列出。

语的优势地位逐渐消失。具体如下：

1. 作主语，有 9 例，如：

刘尹在郡，临终绵惙，闻阁下祠神鼓舞，正色曰：“莫得淫祀!”（德行第一）

不得尔，此是屋下架屋耳，事事拟学，而不免俭狭。（文学第四）

潮水至，沈令起彷徨，问：“牛屋下是何物?”（雅量第六）

2. 作宾语，共 24 例，如：

柏梁云构，工匠先居其下；管弦繁奏，钟、夔先听其音。（言语第二）

玄在土下水上而据木，此必死矣。（文学第四）

王丞相主簿欲检校帐下，公语主簿：“欲与主簿周旋，无为知人几案闲事。”（雅量第六）

3. 作定语，有 14 例，如：

世目李元礼“谡谡如劲松下风”。（赏誉第八）

曹蜍、李志虽见在，厌厌如九泉下人。（品藻第九）

有人从长安来，元帝问洛下消息，潸然流涕。（夙慧第十二）

4. 作补语，共 2 例，即：

瞑于灯下，二小儿共叙客主之言，都无遗失。（夙慧第十二）

七人常集于竹林之下，肆意酣畅，故世谓“竹林七贤”。（任诞第二十三）

5. 作状语，有 13 例，如：

徐孺子年九岁，尝月下戏，人语之曰：“若令月中无物，当极明邪?”（言语第二）

长舆曰：“必大夏门下盘马。”（方正第五）

远近久承公名，令于是大遽，不敢移公，便于牛屋下修刺诣公，（牛屋里）更宰杀为馔，具于公前，鞭挞亭吏，欲以谢惭。（雅量第六）

《世说新语》中“下”作为后置方位词时，其情况如下：

句法功能	作主语	作宾语	作定语	作补语	作状语
个数	9	24	14	2	13
频率	14.52%	38.71%	22.58%	3.23%	20.97%

由上表可知，《世说新语》中“X + 下”的句法功能比较全面，可以作主语、宾语、定语、补语、状语。

第三节　合成方位词的语义特征及其句法功能演变

合成方位词分为派生方位词和复合方位词。派生方位词由“词根 + 词缀”构成，词缀可以分为前缀和后缀。前缀通常为“以（已）”，构成前缀式派生方位词，如：以上、以下。[①] 后缀通常是“边”“面”“头”等，构成后缀式派生方位词，如：上边、下面、上头。复合方位词由“词根 + 词根”方式构成，如：上下。

一、派生方位词

《左传》中派生方位词有“以上”“以（已）下”。

“以上”表范围义，指超出某一范围，前面均有前置介词引导，都是“自……以上”形式，共有4例。

1. 表示超出某一数量，即：

自参以上，则往称地，来称会，成事也。（桓公二年）

年自七十以上，无不馈饴也，时加羞珍异。（文公十六年）

2. 表示某一时间之前，即：

昔匄之祖，自虞以上，为陶唐氏，在夏为御龙氏，在商为豕韦氏，在周为唐杜氏，晋主夏盟为范氏，其是之谓乎？（襄公二十四年）

有烈山氏之子曰柱为稷，自夏以上祀之。（昭公二十九年）

“以（已）下”表示位置、品第、级别、数量等低于某一点或某一范围。

1. 无前置介词引导。

（1）表示某一时间之后，仅1例，即：

武、献以下，兼国多矣，谁得治之？（襄公六年）

---

① “之上”“之下”中的“之”可视为语气助词，而且其前的参照名词一般属于复音词，所以“之”只起到音节调节的作用。且“之上”不能独立运用，语义指向上“X + 之 + 上”与“X + 上”没有差别，故在此不讨论，“之下”同。

（2）表示某一等级以下，仅1例，即：

顺是以下皆如是，是以上下能相固也。（襄公三十一年）

2. 有前置介词引导，均为“自……以下”形式。
（1）表示低于某一数量，仅1例，即：

夫舞所以节八音而行八风，故自八以下。（隐公五年）

（2）表示某一等级以下，共8例，如：

无日不数于六卿之门，国之才人，无不事也，亲自桓以下，无不恤也。（文公十六年）
自上以下，隆杀以两，礼也。（襄公二十六年）
其自唐叔以下，实宠嘉之。（昭公三年）
自王已下，其二为公，其三为卿。日上其中，食日为二，旦日为三。（昭公五年）

（3）表示某一时间之后，仅1例，即：

自《郐》以下无讥焉。（襄公二十九年）

发展到《世说新语》时期，派生方位词也只有“以上”“以下”。
“以上”前面没有前置介词引导，表示位置在上的，共有3例，即：

济曰：“济以上人。”（赏誉第八）
济曰：“山涛以下，魏舒以上。”（赏誉第八）
入理泓然，我以上人。（赏誉第八）

“以下”表示位置、等级低于某一点或某一范围。
1. 无前置介词引导，表示位置在下的，仅1例，即：

济曰：“山涛以下，魏舒以上。”（赏誉第八）

2. 有前置介词引导，为“自……以下”形式。
表示某一等级以下，有1例，即：

谢公欲深著恩信，自队主将帅以下，无不身造，厚相逊谢。（简傲第二十四）

《左传》中“X＋以上”构成方位词组，其句法功能有以下三种：
作主语，仅1例，即：

自参以上，则往称地，来称会，成事也。（桓公元年）

作谓语，仅1例，即：

年自七十以上，无不馈始也，时加羞珍异。（文公十六年）

作状语，有2例，即：

昔匄之祖，自虞以上，为陶唐氏，在夏为御龙氏，在商为琴书氏，在周为唐杜氏，晋主夏盟为范氏，其是之渭乎？（襄公二十四年）

有烈山氏之曰柱为援，自夏以上祀之。（昭公二十九年）

发展到《世说新语》时期，“X+以上”构成方位词组多用作定语，如：

入理泓然，我以上人。（赏誉第八）

《左传》时期“X+以下”构成方位词组的句法功能如下：

1. 无前置介词引导。

（1）作状语，仅1例，即：

武、献以下，兼国多美，淮得治之？（襄公二十九年）

（2）作主语，仅1例，即：

顺是以下皆如是，是以上下能相固也。（襄公三十一年）

2. 有前置介词引导，均为“自……以下”形式。

（1）作主语，共5例，如：

周公及武公娶于薛，孝、惠娶于商，自桓以下娶于齐，此礼也则有。（哀公二十四年）

自《郐》以下无讥焉。（襄公二十九年）

（2）作谓语，有2例，如：

夫舞所以节人音而行八风，故自人以下。（隐公五年）

（3）作状语，共3例，即：

自公以下，苟有积者，尽出之。（襄公九年）

自王已下，其二为公，其三为卿。日上其中，食日为二，旦日为三。（昭公五年）

自王以下，朝聘玉帛不同。（哀公十三年）

发展到《世说新语》时期，“X+以下”句法功能还不够全面，仅作状语。

二、复合方位词

《左传》中复合方位词仅有“上下”，其语义特征如下：

1. “上下”表示范围语义，指社会中不同地位人群，如君臣、尊卑、长幼等，如：

奉酒醴以告曰：“嘉栗旨酒”，谓其上下皆有嘉德而无违心也。（桓公六年）
螭魅罔两，莫能逢之，用能协于上下以承天休。（宣公三年）
言君臣、上下、父子、兄弟、内外、大小皆有威仪也。（襄公三十一年）

2. “上下”表示动作义，向上向下，如：

子沿汉而与之上下，我悉方城外以毁其舟，还塞大隧、直辕、冥厄，子济汉而伐之，我自后击之，必大败之。（定公四年）

发展到《世说新语》时期，并未发现“上下”的用法。

《左传》中“上下”的句法功能如下：

1. 作主语，共17例，如：

下义其罪，上赏其奸，上下相蒙，难与处矣！（僖公二十四年）
上下和睦，周旋不逆，求无不具，各知其极。（成公十六年）
其适遇淫君，外内颇邪，上下怨疾，动作辟违，从欲厌私。（昭公二十年）

2. 作定语，共2例，即：

故会以训上下之则，制财用之节。（庄公二十三年）
礼，上下之纪，天地之经纬也，民之所以生也，是以先王尚之。（昭公二十五年）

3. 作宾语，仅1例，即：

螭魅罔两，莫能逢之，用能协于上下以承天休。（宣公三年）

4. 作谓语，仅1例，即：

子沿汉而与之上下，我悉方城外以毁其舟，还塞大隧、直辕、冥厄，子济汉而伐之，我自后击之，必大败之。（定公四年）

发展到《世说新语》时期，并未发现“上下”的用法。

第二章　魏晋南北朝至晚唐五代“上”“下”的历时演变

第一节　“上”“下”的语义特征演变

一、“上”“下”单独作句法成分时的语义演变

发展到《祖堂集》时期，单独作句法成分时的“上”共出现114例，其“上”的语义特征如下：

1. 空间义，共有6例，如：

则引太子诣金刚座，以草敷上，遂升此座。（卷一）
上有紫云如盖，下有白气横分六道。（卷三）
太长老有一物，上柱天，下柱地，常在动用中黑如漆，过在什摩？（卷六）

2. 时间义，指称时间，有82例，如：

向后自看，此衣钵从上来分付，切须得人。（卷二）
向上事如何？（卷十二）

3. 引申义引申为等级、地位高，共23例，如：

上答皇恩及诸王太子。谨奉表陈谢以闻。（卷二）
愿将法雨普润人天，冀凭最胜之缘，上荐皇王之福。（卷十二）
于上不足，疋下有余。（卷十三）

4. “上”还可以引申为次序在前，有2例，即：

日昳未，灌顶醍醐最上味。（卷十一）
我闻禅宗最上，何必扃然而失大理？（卷十三）

5. 关于动作义，仅出现使动用法，且仅有1例，即：

侍者得消息，当日便上百丈。（卷四）

《祖堂集》中，“上”单独作句法成分时，它的语义特征情况分析如下：

语义特征	空间义	时间义	引申义		动作义
			等级	次序	使动
个数	6	82	23	2	1
总计	6	82	25		1

由上表可知，《祖堂集》中“上”多用作时间义、引申义，时间义所占比例最大，为71.93%。空间义和引申义较少，空间义是动作义的6倍。

《世说新语》中“上”多用作空间义、引申义，表示动作的意义较少。而《祖堂集》中多用作时间义和引申义，且时间义远超过引申义占据优势地位。此外，《祖堂集》时期表示程度的意义没有出现，表示次序的意义重新出现，但用例较少。引申义中，等级义仍占主要地位，多达92%。相对于魏晋南北朝时期而言，晚唐五代“上”的时间义使用频率增高，占主要地位，动作义用法单一却仍没有消失。

发展到《祖堂集》时期，单独作句法成分的“下”共出现28例，用例较之于“上”少了很多，但语义特征发生了些许变化。其语义特征主要如下：

1. 空间义，共9例，如：

上有紫云如盖，下有白气横分六道。（卷三）

上字是良，下字是价。（卷七）

劝且学，莫为师，不用登高向下窥。（卷十五）

2. 时间义，共3例，如：

三劫之中，初千佛、花光佛为首，下至毗舍浮佛，于过去庄严劫中而得成佛也。（卷一）

3. 引申义，多表示等级、地位低，共有12例，如：

三名阿难陀婆伽罗，此云庆喜海，持菩萨大乘法藏，于下二乘容与兼持。（卷一）

师凡是下底物，总吃却。（卷十七）

4. 也可表示位序、位次在后，仅有1例，即：

次下并是转轮圣位，嫡嫡相承，至于菩萨。（卷二）

5. 动作义仅有使动用法，有3例，如：

白云乍可来青嶂，明月那堪下碧天！（卷十）
师便却下帽子，抛放众前。（卷十九）

《祖堂集》中“下”单独作句法成分时，它的语义特征情况分析如下：

语义特征	空间义	时间义	引申义		动作义
			等级	次序	使动
个数	9	3	12	1	3
总计	9	3	13		3

由上表可知，《祖堂集》中“下”多用作引申义，其中表示等级这一用法的情况最多，表示时间、动作的意义较少。

《祖堂集》和《世说新语》中“下”均多用作引申义，其中等级义最多。在《祖堂集》和《世说新语》时期，空间义与时间义的比例均为3∶1。此外，《祖堂集》中没有出现表程度和表处动的意义。

二、“上/下+XP”中“上”“下”的语义演变

发展到《祖堂集》时期，“上+XP”的用例出现31例①，其语义特征情况如下：

1. 空间义中“XP”均为具体名词，共有6例，如：

师云：“眨上眉毛看。”（卷七）
上岸稻得与摩好，下岸稻得与摩勿次第。（卷十七）

2. 等级义，表示等级较高、地位尊贵。“XP”均为抽象名词，共有18例，如：

印宗法师礼六祖便悟上乘，是成师子吼。（卷二）

① “上根”“上座”“上人”等佛教专有名词都不计入总数之内。

自古上贤犹不识，造次常流岂可明？（卷四）
应缘次上都①，孝文皇帝诏入内，谘请问道。（卷十五）

3. 时间义，共有 7 例，如：

自上元壬申岁迁化，迄今唐保大十年壬子岁，得二百八十年矣。（卷二）
上古流今，无过奇特。（卷九）

《祖堂集》中“上”放于名词之前，作前置构词语素或用作定语时，其语义特征情况如下：

语义特征	空间义	等级义	时间义
个数	6	18	7

由上表可知，《祖堂集》中“上”放于名词之前，作前置构词语素或用作定语时，主要表示等级义，多达 58.06% 。

《祖堂集》和《世说新语》中“上”作前置构词语素或用作定语时，还是主要表示等级义。但《祖堂集》时期出现了时间义，且时间义超过空间义。

发展到《祖堂集》时期，“下 + XP”的用例出现 6 例，其语义特征有空间义和等级义，情况如下：

1. 空间义，共有 3 例，如：

师曰：“什摩处见？”对曰：“下界见。”（卷五）
下岸稻总被螃蟹吃却。（卷十七）

2. 等级义，共有 3 例，如：

诸天福尽下生，皆化为人。（卷一）
若是下人出来著衣，更胜阿郎，奈何缘被人识得伊。（卷八）

《祖堂集》中“下”放于名词之前，作前置构词语素或用作定语时，其语义特征情况如下：

---

① 较古代陪都（下都）而言，称首都为上都。唐肃宗宝应元年建东、南、西、北四陪都，因称首都长安为上都。《新唐书·地理志一》：“上都，初曰京城，天宝元年曰西京……肃宗元年曰上都。”所以在这里“上”作为等级义处理。

语义特征	空间义	等级义
个数	3	3

由上表可知，《世说新语》中“下”放于名词之前，作前置构词语素或用作定语时，空间义和等级义为1∶1。

《祖堂集》中“下”作前置构词语素或用作定语时，发现了空间义，但是没有发现表示质量的意义。“下”作前置构词语素或用作定语的情况越来越少。

三、“X（+之）+上/下”中“上”“下”的语义演变

发展到《祖堂集》时期，“X（+之）+上”的用例共出现194例，其语义特征情况如下：

1. 当“X”为指物名词时，共有104例，有四种意义。

第一，表示某一事物之上但并不接触的上方空间，没有承载与被承载的关系，有8例，均为“天上”，如：

天上天下唯我独尊。（卷一）

第二，表示物体的顶部或表面，有承载与被承载的关系，共75例，如：

才起此念，路上遇刈草人，名曰吉安。（卷一）
专甲从分襟之后，去苏州花亭县，讨小船子水面上游戏。（卷五）
慈舟不棹清波上，剑峡徒劳放木鹅。（卷九）
得璨大师心印之后，忽于黄梅路上见一小儿，年七岁，所出言异。（卷二）

第三，实指范围，泛指某一空间领域，即事物的内部空间，相当于“里、中、内”，共有12例，如：

梁普通八年丁未之岁九月二十一日至于广州上舶。（卷二）
有人拈问漳南：“古人石上栽花意作摩生？”（卷四）
欢喜即不敢，如粪扫堆上拾得一颗明珠。（卷五）

第四，虚指范围，共有9例，如：

石上有功勋。（卷二）
有一日造书，书上说。（卷四）
缘经上有相似处。（卷十八）

这里的“石上”“书上”“经上”并不是指具体的处所方位，而是指上面所记载的资料、内容，是虚指的范围概念。

《祖堂集》中“上”作为后置方位词，“X”为指物名词时，其情况如下：

语义特征	上方空间	顶部或表面	实指范围	虚指范围
个数	8	75	12	9
频率	7.69%	72.12%	11.54%	8.65%

由上表可知，《祖堂集》中“上”作为后置方位词，“X”为指物名词时，不再均实指空间方位，范围义中既有实指范围义，又有虚指范围义。“顶部或表面”义占绝大多数，多达72.12%。此外，《世说新语》《左传》中均出现的“上方边侧”义和“附着”义在《祖堂集》中并没有出现。

2. 当“X”为处所名词“顶”时，共有13例，表示事物的顶部，如：

于庐山顶上东北而望见此蕲州双峰山顶。(卷三)

3. 当“X”为身体名词时，如“腹上”“头上”“背上”等，有以下3种情况。

第一，表示身体部位的表面或顶部，有34例，其中包括水平表面和立体表面。在此不一一赘述，如：

便举左手拍其腹上而喝一声，象兵倒地，不复更起。(卷二)
他向后老汉头上屙著。(卷七)
头上戴角，身上被毛。(卷十六)

第二，实指范围，表示身体的内部空间，相当于“……中”，仅有1例，即：

东海有鲸鱼，斩头亦断脚，背上抽一骨，便是这个字。(卷八)

第三，虚指用法，指与“X”相关的某方面，译为“就……方面”而言。仅有1例，即：

切嘱第一莫向舌头上取办，记他了事言语有什摩用处？(卷五)

4. 当“X”为抽象名词时，“上”的意义趋向虚化，有三种情况。

第一，表示方面义的共有9例，如：

性上本无生，为对求人说。(卷二)

向去语则净洁，事上语却不净洁，且唤什摩事上语？（卷八）
树子是色，阿那个是和尚色上见底心？（卷十八）

第二，表示范围义的共有27例，如：

花云：“向上人分上合作摩生？”（卷二）
他家不用我家剑，世上高低早晚平。（卷九）
昔日灵山会上，释迦牟尼佛展开双足，放百宝光。（卷十二）

第三，表示次序义，仅有1例，即：

如何是和尚末上一句字？（卷十二）

5. 当“X”为时间名词，表示时间，有2例，即：

伏以今上宠褒法侣，恩霈禅林，仍赐谥澈鉴禅师澄昭之塔矣。（卷十七）
我十八上解作活计，三乘十二分教因我所有。（卷十六）

6. 当“X”为长度单位，表示方面义，仅有1例，即：

师云：“在三寸上，何处有事在？”（卷六）

7. 当“X”为代词时，实指空间方位，指事物的表面，仅有1例，即：

寺东有石如台，乃庵其上，时人号石头和尚焉。（卷四）

《世说新语》和《祖堂集》中“上”作为后置方位词，“X”为指物名词时，“顶部或表面”义使用频率均占绝对优势，而《世说新语》《左传》中均出现的“上方边侧”义和“附着”义在《祖堂集》中没有出现。但是，发展到《祖堂集》时期，“X”为指物名词时，不再均实指空间方位，范围义中既有实指范围义，又有虚指范围义。此外，“X”为指物名词以外的其他名词时，值得注意的有以下几点：

（1）在晚唐五代时期，“X”为身体名词时，不仅表示身体部位的表面或内部，还可以实指范围，表示身体的内部空间。在这一时期，还出现了“X”为身体名词时的虚指用法，指与“X”相关的某方面，译为“就……方面”而言，但只有1例，即：

切嘱第一莫向舌头上取办，记他了事言语有什摩用处？（卷五）

（2）出现“X”为抽象名词的情况，可以表示方面义、范围义和次序义，次序义仅有1例，即：

如何是和尚末上一句字?(卷十二)

(3)“X”可以为长度单位，表示方面义，仅有1例，即：

师云:“在三寸上，何处有事在?”(卷六)

(4)“X”为代词时没有出现了表示虚拟处所的情况，而是实指空间方位，指事物的表面，仅有1例，即：

寺东有石如台，乃庵其上，时人号石头和尚焉。(卷四)

由此可以看出，《祖堂集》时期的虚指义有所增加，“上”的用法有所虚化，虚指义中包括了虚指范围义和方面义，“X”既可以为指物名词、身体名词，也可以为抽象名词和长度单位。这时“上”的用法已经很成熟，可以看作处所标记，还可以看作范围语义标记和方面语义标记。①

发展到《祖堂集》时期，“X（+之）+下”的用例出现136例，用例有所增加，其语义特征情况如下②：

1. 当“X”为指物名词，实指空间方位，有10种情况。

第一，表示物体下部的周边或附近，且物体与地面有所接触，内部不具有可容性，共有38例，如：

至树下立，而举左手攀其树枝，寻则灭度。(卷二)
练得身形似鹤形，千株松下两函经。(卷四)
学人到山下，有人问著和尚近日如何，作麼生祇对?(卷十六)

第二，表示物体的垂直下方，共有15例，如：

天上天下唯我独尊。(卷一)
你若迟晚些子，不见吾。你若不见吾，不得床下大斧。(卷四)
三乘人间说真空，有心趣向，未证入真空，故表围相下画三牛也。(卷二十)

① 参见周玉妍.《祖堂集》方位词研究［D］. 贵阳：贵州大学，2008：23－24. 周玉（妍）认为，表示范围语义时的语义比较虚，参照物一般是比较抽象的名词，二者结合后主要指抽象名词本身所指示的范围。她认为“书上”表示虚指范围义是其意义受到参照物性质的影响，认为此时的“书”为比较抽象的名词，“上”指示该抽象名词所指称的范围，是范围标记。而本文将“书”仍看作具体的指物名词，只是根据语境理解为虚指的范围义。另外，她认为“上”表示方面意义时，有时只起到凑足音节的作用，词类意义是在范围语义基础上进一步虚化的。本文赞同其观点。“如何是和尚末上一句字”一句中，“上”也只起到指称次序的作用，没有实在意义。说明“上”的语义已经有所虚化。

② 这里“陛下”“言下”“盆下”这类成词的结构不计入其中，因《祖堂集》中“足下”并不表示敬称的意义，故选择计入。

第三，实指范围，表示物体的内部，相当于“里、中、内”，共 13 例，如：

林下见有一人，当得于道，亦契菩提。（卷二）
遇师姑吃饭次，便堂堂入厨下，便自讨饭吃。（卷七）

第四，表示物体的侧面前方，物体与地面有接触，相当于“前”，仅有 1 例，即：

师于窗下看经次，蝇子竞头打其窗，求觅出路。（卷十六）

第五，表示物体的附近、边侧，相当于“旁、边”，有 3 例，均为“川下”，如：

川下僧房名不中。（卷二）

第六，表示时间，仅有 1 例，即：

青山不举足，日下①不挑灯。（卷九）

第七，相当于“……上”，仅有 1 例，即：

后僧举似洞山，洞山叱：“地下无弥勒。”（卷十一）

第八，虚指范围义，共有 8 例，如：

座下众人悉皆顿悟。（卷三）
况是曹溪门下子孙，合作摩生理论？合作摩生提唱？（卷十三）

第九，虚指用法，表示方面义，有 3 例，如：

如何是纳衣下事？（卷二十）

第十，虚指用法，表示属于某种情况、条件，有 2 例，即：

只如一剑下得活底人又作摩生？（卷十）
于一棒下入佛境界。（卷十九）

---

① 这里的“日下”表示时间，但文中还有三例“日下”均表示“京都”意，如：汝勿速去，当有难起，衰于日下。（卷二）古代以帝王比日，因以皇帝所在地为“日下”，“下”为虚指范围义，但因已经成词，故不讨论。宋殿伟《〈祖堂集〉方位词研究》认为，“慎勿速行，衰于日下”中“日下”为时间义，此为大谬。

《祖堂集》中“下”作为后置方位词，“X”为指物名词时，其情况如下：

语义特征	下部的周边或附近	垂直下方	物体的内部	侧面前方	边侧	时间	相当于“……上”	虚指范围义	方面义	情况、条件义
个数	38	15	13	1	3	1	1	8	3	2
频率	44.71%	17.65%	15.29%	1.18%	3.53%	1.18%	1.18%	9.41%	3.53%	2.35%

由上表可知，《祖堂集》中“下”作为后置方位词，“X”为指物名词时，出现了较多情况，“物体下部的周边或附近”义占优势地位，多达44.71%。此外，还出现了表示时间的意义和虚指用法，虚指用法有范围义，方面义，情况、条件义，总体约占15.29%。

2. 当“X”为指人名词时，有两种情况。

第一，表示位序在后、地位低，共有7例，如：

四祖下横出一宗。六枝者，牛头、融禅师等六祖。（卷二）

古时有官长教僧拜，马祖下朗瑞和尚不肯拜，官长便嗔，当时打杀。（卷十八）

第二，虚指范围，相当于“中”，有12例，即：

年十七，依空王寺僜律禅师下受业。（卷十一）

初于南花寺通禅师下剃发，年十八为沙强，行脚先参宗禅师，次礼耽原。（卷十八）

3. 当“X”为身体名词时，有两种情况。

第一，实指空间方位，指身体部位的垂直下方，有12例，即：

头上宝盖现，足下有云时如何？（卷九）

如人在高树上，口衔树枝，脚下踏树，手不攀枝。（卷十九）

第二，虚指范围义，有 8 例，如：

从秀和尚足下[1]各分宗旨，南北有异。（卷二）
莫是师脚下横出一枝佛法不？[2]（卷二）
平生高洁，手下不立门徒。（卷九）

4. 当“X”为时间名词时，相当于“……后”，有 3 例，均为“今日之下”，如：

老汉在这里住，聚得千七百人，今日之下，只得半个圣人。（卷十）

5. 当“X”为抽象名词时，“下”的意义趋向虚化。有三种情况。
第一，虚指用法，表示范围义，仅有 1 例，即：

法师讲下人少。（卷二）

第二，虚指用法，表示方面义，有 2 例，即：

莫但向意根下图度，作想作解。（卷九）
若也未逢匠伯，低首侧聆，意下寻思，卒搔不著。（卷九）

第三，虚指用法，表示条件义，仅有 1 例，即：

目前无寺成桩橛，句下相投事不然。（卷五）

第四，表示时间义，有 2 例，如：

师于语下顿悟，礼谢指要。（卷十八）

6. 当“X”为代词时，为虚指用法，有 2 例，均为“此下”，如：

此下两对四相，遣虚指实。（卷二十）

7. 当“X”为方位词时，表示虚指范围义，仅有 1 例，即：

不用下捆，但就里许下取一转语。（卷十二）

《世说新语》和《祖堂集》中“下”作为后置方位词，“X”为指物名词

---

① “足下”相当于“门下”义，表示范围意义。周玉妍《〈祖堂集〉方位词研究》认为，“足下”转指对别人的尊称，相对于“手下”等“足下”引申得更远，已经转指对人物的尊称，“下”语义最虚。本文认为其观点有待商榷，“足下”指尊称义在《世说新语》时期就已经出现，且这里理解为“门下”义更为合适，表范围义。

② 这里的“脚下”相当于“门下”，表示范围义。可见例句：脚下者，门下也。（卷二）

时，《世说新语》中“物体的内部”义占优势地位，《祖堂集》中“物体的周边或下部”义占优势地位，占44.71%。值得注意的是，“下”出现了相当于“……上”的意义，即：

后僧举似洞山，洞山叱：“地下无弥勒。”（卷十一）

“地下”相当于“地上”，是以说话者自身为参照对象的。此外，还出现了表示时间的意义和虚指用法，虚指用法有范围义、方面义、情况条件义，总体约占15.29%。

《祖堂集》中“X”为除指物名词以外的其他名词时，有以下几点值得关注：

（1）当“X”为指人名词时，可以表示位序在后、地位低，也可以表示虚指范围，相当于“中”。且表示虚指范围的意义高于位序义，约是位序义的2倍。

（2）当“X”为身体名词时，除了实指空间方位外，还可虚指范围义。

（3）当“X”为时间名词时，相当于“……后”。

（4）当“X”为抽象名词时，“下”的意义趋向虚化。为虚指用法，可表示范围义、方面义、条件义，还可以表示时间义，如：

师于语下顿悟，礼谢指要。（卷十八）

这里的“语下”表示话说完之后的短暂时间，可相当于“后”，是方位词“下”虚化后用于抽象名词之后再由空间义向时间义进一步虚化的结果，与其相同的用法还有“言下”，但因已经成词，故不讨论。①

（5）当“X”为代词时，为虚指用法，表方面义，如：

此下两对四相，遣虚指实。（卷二十）

（6）当“X”为方位词时，表示虚指范围义，如：

不用下搵，但就里许下取一转语。（卷十二）

由以上分析可以看出，《祖堂集》中的后置方位词“下”既是处所标记，也可以作为范围标记、方面标记。

---

① 参见宋殿伟.《祖堂集》方位词研究［D］. 上海：上海师范大学，2008：15.

第二节 “上”“下”的句法功能演变

一、“上”“下”单独作句法成分时的句法演变

发展到《祖堂集》时期，“上”的句法功能如下：

1. 作主语，共有5例，如：

知汝四子实无过失，不辜横遭如上所说。（卷一）
太长老有一物，上柱天，下柱地，常在动用中黑如漆，过在什摩？（卷六）
有人于师前作四划，上一划长，下三划短。（卷十四）

2. 作宾语，共有90例，如：

如上三十三王子子相承也，亦是粟散而已。（卷一）
洞山云：“不昧向上。”（卷四）
问：“从上宗承，如何举唱？”（卷十三）

3. 作谓语，有3种情况。

第一，使动用法，仅有1例，即：

侍者得消息，当日便上百丈。（卷四）

第二，处动用法，仅有1例，即：

蚊子上铁牛，无你下嘴处。（卷十六）

第三，饰词性“上”作谓语，仅有1例，即：

观夫参道不虚然，脱去形骸甚高上。（卷十九）

4. 作定语，共有41例，如：

龙牙后到洞山，具陈上事。（卷五）
忽有微疾，至十二月上旬累有教令。（卷八）
此是一译，见上目录。（卷十八）

5. 作状语，有5例，如：

上答皇恩及诸王太子。谨奉表陈谢以闻。（卷二）

愿将法雨普润人天，冀凭最胜之缘，上荐皇王之福。（卷十二）

《祖堂集》中“上”单独作句法成分，其情况如下：

句法功能	作主语	作宾语	作谓语	作定语	作状语
个数	5	90	3	41	5
频率	3.47%	62.5%	2.08%	28.47%	3.47%

由上表可知，《祖堂集》中“上”的句法功能比较全面，可以作主语、宾语、谓语、定语、状语，其中主语、谓语、状语略少，宾语占绝对优势。

《世说新语》中主语、宾语、定语的使用频率相差无几，《祖堂集》中主语情况减少，从《世说新语》时期的25.81%下降到3.47%。宾语情况仍占主要优势，多达62.5%，是谓语的30倍。

发展到《祖堂集》时期，“下”的句法功能情况如下：

1. 作主语，共有8例，如：

中千佛者，拘楼孙佛为首，下至楼至如来，于现在劫中次第成佛也。（卷一）
下有人问：“如何是西来意？”（卷十九）

2. 作宾语，共有9例，如：

是法平等，无有高下。（卷三）
岂不是足上不足，比下有余？（卷十二）

3. 作谓语，均为使动用法，有3例，如：

师便却下帽子，抛放众前。（卷十九）

4. 作定语，共有12例，如：

若是下人出来著衣，更胜阿郎，奈何缘被人识得伊。（卷八）
师凡是下底物，总吃却。（卷十七）

5. 作状语，有2例，即：

故下广列传轮粟散，绍续之相也。（卷一）
大师令公迎请大士归朝，入内道场供善，兼宣下造寺功德。（卷十一）

“下”单独作句法成分，其情况如下：

句法功能	作主语	作宾语	作谓语	作定语	作状语
个数	8	9	3	12	2
频率	23.53%	26.47%	8.82%	35.29%	5.88%

由上表可知，“下”的句法功能比较全面，可以作主语、宾语、谓语、定语、状语，多用作定语。

和《世说新语》时期相同，《祖堂集》中同样是作定语占绝对优势，占35.29%。但《祖堂集》时期作宾语情况有所上升，从9.73%到26.47%，而作谓语情况有所下降，从18.58%到8.82%。作状语的使用频率仍是最少，仅有5.88%，仅是定语的1/6。

二、“上”“下”作为后置方位词的句法演变

发展到《祖堂集》时期，“X+上”的具体情况如下：

1. 作主语，有54例，如：

性上本无生，为对求人说。（卷二）
东海有鲸鱼，斩头亦断脚，背上抽一骨，便是这个字。（卷八）
头上戴角，身上被毛。（卷十六）

2. 作宾语，共48例，如：

迦叶尊者于此山上以草敷坐，结跏而已。（卷一）
慈舟不棹清波上，剑峡徒劳放木鹅。（卷九）
赵州在楼上打水，师从下过。（卷十六）

3. 作定语，有31例，如：

不是你分上事。（卷三）
师曰：“如红炉上一点雪。”（卷五）
师问僧：“作什摩云‘扫佛身上尘’？”（卷十一）

4. 作状语，有30例，如：

是你三家村里男女牛背上将养底儿子，作摩生投这个宗门？（卷三）
有康、德二僧来到院，在路上遇师看牛次，其僧不识。（卷九）
主云：“如金盘上弄珠。”（卷十四）

5. 作补语，仅有1例，即：

灵鹤倏来，嘹唳于楼台之上。（卷十七）

《祖堂集》中“上”作为后置方位词时，其情况如下：

句法功能	作主语	作宾语	作定语	作状语	作补语
个数	54	48	31	30	1
频率	32.93%	29.27%	18.90%	18.29%	0.61%

由上表可知，《祖堂集》中“X＋上”的句法功能比较全面，可以作主语、宾语、定语、状语、补语，其中大多作主语。

发展到《祖堂集》时期，宾语的优势地位被主语取代，占32.93%，且出现了作补语的情况，但是仅有1例。

发展到《祖堂集》时期，“X＋下”的句法功能情况如下：

1. 作主语，有35例，如：

五后忍大师下傍出一枝：神秀和尚、老安国师、道明和尚。（卷三）
青山不举足，日下不挑灯。（卷九）
大师志性慈愍，容相瑰奇，足下二轮，颈有三约。（卷十四）

2. 作宾语，共33例，如：

师果然于此树下演无上乘。（卷二）
莫但向意根下图度，作想作解。（卷九）
学人到山下，有人问著和尚近日如何，作摩生祇对？（卷十六）

3. 作定语，有22例，如：

座下众人悉皆顿悟。（卷三）
问：“如何是纳衣下事？”（卷九）
山下檀越家作一头水牯牛去。（卷十二）

4. 作谓语，仅1例，即：

脚下者，门下也。（卷二）

5. 作状语，有24例，如：

便以杖乱打，师杖下思惟：“大善知识历劫难逢。今既得遇，岂惜身命！”（卷三）

若也未逢匠伯，低首侧聆，意下寻思，卒搔不著。（卷九）
今日之下，被土地觑见我心识，造与摩次第。（卷十四）

《祖堂集》中“下”作为后置方位词时，其情况如下：

句法功能	作主语	作宾语	作定语	作谓语	作状语
个数	35	33	22	1	24
频率	30.43%	28.70%	19.13%	0.87%	20.87%

由上表可知，《祖堂集》中“下”的句法功能比较全面，可以作主语、宾语、定语、谓语、状语。

发展到《祖堂集》时期，宾语的优势地位被主语取代，占30.43%，《世说新语》时期作补语的情况没有出现，出现了作谓语的情况，但仅有1例。

第三节　合成方位词的语义特征及其句法功能演变

一、派生方位词

发展到《祖堂集》时期，派生方位词有前缀式派生方位词“已上”“已下”和后缀式派生方位词“上头”“上面”“下头”。

1. “已上”“已下”。

（1）《祖堂集》中“已上”仅有1例，表示范围义，即：

已上两则境智也。（卷十八）

这里“已上”指称上文提到的相关内容，运用于句子开头，起连接作用。

（2）“已下”有2例，即：

除却两人，降此已下，任你大悟去，也须涛汰。（卷四）
元和初，奉徵诏对，位排僧录首座已下。（卷十四）

上举第一例中“已下”表示除参照物“此”以外的范围，表示范围义；第二例表示在“首座”这一位置下面，表示等级义。

2. “上面”“上头”“下头”。

（1）《祖堂集》中“上面”只有1例，即：

上面庵处便是。（卷十二）

“上面”表示“庵”所在的处所，其参照物在句中省略了，表示实指空间义。

（2）“上头”共出现 8 例，均表示空间义，如：

所在迫狭，就后山上起小屋，请和尚去上头安下。（卷四）
若有人将此相来问，则袪上头牛字对之。（卷二十）
圆相中心人字者，表理智；上头牛字音，喻人想解。（卷二十）

（3）“下头”有 2 例，与“上头”相对，表示空间义，即：

下头橛子冷，不欲得辜负，你莫形迹！（卷九）
何故袪下头牛字，不袪圆相中心人字耶？（卷二十）

《祖堂集》时期派生方位词可以表示空间义、范围义、等级义。其中，空间义是其基本语义。此外，《祖堂集》时期增加了后缀式派生方位词“上面”“上头”“下头”，均表示空间义。

发展到《祖堂集》时期，派生方位词的句法功能如下：

1. “已上”“已下”。

（1）“已上”放于名词之前作定语，修饰限制名词，如：

已上两则境智也。（卷十八）

（2）“已下”放于体词“X”之后，构成方位短语“X + 已下”。“X + 已下”可作状语，如：

除却两人，降此已下，任你大悟去，也须涛汰。（卷四）

也可作宾语，如：

元和初，奉徵诏对，位排僧录首座已下。（卷十四）

2. “上面”“上头”“下头”。

（1）“上面”放在名词之前，作定语，如：

上面庵处便是。（卷十二）

（2）“上头”有两种情况：

第一，单独作成分。

可用作宾语，有 1 例，即：

所在迫狭，就后山上起小屋，请和尚去上头安下。(卷四)

也可用作定语，有4例，如：

若有人将此相来问，则祛上头牛字对之。(卷二十)

第二，放在名词之后，构成方位短语，有3例，即：

和尚上头又转转师僧王。(卷四)
何故月轮相上头著牛字来，日轮相中心著橑字对之？(卷十二)
月轮相上头著者，契果修因祖。(卷二十)

(3)“下头”均放于名词之前，作定语，有2例，如：

下头橛子冷，不欲得辜负，你莫形迹！(卷九)

总的来说，《祖堂集》中的派生方位词句法功能比较全面，可以自由作句法成分，也可以前加，可以后置，能构成方位短语。由“已上”“上面”“上头”“下头”可以单独作句法成分看出，“已上”“上面”“上头”“下头”在《祖堂集》时期均已成词。

二、复合方位词

发展到《祖堂集》时期，复合方位词有“上上”“上中”“上下”“中下”。

1.“上上”“上中”“中下”。

《祖堂集》中“上上”共有8例，“上中”有1例，“中下”有6例，均表示等级次序义，如：

(1)“上上”。

古人为什摩道“直得上上者，亦须击发”？(卷九)
更有归宗敲鼎竖拳，拈布毛，抛拂子，当用无用，如啐啄之机，是他上上之流始得。”(卷十二)

(2)“上中”。

暗合上中言，明暗清浊句。(卷四)

(3)“中下”。

上士聊闻便了却，中下意思莫能知。(卷十)
上上者一拨便去，中下者落在功勋。(卷十二)

2. “上下”。[①]

《祖堂集》中“上下”共有3例。

其中2例实指空间范围义，即：

此患由来实是长，四维上下远茫茫。（卷四）

奉师一条杖，其形有九曲。曲则为今时，上下长多少？（卷六）

仅1例表示虚指范围义，即：

某甲于中下一句语云：邪法难扶。汝道向什摩人分上下语？（卷十）

总的来说，《祖堂集》中复合方位词可以指等级次序义，也可实指空间范围义，还可以虚指范围义。《祖堂集》时期复合方位词增加了“上上”“上中”“中下”三种情况。

发展到《祖堂集》时期，复合方位词的句法功能如下：

1. “上上”“上中”“中下”。

（1）“上上”放在名词之前，修饰限制名词，作定语，如：

如何是上上人行李处？（卷十七）

十方达道者，咸言上上机。（卷十九）

（2）“上中”放于名词之前，作定语，如：

暗合上中言，明暗清浊句。（卷四）

（3）“中下”的句法功能有两种情况，即：

第一，可以自由作句法成分。

作主语，有1例，即：

中下竞是非，上士始知屈。（卷十八）

作定语，有4例，如：

中下者即假断送。（卷九）

上上者一拨便去，中下者落在功勋。（卷十二）

第二，与体词性词语“X”构成方位短语，有1例，即：

高座宣扬，欺他中下，何不自玄究竟？（卷十五）

---

① 文中不讨论“上下”作动词的用法，如：退后礼拜，随众上下。（卷十三）

2. “上下”。

《祖堂集》中“上下”的句法功能有两种。

（1）“上下”可自由作句法成分。

作主语，有1例，即：

奉师一条杖，其形有九曲。曲则为今时，上下长多少？（卷六）

作定语，有1例，即：

某甲于中下一句语云：邪法难扶。汝道向什摩人分上下语？（卷十）

（2）与名词性词语“X”构成方位短语，有1例，即：

此患由来实是长，四维上下远茫茫。（卷四）

总的来说，《祖堂集》中复合方位词句法功能较为全面，可以自由作句法成分，也可以前加，可以后置，能构成方位短语。

第三章　晚唐五代至宋代“上”“下”的历时演变

第一节　“上”“下”的语义特征演变

一、“上”“下”单独作句法成分时的语义演变

发展到《三朝北盟会编》[①] 时期，单独作句法成分的“上”共出现 132 例，其中“上”的语义特征如下：

1. 空间义，共有 3 例，即：

三佛齐皆瘦脊缠头绯衣，上织成佛面。(《中兴遗史》)
规随宜措置，相视城面，向上如斧刃，不可立人。(《中兴遗史》)
规下令，从上向里，削去其半。(《中兴遗史》)

2. 时间义，指称时间，有 1 例，即：

明批上历，限十五日以前送纳。(《中兴遗史》)

3. 引申义引申为等级、地位高，共 126 例，如：

洵武知京、贯之意，遂请间日，力陈宗社大计，请以上意令京条对。(《邓洵武家传》)

龙图既知我军力不能取，何不明白奏上，画与女真，使自取之？(《茅斋自叙》)

上御延和殿，望之、世则先引见，共奏孝民所说及折他之语，孝民似不悦。(《靖康城下奉使录》)

4. “上”还可以引申为次序在前，有 2 例，即：

主上必不较些物色，但得事了，早班师为上，后来教他别人手里理会。(《茅斋自叙》)

---

① 以下简称《三朝》。

时军储窘乏，与求极陈屯田利害，为古今集议上、下二篇，上之。(《中兴遗史》)

《三朝》中“上”单独作句法成分时，它的语义特征情况分析如下：

语义特征	空间义	时间义	引申义	
			等级	次序
个数	3	1	126	2
总计	3	1	128	

由上表可知，《三朝》中“上”多用作引申义，等级义所占比例最大，为95.45%，空间义和时间义较少，空间义是时间义的3倍。且《三朝》时无动作义的用法。

《祖堂集》中多用作时间义和引申义，且时间义远超过引申义占据优势地位。而《三朝》时期多用作引申义，远超过时间义。此外，《三朝》时期引申义中等级义仍占主要地位，多达98.44%。相对于晚唐五代而言，宋代“上”的引申义使用频率较高，动作义没有出现。

发展到《三朝》时期，单独作句法成分的“下”共出现19例，用例较之于“上”少了很多。其语义特征主要如下：

1. 引申义，多表示等级、地位低，共有11例，如：

西京管下，惟恐妨收捉阿适道路，所有蔚、应、朔三州。(《燕云奉使录》)
今若轻信群下之言，则两朝和好大事，何时是了？(《茅斋自叙》)

2. 也可表示位序、位次在后，有4例，如：

自阿骨打而下，皆称善。(《茅斋自叙》)
时军储窘乏，与求极陈屯田利害，为古今集议上、下二篇，上之。(《中兴遗史》)

3. 动作义有使动用法，有2例，即：

兀术遣右都监挞不也追而获之，下祁州元帅府狱。(《金虏节要》)
至与人辨是非，略不少屈已下气。(《中兴遗史》)

4. 还有处动用法，有2例，即：

盖二太子以贵，粘罕、骨舍以才自高，不肯相下云。(《北记》)

自古两国议和，皆以势力相埒，不能相下，于是有讲和修睦之请，息兵安民之议。（《绍兴甲寅通和录》）

《三朝》中“下”单独作句法成分时，它的语义特征情况分析如下：

语义特征	引申义		动作义	
	等级	次序	使动	处动
个数	11	4	2	2
总计	15		4	

由上表可知，《三朝》中“下”多用作引申义，其中表示等级这一用法的情况最多，表示动作的意义较少。

《祖堂集》和《三朝》中“下”均多用作引申义，其中等级义最多。在《三朝》时期，没有出现空间义与时间义。此外，《三朝》中表处动的意义在此出现。

二、“上/下＋XP”中“上”“下”的语义演变

发展到《三朝》时期，除“上京”“上将军”“上四军”“上相”“上舍”等未计入统计外，“上＋XP”的用例出现20例，其语义特征情况如下：

1. 空间义中“XP”共有10例，如：

官军亦于河口上流举火，尽焚其余，凡一百五十余舟。（《中兴遗史》）

臣下有邪谄奸佞、不忠不孝者，愿皇帝代上天，以此剑此弓诛杀之。（《茅斋自叙》）

2. 引申义，表示等级较高、地位尊贵，有2例，即：

我家自上祖相传，止有如此风俗，不会奢饰。（《茅斋自叙》）

虽疏逖，必居上列。（《中兴遗史》）

3. 可以表示次序在前，有4例，如：

遣一介辩士议之，彼方内顾不暇，未必不成上策。（《茅斋自叙》）

今贵朝灭尽契丹，又得南朝金币，早得休兵，各享太平，真是上策！（《茅斋自叙》）

4. 还可以表示品质好，仅1例，即：

上等每匹五贯，中等二贯五百文，闰罗四贯，练绢二贯。(《燕云奉使录》)

5. 时间义，共有3例，如：

十二月上旬，还至太原。(《茅斋自叙》)
那租赋便是这里的，怎生更上说也？(《山西军前和议录》)

《三朝》中“上”放于名词之前，作前置构词语素或用作定语时，其语义特征情况如下：

语义特征	空间义	时间义	引申义		
			等级义	次序义	品质义
个数	10	3	2	4	1
总计	10	3	7		

由上表可知，《三朝》中“上”放于名词之前，作前置构词语素或用作定语时，主要表示空间义，多达50%。

《祖堂集》时期“上”作前置构词语素或用作定语时，主要表示等级义；《三朝》中“上”作前置构词语素或用作定语时，主要表示空间义。但《三朝》时期引申义中包含了等级义、次序义和品质义三种。

发展到《三朝》时期，除“下班”不计入其中外，“下+XP”的用例出现12例，其语义特征有空间义、时间义和引申义三种，情况如下：

1. 空间义，共有3例，如：

再三辩论，久之，遂除下西京，坚执如故。(《燕云奉使录》)
虏见船无归路，即时从下流放火自焚。(《采石战胜录》)

2. 引申义，表示等级义的，共有3例，如：

开封寻差下厢，家至户到，店客户、倡优户例皆推认，一城骚然。(《中兴遗史》)

继先遭遇，绍兴中富与贵冠绝人臣，诸路大帅，承顺下风，莫敢忤。(《中兴遗史》)

3. 还有表示次序义的，共有5例，如：

且兵家用间，最为下策。(《茅斋自叙》)

于公下策中，更待添些物色。(《茅斋自叙》)

4. 时间义，共有1例，即：

可依下项，亟仰具所有数目。(《中兴遗史》)

《三朝》中“下”放于名词之前，作前置构词语素或用作定语时，其语义特征情况如下：

语义特征	空间义	时间义	引申义	
			等级义	次序义
个数	3	1	3	5
总计	3	1	8	

由上表可知，《三朝》中“下”放于名词之前，作前置构词语素或用作定语时，引申义占绝对优势，是空间义和时间义总和的两倍。空间义和时间义的比例为3:1。《三朝》中“下”作前置构词语素或用作定语时，出现了时间义和次序义。

三、“X（+之）+上/下”中“上”“下”的语义演变

发展到《三朝》时期，“X（+之）+上”的用例共出现88例，其语义特征情况如下：

1. 当“X”为指物名词时，共有72例，有5种意义。

第一，表示某一事物之上但并不接触的上方空间，没有承载与被承载的关系，仅有1例，即：

遇夜，狱屋上有火光赤气，市人送饮馔入狱中。(《中兴遗史》)

第二，表示物体的顶部或表面，有承载与被承载的关系，共53例，如：

阿骨打设一虎皮，坐雪上，授仆弓矢各一。(《茅斋自叙》)
初出云梯，敌楼上用神臂弓偏架，女墙上用斩马刀大斧。(《河东逢虏记》)
爷姓石，石上定橛，更无移改。(《金虏节要》)
刘豫几上肉耳。(《中兴遗史》)

第三，表示江河的上方边侧，即“边侧”义，没有承载与被承载的关系。

有8例，如：

若果欲迁都于汴，屯兵于宿亳，则本国亦不免屯兵于淮上，非敢故渝盟约也。(《中兴遗史》)

杨林河口不甚宽阔，而又敌人摆布何处，在岸上乎?(《中兴遗史》)

第四，实指范围，泛指某一空间领域，即事物的内部空间，相当于“里、中、内”，共有8例，如：

宣抚司回军至河间府上，委刘延庆都统陕西大兵，力谋复燕。(《茅斋自叙》)

大学与监司拜于厅上，众官拜于阶下。(《南归录》)

及同奏事，子諲与良贵交争于殿上，而极言之。(《中兴遗史》)

第五，虚指范围，共有2例，即：

令元帅府上伴依此批下。(《北记》)

景王请命书上犹有御宝，料城中未甚乱。(《中兴遗史》《孤臣泣血录》)

《三朝》中“上”作为后置方位词，“X”为指物名词时，其情况如下：

语义特征	上方空间	顶部或表面	上方边侧	实指范围	虚指范围
个数	1	53	8	8	2
频率	1.39%	73.61%	11.11%	11.11%	2.78%

由上表可知，《三朝》中“上”作为后置方位词，“X”为指物名词时，“顶部或表面”义占绝大多数，多达73.61%。“上方空间”义仅占1.39%。“上方边侧”义和“实指范围”义比例为1∶1。“实指范围”义是“虚指范围”义的4倍。

2. 当“X”为方位名词“东南”时，仅有1例，表示范围义。

东南上有白旗子来，是朝廷救兵。(《河东逢虏记》)

3. 当“X”为身体名词时，如“腹上”“头上”“背上”等，有以下两种情况。

第一，表示身体部位的表面或顶部，有2例，其中包括水平表面和立体表面，即：

正是大雪，并无盖卧，身上雪厚一二尺。(《河东逢虏记》)

有妇女陷于沙中，举臂上金缠示人，号呼求救，莫敢向迩，不移时遂殁。(《河东逢虏记》)

第二，虚指范围，相当于“……里”，有3例，如：

射得煞好，南使射中，和我心上快活。(《茅斋自叙》)
康王我眼上物，当以五千骑取之，今安在？(《回天录》)

4. 当“X”为抽象名词时，“上”的意义趋向虚化，有两种情况。
第一，表示范围义的共有5例，如：

且言缘在军上，不及遣使前去，止以事目一纸付良嗣回。(《燕云奉使录》)
童贯询境上所见，对以金人编埒汉儿乡兵，增戍飞狐、灵邱，每以张觉为言，邀索所失官户。(《茅斋自叙》)
近日公边上来，尽知子细，又将家所论甚好，有数事欲再烦公出。(《河东逢虏记》)

第二，表示次序义，仅有1例，即：

破之甚易，誓以死战，使匹马不还，策之上也。(《中兴遗史》)

5. 当“X”为代词时，实指空间方位，指事物的表面，有4例，如：

人置稗饭一碗，加匕其上，列以齑韭、野蒜、长瓜，皆盐渍者。(《茅斋自叙》)
有一人服金甲，被胡床，坐其上。(《采石战胜录》)

《三朝》和《祖堂集》中“上”作为后置方位词，“X”为指物名词时，“顶部或表面”义使用频率均占绝对优势，“上方空间”义有所降低，从《祖堂集》时期的7.69%降至1.39%。此外，《三朝》中出现了“上方边侧”义，占11.11%，比例高于“上方空间”义和“虚指范围”义。“实指范围”义的比例高于“虚指范围”义。

此外，“X”为指物名词以外的其他名词时，值得注意的有以下几点：
(1) 在宋代，“X”为身体名词时，可以虚指范围，相当于“……里”。
(2) “X”为抽象名词时，可表示范围义和次序义。次序义仅有1例，即：

破之甚易，誓以死战，使匹马不还，策之上也。(《中兴遗史》)

（3）“X”为方位名词“东南”，仅有1例，表示范围义，即：

东南上有白旗子来，是朝廷救兵。（《河东逢虏记》）

（4）“X”为代词时实指空间方位，指事物的表面。

发展到《三朝》时期，“X（+之）+下”的用例出现94例，其语义特征情况如下：

1. 当“X”为指物名词，实指空间方位，有6种情况。

第一，表示物体下部的周边或附近，且物体与地面有所接触，共有50例，如：

以此誓书元在阙下，为使人陈乞已换了两次，到涿州又换一次。（《燕云奉使录》）

大学与监司拜于厅上，众官拜于阶下。（《南归录》）

绘于廊柱下，厉声曰。（《绍兴甲寅通和录》）

第二，表示物体的垂直下方，共有2例，即：

遂问隔营一军官借得一笔砚及毛头纸三幅，灯下写了。（《南归录》）

虏人或邀请，则抱以登车，出朱雀门，密讽百姓邀留不可，则堕之车下，以死告，奉尸以往。（《中兴遗史》）

第三，实指范围，表示物体的内部，相当于“里、中、内”，有8例，如：

合门官引移帐西浮幕下少立，一衣紫系犀带者，认是汉儿宰相左企弓。（《燕云奉使录》）

班退，引孝民却到廊下幕次，孝民便要催促出门。（《靖康城下奉使录》）

令嘉、抡与三节人皆列庭下大呼曰：“有敕。”（《中兴遗史》）

第四，表示时间，有7例，均为“日下”，如：

若水等被旨，日下出门，差往大金山西军前和议。（《山西军前和议录》）

第五，相当于“……上”，仅有1例，即：

顾亦何施面目见尔先人于地下哉？（《中兴遗史》）

第六，虚指范围，有3例，均为“门下”，如：

后以门下被虏人，洛阳进士吴鼎辽、苏阊立名，曰思谋，字仲远。（《金虏节要》）

允文有门下士，昧于名教典礼，乃拾掇三札，溢其虚美，作为记事之文，夸大允文之功。(《中兴遗史》)

需要注意的是，在“X”为指物名词时，出现了“城脚下”“江心下”这样的用例。

《三朝》中“下”作为后置方位词，“X”为指物名词时，其情况如下：

语义特征	物体下部的周边或附近	垂直下方	实指范围	时间	相当于“……上”	虚指范围
个数	50	2	8	7	1	3
频率	70.42%	2.82%	11.27%	9.86%	1.41%	4.23%

由上表可知，《三朝》中“下”作为后置方位词，“X”为指物名词时，出现了六种情况，“物体下部的周边或附近”义占优势地位，多达70.42%。“实指范围”义和“垂直下方”义的比例为4∶1。

2. 当“X”为指人名词时，有两种情况。

第一，表示位序在后、地位低，共有3例，如：

枢密承旨王健下京畿弓手尹奇者，疑使臣十余人为奸细。(《中兴遗史》)
粘罕之下，诸酋不可及也。(《金虏节要》)

第二，虚指范围，有5例，均为“臣下”，如：

或开之，则与臣下杂坐之于炕，伪后妃躬侍饮食。(《金虏节要》)

3. 当“X”为身体名词时，有两种情况。

第一，实指空间范围，仅有1例，即：

亲坐翁翁怀中，翁翁腋下有一黑疣子，常以手捻之。(《中兴遗史》)

第二，虚指范围，仅有1例，即：

我心下亦喜，南家故地，教他收了。(《茅斋自叙》)

4. 当“X”为数量词时，表示方面义，仅有1例，即：

两下进兵，夹攻契丹，即军马不得过关。(《茅斋自叙》)

5. 当“X”为抽象名词时，“下”的意义趋向虚化，有三种情况。

第一，虚指用法，表示方面义，仅有1例，即：

粘罕云：“你意下待如何？”（《茅斋自叙》）

第二，虚指范围，表示范围义，有3例，如：

而翊麾下多朔人，至是粘罕驱朔之父老以示翊军，于是翊军变。（《金虏节要》）

且刘光世军下统制将辖士校，多出其门。（《中兴遗史》）

第三，表示次序义，有2例，即：

且如马，国家下川陕两路，以茶彩博买西南夷及西番马，岁不过一二千。（《燕云奉使录》）

此来郭药师守燕山要马，朝廷下川陕马司应副，试问药师其马堪与不堪？（《燕云奉使录》）

6. 当“X”为代词时，有以下两种情况。

第一，“X”代人时，均表等级义，有2例，即：

夏国兵骄气锐，所至杀掠无辜，其下大厌之。（《燕云奉使录》）

阿骨打及其下诸酋长大喜。（《燕云奉使录》）

第二，“X”代物时，均实指空间，有3例，如：

见敌楼上张紫伞一柄，监军骨舍郎君坐其下。（《北记》）

辰巳刻之间，有红伞登台，亮在其下，有绣旗环绕之。（《中兴遗史》）

7. 当“X”为动词时，表示在某种情况、条件下，仅有1例，即：

捶掠之下，间或得之。（《金虏节要》）

《三朝》和《祖堂集》中“下”作为后置方位词，“X”为指物名词时，《祖堂集》中“物体的周边或下部”义占优势地位，占44.71%。《三朝》中“物体下部的周边或附近”义同样占优势地位，多达70.42%。《祖堂集》中虚指用法有范围义，方面义情况、条件义，总体约占15.29%。《三朝》中仅出现虚指范围义，占4.23%。

《三朝》中“X”为除指物名词以外的其他名词时，有以下几点值得关注：

（1）当“X”为指人名词时，既可表示位序在后、地位低，也可虚指范围。

（2）当“X”为身体名词时，既可实指空间范围，也可虚指范围。

（3）“X”还可以为数量词，表示方面义，仅有1例，即：

两下进兵，夹攻契丹，即军马不得过关。（《茅斋自叙》）

(4) 当“X”为抽象名词时，有虚指用法，包含方面义和范围义。除此之外，还表示次序义。

(5) 当“X”为代词时，“X”代人，均表等级义；“X”代物，均实指空间。

此外，《三朝》时期还出现了“X”为动词的情况，表示在某种情况、条件下，仅有1例，即：

捶掠之下，间或得之。(《金虏节要》)

由此可以看出，“下”的虚化程度有所增加，方位短语可由“动词性成分+之下”组合而成。

第二节 “上”“下”的句法功能演变

一、“上”“下”单独作句法成分时的句法演变

发展到《三朝》时期，“上”的句法功能如下：

1. 作主语，共有103例，如：

上为之动容。(《邓洵武家传》)

上御延和殿，望之、世则先引见，共奏孝民所说及折他之语，孝民似不悦。(《燕云奉使录》)

上不悦，赏赉有差，因登城北壁而还。(《中兴遗史》)

2. 作宾语，共有17例，如：

而蔡京密启于上，不令洵武预议。(《邓洵武家传》)

龙图既知我军力不能取，何不明白奏上，画与女真，使自取之？(《茅斋自叙》)

规随宜措置，相视城面，向上如斧刃，不可立人。(《中兴遗史》)

3. 作定语，共有30例，如：

契丹既衰，宰相王黼复为兼弱攻昧之言，以动上心。(《邓洵武家传》)

上等每匹五贯，中等二贯五百文，闰罗四贯，练绢二贯。(《燕云奉使录》)

那租赋便是这里的，怎生更上说也？(《山西军前和议录》)

《三朝》中“上”单独作句法成分，其情况如下：

句法功能	作主语	作宾语	作定语
个数	103	17	30
频率	68.67%	11.33%	20%

由上表可知，《三朝》中“上”可以作主语、宾语、定语，主语占绝对优势，且没有出现作谓语、状语的情况。

《三朝》中“上”作主语情况增加，从《祖堂集》的3.47%增长到68.67%，占据主要地位，约是作宾语的6倍。且在《三朝》时期，“上”作定语的情况也高于作宾语的情况，比例约为3:2。此外，《三朝》“上”语法功能不够全面，没有出现作谓语、状语的情况。

发展到《三朝》时期，“下”的句法功能情况如下：

1. 作主语，仅有1例，即：

幸我区别归朝官不用，上疑下惧，自生变乱。(《茅斋自叙》)

2. 作宾语，共有4例，如：

西京管下，惟恐妨收捉阿适道路，所有蔚、应、朔三州。(《燕云奉使录》)
自阿骨打而下，皆称善。(《茅斋自叙》)

3. 作谓语，均为使动用法，有5例，如：

盖二太子以贵，粘罕、骨舍以才自高，不肯相下云。(《北记》)
兀术遣右都监挞不也追而获之，下祁州元帅府狱。(《金虏节要》)

4. 作定语，共有16例，如：

于公下策中，更待添些物色。(《茅斋自叙》)
虏见船无归路，即时从下流放火自焚。(《采石战胜录》)

5. 作状语，仅有1例，即：

内侍杨戬、贾蒙等，下勾当使臣曹刚等，大宗正司宗室等。(《中兴遗史》)

《三朝》中“下”单独作句法成分，其情况如下：

句法功能	作主语	作宾语	作谓语	作定语	作状语
个数	1	4	5	16	1
频率	3.70%	14.81%	18.52%	59.26%	3.70%

由上表可知，《三朝》中“下”的句法功能比较全面，可以作主语、宾语、谓语、定语、状语，多用作定语。

《三朝》中仍是作定语的情况占绝对优势，占59.26%。但《三朝》时期作主语情况有所下降，从23.53%到3.70%。作状语的使用频率仍旧较低，仅有3.7%。

二、“上”“下”作为后置方位词的句法演变

发展到《三朝》时期，“X+上”的具体情况如下：

1. 作主语，有13例，如：

兼我在奉圣州时，心上许了，不若与去，共他大朝交欢，也胜似与河西家。(《茅斋自叙》)

至隰州城外，城上皆挂搭守御。(《河东逢虏记》)

见敌楼上张紫伞一柄，监军骨舍郎君坐其下。(《逢虏记》)

2. 作谓语，仅有1例，即：

破之甚易，誓以死战，使匹马不还，策之上也。(《中兴遗史》)

3. 作宾语，共30例，如：

且言缘在军上，不及遣使前去，止以事目一纸付良嗣回。(《燕云奉使录》)

近行五里，阿骨打与其妻大夫人者，于炕上设金装交椅二副并坐。(《茅斋自叙》)

及使臣素队百余人，并戮河上。(《辞免待制奏状》)

4. 作定语，有18例，如：

海上之约，亦是贵朝自断绝，且看赵皇面，特许与燕京六州二十四县。(《茅斋自叙》)

城上金人皆避走。(《中兴遗史》)

刘豫几上肉耳。(《中兴遗史》)

5. 作状语，有13例，如：

比者，海上交结女真，已许割还。(《茅斋自叙》)

近日公边上来，尽知子细，又将家所论甚好，有数事欲再烦公出。(《河东逢虏记》)

初出云梯，敌楼上用神臂弓偏架，女墙上用斩马刀大斧。(《河东逢虏记》)

6. 作补语，有9例，如：

大学与监司拜于厅上，众官拜于阶下。(《南归录》)
补苴罅漏，植木编竹，横门扉于其上，代女墙以扞矢石，而施守具焉。(《辞免待制奏状》)
兀室猎居庸关之东，憩于山上。(《金虏节要》)

7. 作兼语，仅有1例，即：

令元帅府上伴依此批下。(《北记》)

《三朝》中“上”作为后置方位词时，其情况如下：

句法功能	作主语	作谓语	作宾语	作定语	作状语	作补语	作兼语
个数	13	1	30	18	13	9	1
频率	15.29%	1.18%	35.29%	21.18%	15.29%	10.59%	1.18%

由上表可知，《三朝》中“X+上”的句法功能比较全面，可以作主语、谓语、宾语、定语、状语、补语、兼语，其中大多作宾语和定语。但作谓语和兼语的情况较少，均为1.18%。

发展到《三朝》时期，作宾语占优势地位，为35.29%。作补语的情况有所增加，由《祖堂集》时期的0.61%增加到10.59%。且出现了作谓语、兼语的情况，但是均仅有1例。

发展到《三朝》时期，“X+下”的句法功能情况如下：

1. 作主语，有5例，如：

臣下有邪谄奸佞、不忠不孝者，愿皇帝代上天，以此剑此弓诛杀之。(《茅斋自叙》)
夏国兵骄气锐，所至杀掠无辜，其下大厌之。(《燕云奉使录》)
麾下若干兵马？(《河东逢虏记》)

2. 作谓语，仅1例，即：

薛家湾者，采石之下数里，有王琪军在焉，以劲弓齐射。(《中兴遗史》)

3. 作宾语，共44例，如：

至庭下，有前立两人，指示良嗣曰。(《燕云奉使录》)
贵朝使人已与赵良嗣同趋阙下，朝廷必不许来搀夺。(《茅斋自叙》)
靖与监司升阶，众官皆立阶下，导者令跪，靖及监司不跪。(《南归录》)

4. 作定语，有18例，如：

阿骨打及其下诸酋长大喜。(《燕云奉使录》)
城下之战，社稷之安危，固不可轻举，可待其归，以重兵拥其后，有必胜之策。(《南归录》)
约到寨杀人放火，叫九州汉儿反，使其阵乱，因烧城下炮坐。(《北记》)

5. 作状语，有10例，如：

两下进兵，夹攻契丹，即军马不得过关。(《茅斋自叙》)
遂问隔营一军官借得一笔砚及毛头纸三幅，灯下写了。(《南归录》)
乞给旗二面，付某招集溃散军兵，日下分募支给，请受招集五百人，减二年磨勘。(《河东逢虏记》)

6. 作补语，有9例，如：

翊自朔不得入，遂由宁化、岢宪州出天门关，以援太原，营于城下。(《金虏节要》)
上在南薰门下，张叔夜领兵于城下起居，军容整肃。(《中兴遗史》)
张俊享年六十九，以疾而终于牖下。(《中兴遗史》)

《三朝》中“下”作为后置方位词时，其情况如下：

句法功能	作主语	作谓语	作宾语	作定语	作状语	作补语
个数	5	1	44	18	10	9
频率	5.75%	1.15%	50.57%	20.69%	11.49%	10.34%

由上表可知，《三朝》中“下”的句法功能比较全面，可以作主语、谓语、宾语、定语、状语、补语。

发展到《三朝》时期，作宾语占优势地位，占50.57%。作主语的情况有所降低，为5.75%，下降幅度较大。且在《三朝》时期同样出现了作谓语的情况，但也仅有1例。此外，“X+下”作补语的情况在《三朝》时期也有出现。

第三节　合成方位词的语义特征及其句法功能演变

一、派生方位词

发展到《三朝》时期，派生方位词有前缀式派生方位词“以（已）上”“以（已）下”和后缀式派生方位词“上面”“下面”。

1.“以（已）上”“以（已）下”。

(1)《三朝》中“以（已）上”有2例，表示等级义，即：

文臣承务郎、武臣承信郎以上悉赴议。(《中兴遗史》)

今点得前后宰执出使郎官已上多充参议，洪迈、冯方乞改充参议军事。(《中兴遗史》)

(2)“以（已）下”有17例，均表示等级义，如：

诸军马三面整旗摆立，粘罕已下诸郎君，皆被甲作两行，相对侍立。(《茅斋自叙》)

五盏讫，乐官以下共赐绢四百二十匹，再引帐前面，面北立。(《燕云奉使录》)

在京士庶虽见上皇以下六宫后妃、亲王、驸马出郊。(《中兴遗史》)

2.“上面”“下面”。

(1)《三朝》中“上面”实指空间义，只有1例，即：

上面结大索网，又括民间青布帐幕以御炮。(《北记》)

(2)“下面”仅出现1例，表示空间义，即：

乃使鹅车、洞子状如数间屋，背以生皮裹了，下面藏数十人，执锹镢掘城。(《北记》)

《三朝》时期派生方位词可以表示空间义、等级义。《三朝》时期增加了后缀式派生方位词“下面”，表示空间义，但未出现“上头”“下头”。

发展到《三朝》时期，派生方位词的句法功能如下：

1.“以（已）上”“以（已）下”。

(1)“以（已）上”放于体词性短语之后，构成方位短语，作主语，如：

文臣承务郎、武臣承信郎以上悉赴议。(《中兴遗史》)

今点得前后宰执出使郎官已上多充参议，洪迈、冯方乞改充参议军事。(《中兴遗史》)

(2)“以（已）下”放于体词性短语之后，构成方位短语。

方位短语可作定语，有6例，如：

诸军马三面整旗摆立，粘罕已下诸郎君，皆被甲作两行，相对侍立。(《茅斋自叙》)

在京士庶虽见上皇以下六宫后妃、亲王、驸马出郊。(《中兴遗史》)

也可直接用作主语，有9例，如：

五盏讫，乐官以下共赐绢四百二十匹，再引帐前面，面北立。(《燕云奉使录》)

燕王、越王以下皆与君连名，士不连名，诈也。(《中兴遗史》)

2. “上面”“下面”。

(1)“上面”作主语，如：

上面结大索网，又括民间青布帐幕以御炮。(《北记》)

(2)“下面”作主语，如：

乃使鹅车、洞子状如数间屋，背以生皮裹了，下面藏数十人，执锹镢掘城。(《北记》)

总的来说，《三朝》中的派生方位词句法功能比较全面，可以自由作句法成分，也可构成方位短语。

二、复合方位词

发展到《三朝》时期，复合方位词有“上下”“中下”。

1. “上下”。

《三朝》中“上下”共有8例。

(1) 其中4例实指空间范围义，如：

步兵尚未至，于上下流得大船，遂渡骁骑。(《南归录》)

见江北虏兵甚厚，极目望上下二三十里不绝，鼓声震地。(《金虏节要》)

（2）另有4例表示等级次序义，如：

上下汹汹，皆欲入寇。(《金虏节要》)
犹有内外诸镇之兵，上下维持，使无偏重之势，其意远矣。(《中兴遗史》)

2.“中下”。
《三朝》中“中下”仅有1例，表示空间义，即：

凡七日，军行三十五里，至地名郭山栅营于中下四高迫窄之地，中有沟涧。(《河东逢虏记》)

总的来说，《三朝》中复合方位词可以指等级次序义，也可实指空间范围义。但《三朝》时期出现的复合方位词种类略少于《祖堂集》时期。
发展到《三朝》时期，复合方位词的句法功能如下：
1.“上下”。
《三朝》中“上下”均单独作句法成分。
（1）可用作主语，如：

上下汹汹，皆欲入寇。(《金虏节要》)
犹有内外诸镇之兵，上下维持，使无偏重之势，其意远矣。(《中兴遗史》)

（2）可用作定语，如：

步兵尚未至，于上下流得大船，遂渡骁骑。(《南归录》)

2.“中下”。
《三朝》中“中下”作定语，如：

凡七日，军行三十五里，至地名郭山栅营于中下四高迫窄之地，中有沟涧。(《河东逢虏记》)

总的来说，《三朝》中复合方位词句法功能均可以自由作句法成分。

第四章 宋代至元代“上”“下”的历时演变

第一节 “上”“下”的语义特征演变

一、“上”“下”单独作句法成分时的语义演变

发展到《新校元刊杂剧三十种》[①] 时期，单独作句法成分的“上”呈骤减趋势，共出现15例，其语义特征如下：

1. 空间义，共有5例，如：

要儿孙望上长，休把那陷百姓羊羔儿利钱放。（看钱奴买冤家债主·第三折）

你是南方赤帝子，上应北极紫微星。（泰华山陈抟高卧·第一折）

谁想不见，唯留纸一张，上有八句诗，须索交太师看。（东窗事犯·楔子）

2. 时间义，指称时间，有2例，即：

阿的是五夜其高，六日向上，解利呵过了时晌（闺怨佳人拜月亭·第二折）

则为一兒非俗离故乡，二四的司公能主仗，三个人狠心肠，做夫妻四年向上，五十次告官房。（好酒赵元遇上皇·第一折）

3. 等级义，共8例，如：

将杀身秦桧贼臣不须论，想他诳上欺君，苦虐黎民。（东窗事犯·第四折）

自今上践祚，无为而治，一十五年，王弗幸有疾弗瘳。（辅成王周公摄政·第一折）

上不愧三庙威灵，下不欺九土黔黎。（辅成王周公摄政·第三折）

《元刊》中“上”单独作句法成分时，它的语义特征情况分析如下：

---

① 以下简称《元刊》。

语义特征	空间义	时间义	等级义
个数	5	2	8
频率	33.33%	13.33%	53.33%

由上表可知，《元刊》中“上”多用作等级义，所占比例最大，为53.33%。其次是空间义，约占33.33%。时间义最少，仅占13.33%。

发展到《元刊》时期，单独作句法成分的“上”用例骤减，仅有15例。《元刊》时期多用作等级义，占53.33%。《三朝》中等级义多达98.44%。此外，动作义同样没有出现。

发展到《元刊》时期，单独作句法成分的“下”共出现5例。其语义特征主要如下：

1. 空间义，仅有1例，即：

焰腾腾偌高下，火焰起狂风乱刮。(公孙汗衫记·第二折)

2. 动作义，为使动用法，仅有1例，即：

下我在十恶死囚牢，再不坐九顶莲花帐。(东窗事犯·第一折)

3. 等级义，共有3例，如：

你自尊自大无高下，真乃是井底鸣蛙，穷汉肚肠些娘大。(看钱奴买冤家债主·第一折)

则为你上谩天子下欺臣。(东窗事犯·第二折)

《元刊》中“下”单独作句法成分时，它的语义特征情况分析如下：

语义特征	空间义	动作义	等级义
个数	1	1	3

由上表可知，《元刊》中“下”多用作等级义，表空间义和动作义的情况较少。《三朝》和《元刊》中“下”均多用作等级义。在《三朝》时期，没有出现空间义，而《元刊》时期出现1例。此外，《元刊》时期仍有表使动的意义存在。

二、“上/下+XP”中“上”“下”的语义演变

发展到《元刊》时期，除“上梢”“上祖”“上仙”等已经成词的情况未计入统计外，“上+XP”的用例出现30例，其语义特征情况为：

1. 空间义中“XP”共有14例，如：

这安仁殿盖的来接上苍，映祥烟紫雾红光。（看钱奴买冤家债主·第三折）

托赖上天眷祐，子要陛下知文武重公侯。（霍光鬼谏·第三折）

2. 等级义，有15例，如：

这剑饥餐上将头，渴饮仇人血。（关大王单刀会·第四折）

上圣试鉴察，枉将他救拔，管他甚富那贫那。（看钱奴买冤家债主·第一折）

想正贫困夺得富豪，今日做上户却无了下梢。（散家财天赐老生儿·第二折）

3. 时间义，仅有1例，如：

提起那冯员外便望空里助采声，把个苏妈妈便是上古贤人般敬。（诸宫调风月紫云亭·第一折）

《元刊》中“上”放于名词之前，作前置构词语素或用作定语时，其语义特征情况如下：

语义特征	空间义	等级义	时间义
个数	14	15	1
频率	46.67%	50%	3.33%

由上表可知，《元刊》中“上”放于名词之前，作前置构词语素或用作定语时，多用作空间义和等级义，时间义仅占3.33%。

《三朝》中“上”作前置构词语素或用作定语时，主要表示空间义。而《元刊》时期等级义占绝大多数，多达50%，空间义仅次于等级义，占46.67%。《三朝》时期引申义中包含了等级义、次序义和品质义三种，《元刊》时期仅出现等级义。

发展到《三朝》时期，除“下班”不计入其中外，“下+XP”的用例出

现8例，其语义特征有空间义、时间义和引申义三种，情况如下：

1. 空间义，共有3例，如：

杀的那东吴家死尸骸堰住江心水，下溜头淋流着血汁。（关张双赴西蜀梦·第一折）

消不得上马金下马银，也合交出朝将入朝相。（东窗事犯·第一折）

2. 等级义，共有4例，如：

清光滑辣任谁贪，下民易虐何曾滥。（好酒赵元遇上皇·第四折）

子是个春申君不必头答接，下吏难消令故牒，交个正一品的公孙弘到茅舍。（东窗事犯·第二折）

3. 时间义，仅有1例，即：

唬的些居民似速风迸星，百般的下路潜藏无掩映。（严子陵垂钓七里滩·第三折）

《元刊》中“下”放于名词之前，作前置构词语素或用作定语时，其语义特征情况如下：

语义特征	空间义	等级义	时间义
个数	3	4	1
频率	37.5%	50%	12.5%

由上表可知，《元刊》中“下”放于名词之前，作前置构词语素或用作定语时，等级义占绝对优势，达50%。空间义和时间义的比例同样为3：1。

《元刊》时期“下”作前置构词语素或用作定语时，使用情况大致与《三朝》时期无较大差别。但在《元刊》时期，没有出现引申义中的次序义。

三、“X（+之）+上/下”中“上”“下”的语义演变

发展到《元刊》时期，“X（+之）+上”的用例共出现389例，其语义特征情况如下：

1. 当“X”为指物名词时，共有248例，有5种意义。

第一，表示某一事物之上但并不接触的上方空间，没有承载与被承载的关系，有8例，如：

见一个要蛾儿来往向烈焰上飞腾，正撞着银灯，拦头送了性命。（诈妮子调风月第·三折）

委实道掴鸦的天上鹞，不如你个拿雁的海东青。（诸宫调风月紫云亭第·一折）

咱醉眼宽似沧海中，咱醉眼竟高似青霄上，咱醉眼不识个宇宙洪荒。（严子陵垂钓七里滩第·一折）

第二，表示物体的顶部或表面，有承载与被承载的关系，共106例，如：

子怕那奉母求鱼孝王祥，卧死在冬凌上。（看钱奴买冤家债主第·三折）

便是我画堂深处，那吓蛮船似酒面上浮蛆。（李太白贬夜郎第·二折）

平地上窝弓，水面上张罗网，再谁想相寻相访。（严子陵垂钓七里滩第·一折）

莫是燃犀温峤江心里走？莫是鼓瑟湘灵水面上游？（陈季卿悟道竹叶舟第·三折）

第三，表示江河的上方边侧，即“边侧”义，没有承载与被承载的关系，有4例，如：

婆婆，咱出酸枣门，边着黄河岸上赶去来！（公孙汗衫记第·二折）

绕着溪上青山郭外村，多养着不粘钱的狗彘鸡豚。（死生交范张鸡黍·楔子）

我又不曾映斜阳垂钓在磻溪上，又谁想坟茔里遇着文王。（死生交范张鸡黍第·四折）

第四，表示“附着”义，均为“壁上”，共2例，如：

（指壁上华夷图）此一条道，正是归乡之路。（陈季卿悟道竹叶舟·第一折）

第五，实指范围，相当于“里、中、内”，共有50例，如：

官里向龙床上高声问候，臣向灯影内恓惶顿首，躲避着君王倒退着走。（关张双赴西蜀梦·第四折）

来到草桥店上，见三个秀才吃酒没钱，小人替还了。（好酒赵元遇上皇·第三折）

恁时节酒态轩昂，诗兴飘扬，割舍了金銮殿上，微臣待醉一场。（李太白贬夜郎·第一折）

第六，虚指范围，共有66例，如：

你着我就席上央他几瓯，那汉劣性子输了半筹，问甚么安排来后，目前

鲜血交流。(关大王单刀会·第二折)

怕小的每眼前说谎胡支对，常言道路上行人口胜碑。(薛仁贵衣锦还乡·第三折)

陛下道微臣在长安市上，酒肆人家，土坑上便睡。(李太白贬夜郎·第一折)

子落的故纸上两行史记，虽然重裀卧列鼎而食。(泰华山陈抟高卧·第三折)

第七，表示方面义，共有4例，如：

今人，被名利引，赤紧的翰林院老子每钱上紧。(死生交范张鸡黍·楔子)

你搀头炉意不臧，瞒人在斗秤上，一斤称十四两，籴一斗加二两。(看钱奴买冤家债主·第三折)

我想王员外买卖上多有不合神道，折了我这孙子！(小张屠焚儿救母·第三折)

第八，表示某种原因或条件，共5例，如：

往日子是在这几文钱上，不知有神佛。近来多做好事，感谢天地。(散家财天赐老生儿·楔子)

您是裙带头衣食，我是剑甲上俸钱。(霍光鬼谏·第二折)

为酒上遭风雪，为酒上践程途。(好酒赵元遇上皇·第二折)

第九，相当于“下”，均表示空间义，有3例，即：

为那笔尖上发禄晚，见这刀刃上变钱疾。(闺怨佳人拜月亭·第一折)

今日青天上遭罪死，若到黄泉下不可结冤仇。(晋文公火烧介子推·第二折)

玉带上，挂金鱼，都是嚣虚。(严子陵垂钓七里滩·第二折)

《元刊》中“上”作为后置方位词，“X”为指物名词时，其情况如下：

语义特征	上方空间	顶部或表面	上方边侧	附着	实指范围	虚指范围	方面义	某种原因或条件	相当于“下”
个数	8	106	4	2	50	66	4	5	3
频率	3.23%	42.74%	1.61%	0.81%	20.16%	26.61%	1.61%	2.02%	1.21%

由上表可知，《元刊》中“上”作为后置方位词，“X”为指物名词时，“顶部或表面”义占绝大多数，多达42.74%强。“某种条件或原因”义仅占2.02%。“虚指范围”义是“实指范围”义的1.32倍。总体而言，空间义

（包括“上方空间”义、“顶部或表面”义、“上方边侧”义、“附着”义、“相当于‘下’义）占了49.6%，其中出现了“上”相当于“下”表空间义的新用法。此外，虚指义（包括“虚指范围”义、“方面”义、“某种原因或条件”义）约占30.24%。

2. 当“X”为时间名词时，表示时间义，仅有1例，即：

想当日霸业图王，岂知今上，把江山掌。（尉迟恭三夺槊·第一折）

3. 当“X”为方位名词“南边”时，仅有1例，表示“虚指范围”义。

朝野内度量正俺南边上，白虹贯日光。（关张双赴西蜀梦·第二折）

4. 当“X”为身体名词时，如“脊梁上”“身体上”“心上”等，有以下两种情况，如下：

第一，表示身体部位的表面或顶部，有37例，如：

你心里把褐衲袄脊梁上披，强似着紫朝衣，论盆家饮酒压着诗词会。（闺怨佳人拜月亭·第一折）

子见他腮脸上泪成痕，口角内乳食喷，子转的一双小眼将人认。（赵氏孤儿·第一折）

口边头奶腥也不曾落，顶门上胎发依旧存。（死生交范张鸡黍·楔子）

需要注意的是，当“X+上”为“脚上”时，虽可以同时看作“表示脚的表面”，但一种为脚的立体表面，如：

破笠子头上搭，旧麻鞋脚上趿。（薛仁贵衣锦还乡·第四折）

另一种相当于“脚下”，指脚底部的表面，如：

濯足而待宾，我不如你脚上粪草！（汉高皇濯足气英布·第二折）

第二，表示身体部位的上方，有9例，为“头上”或“头直上”，如：

春里断呵春暖群芳放，夏里断呵夏暑芰荷香，秋里断呵金井梧桐败叶黄，冬里断呵瑞雪飞头上。（好酒赵元遇上皇·第一折）

相知每共传，旱路上有田；婆娘家不贤，头直上有天。（马丹阳三度任风子·第一折）

灵鹊儿咋咋地头直上噪，昨夜个银台上剥地灯花爆。（尉迟恭三夺槊·第二折）

第三，实指范围，有4例，如：

我便浑身上都是口，待交我怎分辩？（闺怨佳人拜月亭·第四折）

这孩儿是爷精髓结就胎，娘肠肚上摘下来。（看钱奴买冤家债主·第二折）

腕上只彫着打将鞭，我与你出马当先。（尉迟恭三夺槊·第四折）

第四，虚指范围，有22例，如：

须是我心上斜横着这美少年。（闺怨佳人拜月亭·第四折）

都子为辱家门豁不尽心头气，献妹妹遮不了脸上羞。（霍光鬼谏·第三折）

我眼中泪，和心上愁，这两般儿合就，似一江春水向东流。（死生交范张鸡黍·第三折）

5. 当“X”为抽象名词时，有两种情况。

第一，表示范围义的共有14例，如：

尘世上，勾当，顿忘，枉交盹睡了都堂里宰相。（泰华山陈抟高卧·第四折）

这将军杀场上交战马，这将军阵面上磨征旗。（诸葛亮博望烧屯·第一折）

因甚弟兄儿女总排房，一个坟茔里葬，辈辈留传祭祖上？（散家财天赐老生儿·第三折）

第二，表示方面义，有6例，即：

这些腌臜病，都是俺业上遭，也是俺杀人多一还一报。（尉迟恭三夺槊·第二折）

怕不依随蒙君一夜恩，争奈忒达地忒知根，兼上亲上成亲好对门。（诈妮子调风月·第一折）

那一个是人上为人，他则待利上取利，全不想心肠毒害。（小张屠焚儿救母·第三折）

6. 当“X”指人时，表示次序义。仅有1例，即：

大将军气锐在孙、吴上，倚着马如龙人似金刚。（关大王单刀会·第三折》

7. 当“X”为数词时，均表示时间义，有6例，如：

我从二十一二上早驱军校，经到四五千场恶战讨。（尉迟恭三夺槊·第二折）

你从二十二上投军去，可怎三十三上恰到来？（薛仁贵衣锦还乡·第二折）

俺从那十三四上同吃同穿，十七八上共枕同眠。（岳孔目借铁拐李还魂·第二折）

8. 当“X”为代词时，有两种情况。

第一，指示代词“此”，有“因此上”“以此上”，表示方面义，共31例，如：

我兵火中多得他本人气力来，我以此上忘不下他！（闺怨佳人拜月亭·第三折）

因此上相识伴当每，能将我厮敬。（马丹阳三度任风子·第一折）

子为咱兵将少，以此上心胆寒，怎敢将他一例看。（楚昭王疏者下船·第一折）

子您治家勤，齐家俭，因此上惹得人见我这子孙缺少子被钱财占。（散家财天赐老生儿·楔子）

第二，人称代词“自身”，虚指范围，仅有1例，即：

我待自身上受凌持，怎肯那厮行捱推问，能可三尺龙泉下自刎。（赵氏孤儿·第一折）

9. 当“X”为动词时，表示方面义，仅有1例，即：

恩养上谁人似我，孝名儿天地包罗。（小张屠焚儿救母·第二折）

10. 当“X”为形容词时，有两种情况。

第一，表示方面义，有3例，如：

恰才时唬的我慌上慌，从今后不索你忙上忙。（散家财天赐老生儿·第三折）

如今一等盗糠杀狗为官宦，天哪，偏我干功名的难上难。（萧何月夜追韩信·第二折）

第二，表示某种条件、原因，有3例，即：

今日被歹人将你算，畅则为你大胆上落便宜。（关张双赴西蜀梦·第一折）

恁哥哥暑湿风寒纵较些，多被那烦恼忧愁上送了也！（闺怨佳人拜月亭·第四折）

为家私消乏上，三口儿去曹州曹南镇上探亲来。（看钱奴买冤家债主·第二折）

11. 当“X”为主谓短语时，表示方面义，仅有1例，即：

命不快上遭逢着这火醉婆娘。（泰华山陈抟高卧·第四折）

《元刊》中“上”作为后置方位词，“X”为指物名词时，“顶部或表面”义使用频率仍占绝对优势，但相较于《祖堂集》时期，“顶部或表面”义使用频率呈下降趋势，从73.61%下降至42.74%。《元刊》中，“实指范围”义的比例低于“虚指范围”义，区别于《三朝时》“实指范围”义的比例高于“虚指范围”义，但两者较为接近。此外，《元刊》中虚指义的用法约为30.24%，而《三朝》中虚指义仅占2.78%，由此可知，“上”的虚化程度愈加深了。

此外，“X”为指物名词以外的其他名词时，值得注意的有以下几点：

（1）“X”可为时间名词，表示时间义，仅有1例，即：

想当日霸业图王，岂知今上，把江山掌。（尉迟恭三夺槊·第一折）

（2）“X”为身体名词时，可表示身体部位的表面或顶部，可表示身体部位的上方，可实指范围，也可虚指范围。在表示“身体部位的表面或顶部”的情况中，当“X+上”为“脚上”时，虽可以同时看作“表示脚的表面”，但一种为脚的立体表面，如：

破笠子头上搭，旧麻鞋脚上趿。（薛仁贵衣锦还乡第四折）

另一种相当于“脚下”，指脚底部的表面，如：

濯足而待宾，我不如你脚上粪草！（汉高皇濯足气英布·第二折）

（3）当“X”为抽象名词时，可表示范围义，也可表示方面义。

（4）当“X”指人时，表示次序义，仅有1例，即：

大将军气锐在孙、吴上，倚着马如龙人似金刚。（关大王单刀会·第三折）

在《元刊》中，还出现了“X”为名词以外的情况，具体如下：

（1）“X”为数词，均表示时间义。

（2）“X”为方位名词，仅有1例，表示“虚指范围”义，即：

朝野内度量正俺南边上，白虹贯日光。（关张双赴西蜀梦·第二折）

（3）“X”为代词。当“X”为指示代词“此”时，表示方面义；当“X”表示人称代词“自身”时，为“虚指范围”义，仅有1例，即：

我待自身上受凌持，怎肯那厮行捱推问，能可三尺龙泉下自刎。（赵氏孤儿·第一折）

（4）“X”为动词，表示方面义，仅有1例，即：

恩养上谁人似我，孝名儿天地包罗。（小张屠焚儿救母·第二折）

（5）“X”为形容词，可表示方面义，也可表示某种条件、原因。

（6）“X”为主谓短语，表示方面义，仅有1例，即：

命不快上遭逢着这火醉婆娘。（泰华山陈抟高卧·第四折）

发展到《元刊》时期，“X（+之）+下”的用例出现110例，其语义特征情况如下：

1. 当“X”为指物名词，实指空间方位，有8种情况。

第一，表示物体下部的周边或附近，且物体与地面有所接触，共有21例，如：

往常摆满宫？女在阶基下，今日驾一片愁云在殿角头，痛泪交流！（关张双赴西蜀梦·第四折）

您那人间千古事，子是松下一盘棋。富贵把浮云可比。（泰华山陈抟高卧·第三折）

那厮门旗下把我容颜望见，则唬得那厮鞍心里身躯倒偃。（尉迟恭三夺槊·第四折）

第二，表示物体的垂直下方，与地面形成可容性空间，共有10例，如：

他轻举龙泉杀车胄，怒拔昆吾坏文丑，麾盖下颜良剑枭了首。（关大王单刀会·第二折）

你怕薛仁贵酒肠宽似海，床底下更有五升来荞麦。[①]（薛仁贵衣锦还乡·第二折）

灯影下诚惶顿首，臣说着伤心感旧，尚古自眉锁庙堂愁。（东窗事犯·第三折）

第三，表示物体下方，与物体没有接触关系，共有12例，如：

---

① 《元刊》时期，“底”“下”方位词连用的情况仅有两例，另一例为“想我着适才来涧底下，割得来与他家，烧得来半熟慌用手来拿，早是我涩奈无收煞（晋文公火烧介子推第三折）”。另外，此时有“船头上”“树头上”“坟头上”这一用法。所以在这里认为“底”与前面的名词联系更为紧密，如“床底下”切分为“床底+下”，而不将“底下”看为词。

我都交剑下身亡，目前见血！（关大王单刀会·第四折）

这个小孩儿剑锋下一身卒，杀下个妇女血泊里躺着身躯，这个老丈丈为甚遭诛戮？（赵氏孤儿·第四折）

道他亲孩儿替死向钢刀下刎，他血沥沥割股焚身。（晋文公火烧介子推·第四折）

我与你不避金瓜下丧，直言在宝殿，苦谏在昭阳。（尉迟恭三夺槊·第一折）

第四，表示物体下方，与物体有接触关系，均为“坐下”，共有6例，如：

恨不得摔破袖里丝鞭，走乏我这坐下骅骝。（死生交范张鸡黍·第三折）

坐下马空踏遍山色暖，背上剑枉射得斗牛寒。（萧何月夜追韩信·第二折）

舍死忘生先锋将，怎禁那一匹坐下马似龙离浪，使一条绿沉牙角枪。（诸葛亮博望烧屯·第三折）

第五，表示物体的下方边侧，共有4例，如：

抵多少十年窗下无人问。（诈妮子调风月·第一折）

东窗下不解西来意，我葫芦提你无支持。（东窗事犯·第二折）

正每日向茅庐中松窗下，卧看兵书。（诸葛亮博望烧屯·第一折）

第六，实指范围，表示物体的内部，相当于“里”“中”“内”，有16例，如：

待要避凶趋吉知天命，试来这帘下问君平。（泰华山陈抟高卧·第一折）

岂不闻举枉错直民不服，交两个就殿下把输赢赌。（薛仁贵衣锦还乡·第一折）

背一张琴，携一壶酒，访友在山间林下。（晋文公火烧介子推·第三折）

你去山门前且躲，你去东廊下休来近我，你向树阴中权且歇波。（小张屠焚儿救母·第二折）

第七，相当于“……上”，有2例，即：

他枪似虬，马似彪，五六行地下滚死人头。（楚昭王疏者下船·第二折）

我也不似出师的孔明，休官的陶令，则待学那钓鱼台下老严陵。（泰华山陈抟高卧·第一折）

第八，虚指范围，有5例，为“门下”“帐下”，如：

则为帐下张达那厮厮嗔喝，兄弟更性似火，我本意待侑他，谁想他兴心坏我！（关张双赴西蜀梦·第三折）

我是屠岸贾门下人。（赵氏孤儿·第一折）

《元刊》中“下”作为后置方位词，“X”为指物名词时，其情况如下：

语义特征	下部的周边或附近	垂直下方	下方，无接触	下方，有接触	下方边侧	实指范围	相当于“……上”	虚指范围
个数	21	10	12	6	4	16	2	5
频率	27.63%	13.16%	15.79%	7.89%	5.26%	21.05%	2.64%	6.58%

由上表可知，《元刊》中“下”作为后置方位词，“X”为指物名词时，出现了8种情况，“物体下部的周边或附近”义占优势地位，为27.63%。实指空间义（包括“下部的周边或附近”义、“垂直下方”义、“下方接触”义、“下方边侧”义、“相当于‘上’”义）总共占了72.37%，“实指范围”义为21.05%，“虚指范围”义为6.58%。

2. 当“X”为指人名词时，有两种情况。

第一，表示位序在后、地位低，仅有1例，即：

这《易》伏羲以上无人定，仲尼之下无人省。（泰华山陈抟高卧·第一折）

第二，虚指范围，仅有1例，即：

休将军国咨臣下，能把文章教尔曹。（辅成王周公摄政·第二折）

3. 当“X”为身体名词时，有三种情况。

第一，实指空间，表示物体下方，有4例，如：

你道他眉下没眼筋，口边有饿纹。（公孙汗衫记·第一折）

赤紧在他双股下子索伏低且做小。（萧何月夜追韩信·第一折）

向胯下扒步到两三遭，避不的乡人每耻笑。（萧何月夜追韩信·第一折）

第二，虚指范围，相当于“心上、心中”，有3例，即：

好交我心下情惨切！二十年流不尽英雄血！（关大王单刀会·第四折）

待腿脡掂只，打烂大腿，尚古自豁不了我心下恶气！（关大王单刀会·第四折）

当日目下有身亡，眼前是杀场，刀剑明晃晃，士马闹荒荒。（闺怨佳人拜月亭·第二折）

第三，表示时间，均为“目下”，相当于“眼下、眼前”，有3例，即：

目下申文书难回向，眼见的一身亡，他却待配鸾凰。（好酒赵元遇上皇·第一折）

小人目下申解文书，来到草桥店上，见三个秀才吃酒没钱，小人替还了。（好酒赵元遇上皇·第三折）

我别有个主意，目下且不与。（散家财天赐老生儿·第二折）

4. 当“X”为数量词时，表示方面义，有9例，如：

这两下里，捻绡的，有多少功绩？（诈妮子调风月·第二折）

弟兄每有限身，别离无限苦，两下里欲去回头觑。（楚昭王疏者下船·第三折）

我与你一下里相迎你且一下里躲。（汉高皇濯足气英布·第一折）

5. 当“X”为方位词时，表示范围义，仅有1例，即：

正南下望，知祸起自天降。（关张双赴西蜀梦·第二折）

6. 当“X”为抽象名词时，虚指处所或范围，有12例，如：

宣到我朝下若问当，着甚话声扬？（关张双赴西蜀梦·第二折）

瀽了这百壶浆湿不遍墓几前，干浇了千杯茶浸不透黄泉下。（看钱奴买冤家债主·第一折）

心中焦，意下憎！（汉高皇濯足气英布·第二折）

阎罗王饶了我性命，听得道火焚了我尸骸，阴司下无处擘划，好交我痛哭哀哀。（岳孔目借铁拐李还魂·第四折）

需要注意的是，《元刊》时期还出现了“时下”“当下”一类表示时间的词语。

《三朝》和《元刊》中“下”作为后置方位词，“X”为指物名词时，《三朝》中“物体下部的周边或附近”义占优势地位，多达70.42%。《元刊》时期“物体下部的周边或附近”义同样占优势地位，但有所减弱，为27.63%。《元刊》中时间义没有出现，但出现了表示“下方”义的与物体有接触和无接触的两种情况，所占比例约为23.68%。

《三朝》中“X”为指物名词以外的其他名词时，有以下几点值得关注：

（1）“X”为指人名词，可表示位序在后、地位低，也可虚指范围。

（2）“X”为身体名词，可实指空间，表示物体下方；也可虚指范围，相当于“心上、心中”；还可表示时间，相当于“眼下、眼前”。第三种情况值得注意。

（3）“X”为数量词，表示方面义。

（4）“X”为方位词，表示范围义，仅有1例，即：

正南下望，知祸起自天降。（关张双赴西蜀梦·第二折）

（5）“X”为抽象名词，虚指处所或范围。

（6）《元刊》时期还出现了“时下”“当下”一类表示时间的词语。

第二节　“上”“下”的句法功能演变

一、“上”“下”单独作句法成分时的句法演变

发展到《元刊》时期，“上”的句法功能如下：

1. 作主语，共有4例，如：

我常把伊思念，你不将人挂恋，亏心的上有青天！（闺怨佳人拜月亭·第四折）

你是南方赤帝子，上应北极紫微星。（泰华山陈抟高卧·第一折）

付能臣支撑，忠信难凭，天地为盟，上有苍冥。（辅成王周公摄政·第一折）

2. 作宾语，共有4例，如：

阿的是五夜其高，六日向上，解利呵过了时晌，下过呵正是时光。（闺怨佳人拜月亭·第二折）

要儿孙望上长，休把那陷百姓羊羔儿利钱放。（看钱奴买冤家债主·第三折）

将杀身秦桧贼臣不须论，想他诳上欺君，苦虐黎民。（东窗事犯·第四折）

3. 作定语，共有30例，如：

上圣试鉴察，枉将他救拔，管他甚富那贫那。（看钱奴买冤家债主·第一折）

我正贫困夺得富豪，今日做上户却无了下梢。（散家财天赐老生儿·第二折）

提起那冯员外便望空里助采声，把个苏妈妈便是上古贤人般敬。（诸宫调风月紫云亭·第一折）

4. 作状语，共有3例，即：

上问母亲，怎生是“一世之荣，不如万载之名”？（晋文公火烧介子推·楔子）

则为你上谩天子下欺臣。（东窗事犯·第二折）

上不愧三庙威灵，下不欺九土黔黎。（辅成王周公摄政·第三折）

《元刊》中“上”单独作句法成分，其情况如下：

句法功能	作主语	作宾语	作定语	作状语
个数	4	4	30	3
频率	9.76%	9.76%	73.17%	7.32%

由上表可知，《元刊》中“上”可以作主语、宾语、定语、状语，作定语占绝对优势，且没有出现作谓语的情况。

《元刊》中“上”作主语的情况与作宾语的情况为1∶1，而《三朝》时期，“上”作主语的情况远高于作宾语的情况。此外，《元刊》中“上”出现了作状语的情况。

发展到《元刊》时期，“下”的句法功能情况如下：

1. 作宾语，共有2例，即：

你自尊自大无高下，真乃是井底鸣蛙，穷汉肚肠些娘大。（看钱奴买冤家债主·第一折）

焰腾腾偌高下，火焰起狂风乱刮。（公孙汗衫记·第二折）

2. 作谓语，为使动用法，仅有1例，即：

下我在十恶死囚牢，再不坐九顶莲花帐。（东窗事犯·第一折）

3. 作定语，共有8例，如：

杀的那东吴家死尸骸堰住江心水，下溜头淋流着血汁。（关张双赴西蜀梦·第一折）

老夫刘禹，启告上苍，不绝下民祭祀。(散家财天赐老生儿·第二折)

唬的些居民似速风迸星，百般的下路潜藏无掩映。(严子陵垂钓七里滩·第三折)

4. 作状语，有2例，即：

则为你上谩天子下欺臣。(东窗事犯·第二折)

上不愧三庙威灵，下不欺九土黔黎。(辅成王周公摄政·第三折)

《元刊》中“下”单独作句法成分，其情况如下：

句法功能	作宾语	作谓语	作定语	作状语
个数	2	1	8	2
频率	15.38%	7.69%	61.54%	15.38%

由上表可知，《元刊》中“下”的句法功能较为全面，可以作宾语、谓语、定语、状语，多用作定语。

《元刊》中仍是作定语占绝对优势，占61.54%，没有出现作主语的情况。作谓语的情况有所下降，从《三朝》时的18.52%降至7.69%。

二、“上”“下”作为后置方位词的句法演变

发展到《元刊》时期，“X + 上”的具体情况如下：

1. 作主语，有24例，如：

杵尖上排定四颗头，腔子内血向成都闹市里流，强如与俺一千小盏黄封头祭奠酒！(关张双赴西蜀梦·第四折)

相知每共传，旱路上有田；婆娘家不贤，头直上有天。(马丹阳三度任风子·第一折)

孩儿在呵可是寒灰焰发，孩儿在呵磁瓮长芽，孩儿在呵子除是枯树上开花。(薛仁贵衣锦还乡·第四折)

2. 作谓语，仅有1例，即：

丞相明如皓月千峰上。(死生交范张鸡黍·第四折)

3. 作宾语，共53例，如：

每日家独上龙楼上，望荆州感叹，阆州伤悲。（关张双赴西蜀梦·第一折）

你不见桃花未曾来腮上，可早阑珊了竹叶尊前唱。（好酒赵元遇上皇·第一折）

则他家自卖弄伶俐半晌，把一条虎眼鞭直揽头直上。（尉迟恭三夺槊·第一折）

想儿曹反谋帝王前，不由英雄泪滴枷梢上！（东窗事犯·第一折）

4. 作定语，有62例，如：

身似海底沉舟，命似水上浮沤，抵多少风雨替花愁。（楚昭王疏者下船·第一折）

送的人赤手空拳难过，都是俺舌尖上一点砂糖唾。（诸宫调风月紫云亭·第三折）

便是我画堂深处，那吓蛮船似酒面上浮蛆。（李太白贬夜郎·第二折）

似这般大雪呵，江上渔翁也冻倒。（萧何月夜追韩信·第一折）

5. 作状语，有186例，如：

咱可灵位上端然坐，也不用僧人持咒，道士宣科。（关张双赴西蜀梦·第三折）

你御宴上开怀，杀场上钻头。（逢虏记）

似这雪，韩退之马鞍心冷怎当，孟浩然驴背上冻下来，剡溪中禁回了子猷访戴。（看钱奴买冤家债主·第二折）

6. 作补语，有30例，如：

一霎儿把这世间愁都撮在我眉尖上，这场愁不许隄防。（闺怨佳人拜月亭·第二折）

子怕那奉母求鱼孝王祥，卧死在冬凌上。（看钱奴买冤家债主·第三折）

自当日出朝，载老母归于庄宅上，半载之间，倒大来悠哉！（晋文公火烧介子推·第三折）

怎把山鸡比凤凰，不信是飞在梧桐上。（死生交范张鸡黍·第四折）

《元刊》中“上”作为后置方位词时，其情况如下：

句法功能	作主语	作谓语	作宾语	作定语	作状语	作补语
个数	24	1	53	62	186	30
频率	6.74%	0.28%	14.89%	17.42%	52.25%	8.43%

由上表可知，《元刊》中“X＋上”的句法功能比较全面，可以作主语、谓语、宾语、定语、状语、补语，其中大多作状语，达到52.25%，作谓语的情况较少，为0.28%。

发展到《元刊》时期，作状语占优势地位，为52.25%。而《三朝》中作宾语和定语占优势，分别占35.29%和21.18%。《元刊》中同样出现了作谓语的情况，但是仅有1例。

发展到《元刊》时期，“X＋下”的句法功能情况如下：

1. 作主语，有5例，如：

当日目下有身亡，眼前是杀场，刀剑明晃晃，士马闹荒荒。（闺怨佳人拜月亭·第二折）

这《易》伏羲以上无人定，仲尼之下无人省。（泰华山陈抟高卧·第一折）

心中焦，意下憎！（汉高皇濯足气英布·第二折）

2. 作谓语，仅1例，即：

贫道山间林下，物外之人，无心名利。（泰华山陈抟高卧·第二折）

3. 作宾语，共13例，如：

瀽了这百壶浆湿不遍墓几前，干浇了千杯茶浸不透黄泉下。（看钱奴买冤家债主·第一折）

本居林下绝名利，贫道呵自不合刚下山来惹是非，不如归去来兮。（泰华山陈抟高卧·第三折）

你去山门前且躲，你去东廊下休来近我，你向树荫中权且歇波。（小张屠焚儿救母·第二折）

4. 作定语，有23例，如：

我也不似出师的孔明，休官的陶令，则待学那钓鱼台下老严陵。（泰华山陈抟高卧·第一折）

您那人间千古事，子是松下一盘棋。富贵把浮云可比。（泰华山陈抟高卧·第一折）

他虽是金枝玉叶齐王印，我好煞则是阶下的小作军，也是痴呆老子今年命。(尉迟恭三夺槊·第三折)

不要他立碑碣乱墓丛中，子为俺虚葬北邙山下冢！(赵氏孤儿·第二折)

5. 作状语，有44例，如：

再不看官渡口剑刺颜良，古城下刀诛蔡阳，石亭驿手摔袁襄！(关张双赴西蜀梦·第二折)

时下且口口声声，战战兢兢，袅袅停停，坐坐行行。(诈妮子调风月·第三折)

我与你不避金瓜下丧，直言在宝殿，苦谏在昭阳。(尉迟恭三夺槊·第一折)

6. 作补语，有7例，如：

宣到我朝下若问当，着甚话声扬？(关张双赴西蜀梦·第二折)

你休踏着砖瓦，辟留扑同敢漾我在阶直下，不是磕碎脑袋，就是抢了鼻凹。(薛仁贵衣锦还乡·第四折)

背一张琴，携一壶酒，访友在山间林下。(晋文公火烧介子推·第三折)

俺三口儿来到三门下，宿歇一宵，明日早起还愿。(小张屠焚儿救母·第二折)

《元刊》中“下”作为后置方位词时，其情况如下：

句法功能	作主语	作谓语	作宾语	作定语	作状语	作补语
个数	5	1	13	23	44	7
频率	5.38%	1.08%	13.98%	24.73%	47.31%	7.53%

由上表可知，《元刊》中“下”的句法功能比较全面，可以作主语、谓语、宾语、定语、状语、补语。

发展到《元刊》时期，状语占优势地位，占47.31%，而《三朝》时期宾语占优势地位，占50.57%。作主语的情况基本保持不变。在《元刊》时期同样出现了作谓语的情况，但仅有1例。

第三节　合成方位词的语义特征及其句法功能演变

一、派生方位词

发展到《元刊》时期，派生方位词有前缀式派生方位词“以上”和后缀式派生方位词“上头”“上面”“下面”。

1. “以上”。

《元刊》中“以上”有2例，表示时间义，即：

这《易》伏羲以上无人定，仲尼之下无人省。(泰华山陈抟高卧·第一折)

奉尊亲，孝引儿孙，兀的不是羲皇以上人。(死生交范张鸡黍·楔子)

2. “上头”“上面”“下面”。

(1)“上头”。

《元刊》中“上头”为虚指义，表示“在某方面、某事情”上，仅1例，即：

想刘禹不孝父母，不敬六亲上头，折罚刘禹子嗣。(散家财天赐老生儿·第二折)

(2)“上面”。

《元刊》中“上面”均实指空间义，有3例，即：

上面风雨，下面泥水。慢慢的枉步显的你没气力。(闺怨佳人拜月亭子·第一折)

那上面更滴溜着金钱豹子尾，使一条画杆方天戟。(薛仁贵衣锦还乡·第三折)

张婆婆，我留下这包袱，上面有个字，交张屠看，他须认我名字。(小张屠焚儿救母·第三折)

(3)“下面”仅出现1例，表示空间义，即：

上面风雨，下面泥水。慢慢的枉步显的你没气力。(闺怨佳人拜月亭子·第一折)

《元刊》时期派生方位词可以表示空间义、时间义、虚指义。时间义、虚指义为新增用法。

发展到《元刊》时期，派生方位词的句法功能如下：

1.“以上”。

“以上”放于体词性短语之后，构成方位短语。

方位短语作主语：

这《易》伏羲以上无人定，仲尼之下无人省。（泰华山陈抟高卧·第一折）

方位短语作定语：

奉尊亲，孝引儿孙，兀的不是羲皇以上人。（死生交范张鸡黍·楔子）

2.“上头”“上面”“下面”。

（1）“上头”。

《元刊》中“上头”放在谓词性短语之后，构成方位短语，作状语，如：

想刘禹不孝父母，不敬六亲上头，折罚刘禹子嗣。（散家财天赐老生儿·第二折）

（2）“上面”。

《元刊》中“上面”作主语，有2例，即：

上面风雨，下面泥水。慢慢的枉步显的你没气力。（闺怨佳人拜月亭子·第一折）

张婆婆，我留下这包袱，上面有个字，交张屠看，他须认我名字。（小张屠焚儿救母·第三折）

有1例放于代词“那”之后，构成方位短语，作主语，即：

那上面更滴溜着金钱豹子尾，使一条画杆方天戟。（薛仁贵衣锦还乡·第三折）

（3）“下面”仅出现1例，作主语，即：

上面风雨，下面泥水。慢慢的枉步显的你没气力。（闺怨佳人拜月亭子·第一折）

总的来说，《元刊》中的派生方位词句法功能比较全面，可以自由作句法成分，也可构成方位短语。但无论是单独作句法成分，还是后附于其他成分后再作句法成分，作主语频率最高。此外，派生方位词可附在名词之后，也可附在代词和动宾短语之后。

二、复合方位词

发展到《元刊》时期，复合方位词有“上下”“下下”。

1. “上下”。

《元刊》中“上下”共有7例。

（1）可实指空间，如：

我彻上下，细观窥，到底。（张鼎智勘魔合罗·第四折）

两情迷到忘形处，落絮随风上下狂。（诸宫调风月紫云亭·第四折）

（2）可表示等级次序义，如：

今日父子无高低悦顺，兄弟无上下和谐。（晋文公火烧介子推·第一折）

直恁般无道理无廉耻，失上下没尊卑。（诸葛亮博望烧屯·第一折）

2. “下下”。

《元刊》中“下下”有2例，均表示等级义，即：

我问甚玉杯珓老下下，惹大个东泰岳爷爷，他闲管您肚皮里娃娃。（公孙汗衫记·第二折）

今得一个下下云珓，不争随顺了妖娆，闷着头自想念不合神道。（张千替杀妻·第三折）

总的来说，《元刊》中复合方位词可以指等级次序义，也可实指空间。情况与《三朝》时期所差无几。

发展到《元刊》时期，复合方位词的句法功能如下：

1. “上下”。

《元刊》中“上下”均单独作句法成分。

（1）可用作主语，如：

临至日若是上下交征，内外差争，老微臣怎地施行？（辅成王周公摄政·第一折）

（2）可用作宾语，如：

今日父子无高低悦顺，兄弟无上下和谐。（晋文公火烧介子推·第一折）

（3）可用作状语，如：

两情迷到忘形处，落絮随风上下狂。（诸宫调风月紫云亭·第四折）

2. “下下”。

《元刊》中“下下”单独作句法成分。

（1）可作谓语，如：

我问甚玉杯珓下下，惹大个东泰岳爷爷，他闲管您肚皮里娃娃。（公孙汗衫记·第二折）

（2）可作定语，如：

今得一个下下云珓，不争随顺了妖娆，闷着头自想念不合神道。（张千替杀妻·第三折）

由此可知，《元刊》中复合方位词句法功能均可以自由作句法成分，且新增了作谓语、宾语、状语的情况。

第五章　元代至明代“上”“下”的历时演变

第一节　“上”“下”的语义特征演变

一、“上”“下”单独作句法成分时的语义演变

发展到《金瓶梅词话》[①] 时期，单独作句法成分的“上”共有 169 例，其“上”的语义特征如下：

1. 空间义，共有 122 例，如：

却是一幅回文边锦笺，上写着几行墨迹。（第十二回）

太师老爷说，朝廷钦赏了他几张空名诰身札付，就与了爹一张，填写爹名姓在上。（第三十回）

他在日曾与奴一方吴绫帕儿，上有四句情诗。（第九十九回）

2. 等级义，共 47 例，如：

大哥在上：武二今日蒙知县相公差往东京干事，明日便要起程。（第二回）

又见应伯爵、谢希大这伙人，见李瓶儿出来上拜，恨不得生出几个口来夸奖奉承。（第二十折）

上无公卿大夫之职，下非农工商贾之民。（第五十六折）

《金瓶梅》中“上”单独作句法成分时，它的语义特征情况分析如下：

---

① 以下简称《金瓶梅》。

语义特征	空间义	等级义
个数	122	47
频率	72.19%	27.81%

由上表可知，《金瓶梅》中“上”多用作空间义，为72.19%。没有出现时间义。

发展到《金瓶梅》时期，单独作句法成分的“上”多用作空间义，为72.19%。而《元刊》时期多用作等级义，占53.33%。此外，时间义没有出现。

发展到《元刊》时期，单独作句法成分的“下”共出现76例。其语义特征主要如下：

1. 空间义，有48例，如：

往下看，尖趫趫金莲小脚，云头巧缉山牙，老鸦鞋儿白绫高底，步香尘偏衬登踏。（第二回）

几句把老婆羞的站又站不住，立又立不住，飞红了面皮，往下去了。（第二十三回）

孟玉楼便与李娇儿、大姐、孙雪娥，都往玩花楼上去，凭栏杆往下看，那山子前面牡丹畦，芍药圃、海棠轩、蔷薇架、木香棚、玫瑰树，端的有四时不谢之花，八节长春之景。（第五十五回）

2. 等级义，共有28例，如：

嗔道他头里坐在大娘炕上，就卖弄显出他是娘的干女儿，剥果仁儿，定果盒，拿东拿西，把俺每往下躧。（第三十二回）

看你老人家下顾，退下一半儿来，五六十两银子也罢，我往张舅那里典上两三间房子。（第八十六回）

《金瓶梅》中“下”单独作句法成分时，它的语义特征情况分析如下：

语义特征	空间义	等级义
个数	48	28
频率	63.16%	36.84%

由上表可知，《金瓶梅》中“下”多用作空间义，等级义占36.84%。

《金瓶梅》中“下”多用作空间义，而《元刊》中“下”多用作等级义。在《金瓶梅》时期，没有出现表使动的意义。

二、“上/下 + XP”中“上”“下”的语义演变

发展到《金瓶梅》时期，除“上司”“上国”等未计入统计外，“上 + XP”的用例出现 173 例，其语义特征情况为：

1. 空间义中“XP”，共有 152 例，如：

依旧穿上油蜡靴，着了上盖，戴上毡笠儿。（第一回）

正是上梁不正下梁歪。（第二十六回）

看看天色微明时，忽见上流有一只渔船撑将下来，船上坐着个老翁，头顶箬笠，身披短蓑，只听得岸边芦荻深处有啼哭。（第四十七回）

却说薛嫂提着花箱儿，先进西门庆家上房看月娘，坐了一回，又到孟玉楼房中，然后才到金莲这边。（第八十五回）

2. 等级义，有 15 例，如：

西门庆与吴月娘居上坐，其余李娇儿、孟玉楼、潘金莲、李瓶儿、孙雪娥、西门大姐都在两边列坐。（第二十四回）

月娘坐在上席，满心欢喜，叫玳安过来，赏一匹大红与厨役。（第四十一回）

上户者纳粮，中户者减半，下户者退派。（第四十八回）

3. 次序义，仅有 1 例，即：

从门外寺里直走到家，路上通没歇脚儿，走的我上气儿接不着下气儿。（第四十九回）

4. 时间义，有 5 例，如：

只因政和三年正月上元之夜。（第十回）

却是三月上旬，乃花子虚百日。（第十六回）

一直来家，把上项告吴月娘说了。（第三十七回）

《金瓶梅》中“上”放于名词之前，作前置构词语素或用作定语时，其语义特征情况如下：

语义特征	空间义	引申义		时间义
		等级义	次序义	
个数	152	15	1	5
总计	152	16		5

由上表可知，《金瓶梅》中“上”放于名词之前，作前置构词语素或用作定语时，多用作空间义，达到87.86%。引申义中包括了等级义和次序义，但次序义仅有1例。

《金瓶梅》中“上”作前置构词语素或用作定语时，主要表示空间义，为87.86%。而《元刊》时期等级义占绝大多数，多达50%，空间义仅次于等级义，占46.67%。《元刊》时期仅出现等级义，而《金瓶梅》中既有等级义，又有次序义。

发展到《金瓶梅》时期，已经出现了“下午”这一新词，这里不计入其中，“下 + XP”的用例出现137例，其语义特征有空间义、时间义和引申义三种，情况如下：

1. 空间义，共有12例，如：

西门庆只吃了上半瓯，就把下半瓯递与李瓶儿吃。(第十六回)

迎春从楼上取了一匹松江阔机尖素白绫，下号儿写着“重三十八两”，递与吴银儿。(第四十二回)

我到明日打听出来，你就休要进我这屋里来，我就把你下截咬下来。(第七十五回)

2. 等级义，共有9例，如：

上供三请四御，分八极九霄，十极高真，云宫列圣；中层山川岳渎，社会隍司，福天洞地，方兴博厚；下层冥官幽壤，地府罗郡，江河湖海之神，水国泉扃之众两班醮筵森列，合殿官将威仪。(第三十九回)

于是安放盅箸，在下席坐了。(第四十二回)

不争对着下人，脱去他衣裳，他爷体面上不好看的。(第九十四回)

3. 次序义，共有3例，即：

下家唱曲儿，不会唱曲儿说笑话儿，两桩儿不会，定罚一大杯。(第三十五回)

西门庆叫书童儿上来斟酒，该下家谢希大唱。(第三十五回)

从门外寺里直走到家，路上通没歇脚儿，走的我上气儿接不着下气儿。

（第四十九回）

4. 时间义，有113例，如：

毕竟未知后来如何，且听下回分解。（第一回）

下次再烧时，小的知道了。（第二十三回）

到次早起来，别无他话，只差小玉问官哥下半夜有睡否，还说：“大娘吃了粥，就待过来看官哥了。”（第五十三回）

《金瓶梅》中“下”放于名词之前，作前置构词语素或用作定语时，其语义特征情况如下：

语义特征	空间义	引申义		时间义
		等级义	次序义	
个数	12	9	3	113
总计	12	12		113

由上表可知，《金瓶梅》中“下”放于名词之前，作前置构词语素或用作定语时，时间义占绝对优势，占82.48%。但究其主要原因，《金瓶梅》为话本形式，其中“下回”一词即占了100例。空间义和引申义的比例为1∶1。《金瓶梅》时期“下”作前置构词语素或用作定语时，用作时间义的比例有所增加，引申义中包含了次序义。

三、“X（+之）+上/下”中“上”“下”的语义演变

发展到《金瓶梅》时期，有“早上”“晚上”一类新词出现，但不计入统计之中，“X（+之）+上”的用例共出现2 782例，其语义特征情况如下：

1. 表示空间义，其中包括“上方空间”义、“顶部或表面”义、“上方边侧”义等，共有1 874例，如：

他若毒发之时，七窍内流血，口唇上有牙齿咬的痕迹。（第五回）

西门庆因为月娘众人今日都在李瓶儿家楼上吃酒，恐怕他两个看见，就不往西街去看大灯，只到卖纱灯的跟前就回了。（第十五回）

狄公即拘集里老，用锹掘开岸上数尺，见一死尸，宛然颈上有一刀痕。（第四十八回）

陈经济来到，穿着玄色练绒纱衣，脚下凉鞋净袜，头上缨子瓦棂帽儿，

金簪子。(第五十二回)

也是合当有事，月娘方才床上捶着，忽听里面响嗅了一声，床背后纸门内跳出一个人来，淡红面貌，三柳髭须，约三十年纪，头戴渗青巾，身穿紫锦袴衫。(第八十四回)

值得注意的是，其中也有相当于“下”的用例，如：

两人并肩而行，须臾，转过碧池，抹过木香亭，从翡翠轩前穿过，来到葡萄架上。(第二十七回)

2. 实指范围，相当于“里、中、内”，共有312例，如：

武松就把这三十两赏钱，在厅上俵散与众猎户去了。(第一回)

比及大叉步从石磴上走到顶上亭子上时，那春梅早从右边一条羊肠小道儿下去，打藏春坞雪洞儿里穿过去。(第二十七回)

吃酒吃肉也有个陪客，十个指头套在拶子上，也有个陪的来？(第三十五回)

见他慌做一团，西门庆只说丫头要走之情，即令小厮：“与我与他搜身上。”(第四十四回)

伙计，你暂且看守船上货物，在二郎店内略住数日。(第九十二回)

3. 虚指范围，共有486例，如：

且是街上做买卖，大大小小不曾恶了一个，又会撰钱，又且好性格，真个难得这等人！(第三回)

何况你又在他家曾做过买卖，他那里把你这几两银子放在心上。(第三十一回)

只教李瓶儿与他磕了头，同坐下，问了回今日酒席上话。(第四十三回)

《陀罗经》上不说的好？昔日有一妇人，常持《佛顶心陀罗经》，日以供养不缺。(第五十九回)

世上万般哀苦事，除非死别共生离。(第八十六回)

4. 表示方面义，共有59例，如：

只恨我夫妻缘分上薄，自不撞着哩。(第三回)

你蔡大爷分上，又是你杨老爷亲，我怎么好受此礼物？(第十八回)

姐夫有银子借得几两，工上使用。(第五十一回)

今年考选军政在迩，还望姐夫扶持，大巡上替我说说。(第六十一回)

5. 表示时间义，共有37例，如：

这张大户，家有万贯家财，百间房产，年约六旬之上，身边寸男尺女皆无。(第一回)

头上拿十两银子、两套杭州重绢衣服请李桂姐，一连歇了两夜。(第二十回)

夏老爹说：“我到午上还来。”(第四十八回)

俺应二爹见娘们去，先头上不敢出来见，躲在下边房里，打窗户眼儿望前瞧。(第七十五回)

俺奶奶气头上便是这等说，到临岐，少不的雇顶轿儿。(第八十六回)

你面若桃花光焰，虽然子迟，但图酒色欢娱，但恐美中不美，三十上小人有些不足，花柳中少要行走，还计较些。(第九十六回)

6. 表示数量义，共有9例，如：

到跟前拿银子和他讲，三百五十两上，也该拆他的。(第三十五回)

旁边数着，敲到五十上住了手。(第三十五回)

看他若添到十三两上，我兑了银子来罢。(第八十六回)

这徐知府终是黄堂出身官人，听见这一声，必有缘故，才打到十板上，喝令：“住了！且收下监去，明日再问。”(第九十二回)

7. 表示等级义，有5例，如：

休说你仗义疏财，敲金击玉，伶牙俐齿，穿罗着锦，行三坐五，这等为人上之人。(第十九回)

俺老爷当今一人之下，万人之上，不论三台八位，不论公子王孙，谁敢在老爷府前这等称呼？(第三十回)

三岁内宦，居于王公之上。(第三十一回)

他胸中才学，果然班马之上；就是他人品，也孔孟之流。(第五十六回)

哥今日拣的这四个粉头，都是出类拔萃的尖儿了，再无有出在他上的了。(第五十八回)

语义特征	空间义	实指范围	虚指范围	方面义	时间义	数量义	等级义
个数	1 874	312	486	59	37	9	5
频率	67.36%	11.21%	17.47%	2.12%	1.33%	0.32%	0.18%

由上表可知，《金瓶梅》中“上”作为后置方位词，空间义占绝对优势，达到 67.36%，虚指范围义略超过实指范围义。《金瓶梅》时期出现了数量义的用法。

发展到《金瓶梅》时期，“X（+之）+下”的用例出现 932 例，其语义特征情况如下：

1. 实指空间方位，其中包括“物体下部的周边或附近”义、“垂直下方”义、“下方边侧”义等，共有 285 例，如：

然则，妾妇之道，以事其丈夫，而欲保全首领于牖下，难矣。(第一回)

旧时干事来了两遍，道路久熟，立在龙德街牌楼底下，探听府中消息。(第十八回)

一行死了来旺儿媳妇子的一只臭蹄子，宝上珠也一般，收藏在山子底下藏春坞雪洞儿里拜帖匣子内，搅着些字纸和香儿一处放着。(第二十八回)

向花前畅饮，月下欢笑。(第四十六回)

只见陈经济头戴着金梁道髻，身穿青绢道衣，脚下云履净袜，腰系丝绦，生的眉清目秀，齿白唇红，面如傅粉，走进来向任道士倒身下拜，拜了四双八拜。(第九十三回)

2. 实指范围，有 142 例，如：

可意的人儿，风风流流从帘子下丢与奴个眼色儿。(第二回)

春梅没处出气，走往后边厨房下去，捶台拍盘，闷狠狠的模样。(第十一回)

不防孙雪娥正从后来，听见房里有人笑，只猜玉箫在房里和西门庆说笑，不想玉箫又在穿廊下坐的，就立住了脚。(第二十三回)

长官不弃，到舍下一叙。(第四十九回)

厅下打的那人，声音模样，倒好似陈姐夫一般，他因何出家做了道士？(第九十四回)

3. 虚指范围，有 248 例，如：

看了这娘子，你老人家心下如何？(第六回)

金莲虽故口里说着，终久怀记在心，与雪娥结仇，不在话下。(第十一回)

只怕明早解县上去，转与李老爹案下，求青目一二，只不教你侄妇见官。(第三十四回)

凭中见人孙天化、祝日念来保，借到许不与先生名下，不要说白银，软

斯金三百两。(第四十二回)

昨日见我在河下开酒店来，径使小舅子坐地虎刘二，专一倚逞他在姐夫麾下，在那里开巢窝，放私债，又把雪娥隐占在外奸宿，只瞒了姐姐一人眼目。(第九十九回)

4. 表示方面义，有52例，如：

吾明日出朝，废太子而立尔子，意下如何？(第一回)

当街搭数十座灯架，四下围列些诸门买卖。(第十五回)

然后，正当中一个西瓜炮迸开，四下里人物皆着，觱剥剥万个轰雷皆燎彻。(第四十二回)

念佛者出离苦海，作恶者永堕沉沦；得悟者诸佛引路，放光明照彻十方；东西下回光返照，南北处亲到家乡；登无生漂舟到岸，小孩儿得见亲娘；入母胎三实不怕，八十部永返安康。(第七十四回)

5. 表示时间义，有204例，如：

当下西门庆听信虔婆之言，便道：“既是桂姐不在，老妈快看酒来，俺每慢慢等他。”(第二十回)

大象目下没甚事，只怕后来反覆牵延，不得脱然全愈。(第五十三回)

眼下你二令爱不大了，你可也替他做些鞋脚衣裳，到满月也好看。(第六十七回)

只怕大节下，一时有个人客蓦将来，他每没处撺挠。(第七十八回)

6. 等级义，仅有1例，即：

俺老爷当今一人之下，万人之上，不论三台八位，不论公子王孙，谁敢在老爷府前这等称呼？(第三十回)

《金瓶梅》中“下”作为后置方位词，其情况如下：

语义特征	空间义	实指范围	虚指范围	方面义	时间义	等级义
个数	285	142	248	52	204	1
频率	30.60%	15.24%	26.61%	5.58%	21.89%	0.11%

由上表可知，《金瓶梅》中“下”作为后置方位词，空间义占优势地位，为30.60%。“虚指范围”义超过了“实指范围”义。

需要注意的是，在《金瓶梅》时期，已出现“X＋上”“X＋下”同样表示范围义的情况，如“心上”“心下”都表示“心里”，为“虚指范围”义；“厅上”“厅下”都表示“厅里”，为“实指范围”义。

第二节 “上”“下”的句法功能演变

一、“上”“下”单独作句法成分时的句法演变

发展到《金瓶梅》时期，“上”的句法功能如下：

1. 作主语，共有34例，如：

上穿白夏布衫儿，桃红裙子，蓝比甲，正在房里做衣服。(第三回)
西门庆把帖观看，上写道：“犯人车淡四名，乞青目。”(第三十四回)
近年水旱相仍，民间就食，上始下赈恤之诏。(第四十八回)
你上停短兮下停长，主多成多败。(第九十六回)

2. 作宾语，共有123例，如：

都头在上，小人又不曾触犯了都头，都头何故发怒？(第九回)

也要天理，做官的养儿养女也往上长，再三不肯做文书送问，与提刑官抵面相讲。(第二十五回)

两个因按在一处夺瓜子儿嗑，不防火盆上坐着一锡瓶酒，推倒了，那火烘烘望上腾起来，溯了一地灰起去。(第四十六回)

连月娘慌的两步做一步走，径扑到房中，见孩子搐的两只眼直往上吊，通不见黑眼睛珠儿。(第五十九回)

3. 作定语，共有173例，即：

寻思已久，千方百计，不如破他为上计。(第七回)

再不，把春梅小肉儿和上房里玉箫，你房里兰香，李大姐房里迎春，都带了去。(第二十四回)

水不能载火，火都升上截来，胸膈作饱作疼，肚子也时常作疼。(第五十四回)

4. 作状语，共有12例，如：

则上辜君父之恩，下负平生所学。(第十四回)
我还要抚按上告，进本告状，谁敢烧化尸首！(第二十六回)

先天立极，仰大道之巍巍，庸申至悃；昊帝尊居，鉴清修之翼翼，上报洪恩。（第三十九回）

《金瓶梅》中“上”单独作句法成分，其情况如下：

句法功能	作主语	作宾语	作定语	作状语
个数	34	123	173	12
频率	9.94%	35.96%	50.58%	3.51%

由上表可知，《金瓶梅》中“上”可以作主语、宾语、定语、状语，作定语占绝对优势，其次是作宾语。

《元刊》中“上”作主语情况与作宾语情况为1∶1，而《金瓶梅》时期，“上”作宾语的情况远高于作主语的情况。

发展到《金瓶梅》时期，“下”的句法功能情况如下：

1. 作主语，共有23例，如：

下书“爱妾潘六儿拜”。（第十二回）

妇人身穿大红五彩通袖罗袍儿，下着金枝线叶沙绿百花裙，腰里束着碧玉女带，腕上笼着金压袖。（第二十二回）

上无公卿大夫之职，下非农工商贾之民。（第五十六回）

2. 作宾语，共有31例，如：

惟有潘金莲、孟玉楼同两个唱的，只顾搭伏着楼窗子往下观看。（第十五回）

你头上挑线汗巾儿跳上去了，还不往下拉拉！（第三十四回）

这蝴蝶就和你老人家一般，有些球子心肠，滚上滚下的走滚大。（第五十二回）

3. 作定语，共有137例，如：

若不听我说，打下你这个小贱人下截来！（第四回）

下次再无礼，冲撞了姐姐，俺每不管他来。（第二十一回）

翟管家甚是欢喜，留俺每住了两日，酒饭连下人都吃不了。（第三十七回）

4. 作状语，有22例，如：

下不能宣德布政，保爱元元。（第十七回）

如今紧等着救命，望老爹今日写了书，差下人，明早我使小儿同去走遭。（第六十七回）

上临之以天鉴，下察之以地祇。（第八十八回）

《金瓶梅》中“下”单独作句法成分，其情况如下：

句法功能	作主语	作宾语	作定语	作状语
个数	23	31	137	22
频率	10.80%	14.55%	64.32%	10.33%

由上表可知，《金瓶梅》中“下”的句法功能较为全面，可以作主语、宾语、定语、状语，多用作定语。

《金瓶梅》中仍是作定语占绝对优势，占64.32%，没有出现作谓语的情况，但出现了作主语的情况。

二、“上”“下”作为后置方位词的句法演变

发展到《金瓶梅》时期，“X+上”的具体情况如下：

1. 作主语，有357例，如：

景阳冈上有一只大虫，近来伤人甚多。（第一回）

承应乐人，自有差拨伺候，府上不必再叫。（第六十五回）

这西门庆慌了，走到上房，一把手把月娘拉起来，说道：“你甚要紧，自身上不方便，理那小淫妇儿做甚么，平白和他合甚么气?”（第七十五回）

2. 作谓语，有5例，如：

这张大户，家有万贯家财，百间房产，年约六旬之上，身边寸男尺女皆无。（第一回）

年约四十之上，生得神清如长江皓月，貌古似太华乔松，威仪凛凛，道貌堂堂。（第二十九回）

他胸中才学，果然班马之上；就是他人品，也孔孟之流。（第五十六回）

3. 作宾语，共1 236例，如：

来到城外化人场上，便教举火烧化棺材，并武大尸首烧得干干净净，把骨殖撒在池子里。（第六回）

西门庆就在大厅上围炉坐的，教春梅、玉箫、兰香、迎春一般儿四个，都打扮出来，看着李铭指拨、教演他弹唱。（第二十二回）

前者因在我这敝同僚府上，会遇桂岩老先生，甚是称道老先生大才盛德。（第五十八回）

却说吴月娘等轿子到五里原坟上，玳安押着食盒又早先到，厨下生起火来，厨役落作整理不题。（第八十九回）

4. 作定语，有452例，如：

那汉王刘邦，原是泗上亭长，提三尺剑，硭砀山斩白蛇起手。（第一回）

惨惨幽幽，壁上纸钱飞散乱。（第九回）

却说那潘金莲在家，因昨日雪洞里不曾与陈经济得手，此时趁西门庆在刘太监庄与黄主事、安主事吃酒，吴月娘又在房中不出来，奔进奔出的，好像熬盘子上蚂蚁一般。（第五十三回）

西门庆正观看之间，只听得门帘上铃儿响，文嫂从里拿出一盏茶来与西门庆吃。（第六十九回）

5. 作状语，有346例，如：

他本是块顽石，有甚福抱着我羊脂玉体，好似粪土上长出灵芝。（第一回）

那苗青不听便罢，听他说了，犹如一桶水顶门上直灌到脚底下。（第四十七回）

那孙雪娥单管率领家人媳妇，灶上整理菜蔬。（第七十六回）

6. 作补语，有158例，如：

于是走到席上，如此这般，对众人说了一回。（第十六回）

比及大叉步从石磴上走到顶上亭子上时，那春梅早从右边一条羊肠小道儿下去，打藏春坞雪洞儿里穿过去。（第二十六回）

他便走来楼上，见西门庆、应伯爵两个作揖，因说道：“哥来此看灯，早辰就不呼唤兄弟一声？”（第四十二回）

一面绣春后边拿了饭来，摆在桌上，陪他吃。（第五十九回）

《金瓶梅》中“上”作为后置方位词时，其情况如下：

句法功能	作主语	作谓语	作宾语	作定语	作状语	作补语
个数	357	5	1 236	452	346	158
频率	13.98%	0.20%	48.39%	17.70%	13.55%	6.19%

由上表可知，《金瓶梅》中“X＋上”的句法功能比较全面，可以作主语、谓语、宾语、定语、状语、补语，其中大多作宾语，达到48.39%，作谓语的情况较少，仅为0.20%。

发展到《金瓶梅》时期，宾语占优势地位，为48.39%。而《元刊》中状语占优势地位，为52.25%。与《元刊》相较，《金瓶梅》中同样出现作谓语的情况，仅占0.20%。

发展到《金瓶梅》时期，“X＋下”的句法功能情况如下：

1. 作主语，有135例，如：

厨下安排停当，大盘小碗拿上来。（第十二回）

韩大哥常在铺子里上宿，家下没人，止是他娘子儿一人，还有个孩儿。（第三十四回）

蔡太师看了礼目，又瞧了抬上二十来扛，心下十分欢喜，连声说“多谢”不迭，便教翟管家：“收进库房去罢。”（第五十五回）

耐因小道命蹇，手下虽有两三个徒弟，都不省事，没一个成立的，小道常时惹气。（第九十三回）

2. 作谓语，仅1例，即：

俺老爷当今一人之下，万人之上，不论三台八位，不论公子王孙，谁敢在老爷府前这等称呼？（第三十回）

3. 作宾语，共256例，如：

先在山子底下，落后在屋里打撅，成日明睡到夜，夜睡到明。（第二十五回）

那玉箫道：“不是那个钥匙。娘橱里钥匙在床褥子座下哩。”（第四十六回）

守备见好个女子，赏了一套衣服，十两银子打头面，不在话下。（第九十八回）

4. 作定语，有181例，如：

那手下的大小厮天喜儿，从子虚病倒之时，拐了五两银子走了无踪。（第十四回）

西门庆见手下人都去了，走下席来，叫玳安儿附耳低言，如此这般，分付：“即去院里，坐名叫了董娇儿、韩金钏儿两个，打后门里用轿子抬了来，休交一人知道。”（第四十九回）

船上载着许多箱笼桌凳家活，四五个人尽搬入楼下空屋里来。（第九十八回）

5. 作状语，有312例，如：

大官人，你那日屋檐下过，打得正好。（第三回）

不料玳安正在印子铺，帘子下走出来，一把手将拴夺住了，说道：“嫂子为甚么打他？”（第二十三回）

西门庆灯影下睁眼观看，却是潘金莲打着揸髻装丫头，笑的眼没缝儿。（第四十回）

当下两个吃了回酒，各下楼来，还了酒钱，经济分付：“陆二哥，兄弟，千万谨言。有事我请你去。”（第九十八回）

6. 作补语，有32例，如：

武松将棒绾在肋下，一步步上那冈来。（第一回）

只见西门庆掀帘子进来，看见他坐在冷地下哭泣，令玉箫：“你挡他炕上去罢。”（第二十六回）

那苗青不听便罢，听他说了，犹如一桶水顶门上直灌到脚底下。（第四十七回）

一连留住陈经济，七八日不放他往河下来。（第九十八回）

《金瓶梅》中“下”作为后置方位词时，其情况如下：

句法功能	作主语	作谓语	作宾语	作定语	作状语	作补语
个数	135	1	256	181	312	32
频率	14.72%	0.11%	27.92%	19.74%	34.02%	3.49%

由上表可知，《金瓶梅》中“下”的句法功能比较全面，可以作主语、谓语、宾语、定语、状语、补语。

发展到《金瓶梅》时期，作状语的情况同样占优势地位，达34.02%。在《金瓶梅》时期同样出现了作谓语的情况，但也仅有1例。

第三节 合成方位词的语义特征及其句法功能演变

一、派生方位词

发展到《金瓶梅》时期，派生方位词有前缀式派生方位词“以下”和后缀式派生方位词“上头”“下头”“上面”“下面”“上边”“下边”。

1. “以下”。

《金瓶梅》中“以下”有6例，均表示等级义，如：

你把娘们还放不到心上，何况以下的人！（第二十四回）

以下的人，他又分付你答应不在家，你怎的放人来？（第三十五回）

那中等人家称他做韩大哥、韩大嫂。以下者赶着以叔婶称之。（第三十九回）

宋御史、侯驯服分付都监以下军卫有司，直护送至皇船上来回话。（第六十五回）

2. “上头”“下头”“上面”“下面”“上边”“下边”。

（1）“上头”。

《金瓶梅》中“上头”有13例。

①“上头”可表示空间义，有6例，如：

六姐，你在上头笑不打紧，只怕一时滑倒，不是耍处。（第二十五回）

这上头只写着生孩子的，把俺每都是不在数的，都打到赘字号里去了。（第三十九回）

西门庆叫他进来，那郑春手内拿着两个盒儿，举的高高的跪在当面，上头又搁着个小描金方盒儿。（第六十七回）

②也可表示等级义，有5例，如：

蕙莲道：“上头要酒，谁教你不伺候？关我甚事！不骂你骂谁？”（第二十四回）

这书童连忙走下来，说道：“还亏我到上头，一言就准了。教你姐快收拾去，早些来。”（第四十六回）

娘说那里话，假饶儿子长成，讨的一官半职，也先向上头封赠起。（第五十七回）

③ 还可指虚指方面义，表示“在某个条件、某个方面”，有 2 例，即：

贼小淫妇儿，这上头也掐个先儿。（第二十七回）

为人只把这心猿意马牢拴住了，成佛作祖，都打这上头起。（第七十五回）

（2）“下头”。

“下头”实指空间义，仅 1 例，即：

那打茶的郑纪，正拿着一盘果仁泡茶从帘下头过，被春梅叫住问道：“拿茶与谁吃？”（第六十三回）

（3）“上面”。

《金瓶梅》中“上面”均实指空间义，有 101 例，如：

却是一点油金簪儿，上面钑着两溜字儿：“金勒马嘶芳草地，玉楼人醉杏花天。”（第八回）

这潘金莲识字，取过红纸袋儿，扯出送来的经疏看，上面西门庆底下同室人吴氏，傍边只有李氏，再没别人。（第三十九回）

看毕，西门庆就把册叶儿收好，装入那锦套里头，把插销儿销着，锦带儿拴着，恭恭敬敬放在桌儿上面。（第五十七回）

旋教吴月娘家补了一纸状，当厅出了个大花栏批文，用一个封套装了，上面批：“山东守御府为失盗事，仰巡检司官连人解缴。右差虞候张胜、李安。准此。”（第九十五回）

（4）“下面”。

“下面”共出现 7 例，表示空间义，如：

妇人在房里点上灯，下面烧了大锅汤，拿了一方抹布煮在锅里。（第五回）

下面又有许多小鱼鳖虾蟹儿跟着他，倒好耍子。（第十五回）

西门庆只得撇了月娘、李瓶儿，仍到那卷棚下面，穿了衣服，走到外边迎接伯爵。（第五十六回）

到三更天气，建立灯坛完备，潘道士高坐在上，——下面就是灯坛，按青龙、白虎、朱雀、玄武，上建三台华盖，周列十二宫辰；下首才是本命灯，共合二十七盏。（第六十二回）

（5）“上边”。

①“上边”共出现 27 例，其中 26 例表示空间义，如：

可霎作怪，琴童儿正在上边看酒，冷眼睃见玉箫进书房里去，半日出来，只知有书童儿在里边，三不知扠进去瞧。(第三十一回)

来兴媳妇惠秀与来保媳妇惠祥，每人拿着一方盘果馅元宵——都是银镶茶钟，金杏叶茶匙，放白糖玫瑰，馨香美口。——走到上边。(第四十三回)

那一朵莲花有几多大？生在上边，一阵风摆，怕不骨碌碌吊在池里么？(第五十七回)

小厮进财儿买了点心鲜鱼嘎饭来，老冯婆子在厨下整理，又走来上边与西门庆磕头。(第七十九回)

② 仅1例表示等级义，即：

李三道：“还在巡按上边，没发下来哩。”(第七十八回)

(6) “下边”。

“下边”共有111例，均表示空间义，如：

下边酒保见武二行恶，都惊得呆了，谁敢向前。(第九回)

吴银儿、郑香儿、韩钏儿在下边杌儿上，一条边坐的。(第三十二回)

正唱着，只见玳安走来，请西门庆下边说话。(第四十九回)

方来到他娘这边，楼上还堆着些生药香料，下边他娘房里，止有两座橱柜，床也没了。(第九十六回)

《金瓶梅》时期派生方位词可以表示空间义、等级义、虚指方面义。没有出现《元刊》时期的时间义。其中，表示空间义占绝对优势。

发展到《金瓶梅》时期，派生方位词的句法功能如下：

1. “以下”。

“以下”可单独作句法成分。

(1) 作定语，共有5例，如：

你把娘们还放不到心上，何况以下的人！(第二十四回)

以下的人，他又分付你答应不在家，你怎的放人来？(第三十五回)

那中等人家称他做韩大哥、韩大嫂。以下者赶着以叔婶称之。(第三十九回)

(2) “以下”放在体词性短语之后，构成方位短语，作定语，仅1例，即：

宋御史、侯驯服分付都监以下军卫有司，直护送至皇船上来回话。(第六十五回)

2. “上头”“下头”“上面”“下面”“上边”“下边”。

(1)“上头”。

“上头”可以单独用作句法成分。

① 作主语，有2例，即：

蕙莲道：“上头要酒，谁教你不伺候？关我甚事！不骂你骂谁？”(第二十四回)

西门庆叫他进来，那郑春手内拿着两个盒儿，举的高高的跪在当面，上头又阁着个小描金方盒儿。(第六十七回)

② 作定语，有2例，即：

况他房里又有三四个老婆，并没上头的丫头。(第七回)

可也亏他，上头纹溜就相螺蛳儿一般，粉红、纯白两样儿。(第六十七回)

③ 作宾语，有5例，如：

六姐，你在上头笑不打紧，只怕一时滑倒，不是耍处。(第二十五回)

这书童连忙走下来，说道：“还亏我到上头，一言就准了。教你姐快收拾去，早些来。”(第四十六回)

娘说那里话，假饶儿子长成，讨的一官半职，也先向上头封赠起。(第五十七回)

还可以放在体词性词语之后，构成方位短语，有4例。

其中，方位短语作主语，有2例，即：

这上头只写着生孩子的，把俺每都是不在数的，都打到赘字号里去了。(第三十九回)

贼小淫妇儿，这上头也掐个先儿。(第二十七回)

方位短语作宾语，有1例，即：

为人只把这心猿意马牢拴住了，成佛作祖，都打这上头起。(第七十五回)

方位短语作定语，有1例，即：

月娘道：“好淫妇，讨了谁上头话，就戴上鬏髻了！”(第四十回)

（2）“下头”。

“下头”放于名词性词语之后，构成方位短语，作宾语，如：

那打茶的郑纪，正拿着一盘果仁泡茶从帘下头过，被春梅叫住问道：“拿茶与谁吃?”（第六十三回）

（3）“上面”。

“上面”可单独作句法成分，有94例。

① 作主语，有52例，如：

却是一点油金簪儿，上面钑着两溜字儿：“金勒马嘶芳草地，玉楼人醉杏花天。”（第八回）

这潘金莲识字，取过红纸袋儿，扯出送来的经疏看，上面西门庆底下同室人吴氏，傍边只有李氏，再没别人。（第三十九回）

② 作谓语，仅有1例，即：

讲了半日，何太监受了半礼，让西门庆上面，他主席相陪，何千户旁坐。（第七十一回）

③ 作宾语，有27例，如：

于是唤堂候官抬书案过来，即时签押了一道空名告身札付，把西门庆名字填注上面，列衔金吾卫衣左所副千户、山东等处提刑所理刑。（第三十回）

不一时，祝日念上的楼来，看见伯爵和谢希大在上面，说道：“你两个好吃，可成个人。”（第四十二回）

④ 作定语，仅有1例，即：

脱了上面袍儿，家人媳妇开衣匣取出衣服，更换了一套绿遍地锦妆花袄儿，紫丁香色遍地金裙。（第九十六回）

⑤ 作状语，仅有1例，即：

西门庆与伯爵、希大都一带上面坐了，伙计、主管两旁打横。（第四十六回）

⑥ 作补语，有12例，如：

不一时，养娘抱官哥送出到角门首，玳安接到上面。（第三十二回）

不一时走到，见西门庆坐在上面，连忙磕了头。（第四十回）

董娇儿道：“敢烦老爹，赏我一首诗在上面。”（第四十九回）

也可以放在名词性成分后面，构成方位短语，有7例。

其中，方位短语作主语，有5例，如：

见厅上面设放两张桌席，让西门庆居左，其次就是西宾倪秀才。（五十一回）

那招牌上面写的好，说：“神仙留玉佩，卿相解金貂。”（第五十五回）

经济看见两个褶帖上面写着“侍生何永寿、张懋德顿首拜”。（第九十八回）

方位短语作宾语，有1例，即：

叙毕礼，让至棚内上面坐下。（第六十五回）

方位短语作补语，有1例，即：

看毕，西门庆就把册叶儿收好，装入那锦套里头，把插销儿销着，锦带儿拴着，恭恭敬敬放在桌儿上面。（第五十七回）

（4）“下面”。

“下面”可单独作句法成分，有5例。

①作主语，有3例，如：

妇人在房里点上灯，下面烧了大锅汤，拿了一方抹布煮在锅里。（第五回）

下面又有许多小鱼鳖虾蟹儿跟着他，倒好耍子。（第十五回）

到三更天气，建立灯坛完备，潘道士高坐在上，——下面就是灯坛，按青龙、白虎、朱雀、玄武，上建三台华盖，周列十二宫辰；下首才是本命灯，共合二十七盏。（第六十二回）

②作定语，有1例，即：

经济口里说着，下面单裙子内却似火烧的一条硬铁。（第五十三回）

③作宾语，有1例，即：

他在下面合着眼。（第五十一回）

④还可以放在名词性短语之后，构成方位短语，有2例，如：

西门庆只得撇了月娘、李瓶儿，仍到那卷棚下面，穿了衣服，走到外边迎接伯爵。（第五十六回）

(5)“上边”。

“上边”可单独作句法成分。

①作主语，有3例，如：

等的上边呼唤要酒，他便扬声叫来安儿、画童儿。(第二十四回)

西门庆与何千户在第五起上，抬进礼物去，管家又早将何太监拜帖铺在书案上，二人立在阶下等上边叫名字。(第七十回)

②作宾语，有10例，如：

在上边递茶递水，被西门庆睃在眼里。(第二十二回)

正说着，迎春从上边拿下一盘子烧鹅肉、一碟玉米面玫瑰果馅蒸饼儿与奶子吃，看见便道：“贼囚，你在这里笑甚么，不在上边看酒?”(第三十一回)

那三个也不答应，向上边递了回酒，别设一席坐着。(第六十三回)

③作定语，有2例，即：

迎春道：“此是上边筛酒的执壶，你平白拿来做甚么?”(第三十一回)

上边火倒退下了……(第七十九回)

④作状语，有1例，即：

今日你等用心伏侍众奶奶，我自有重赏，休要上边打箱去!(第四十三回)

⑤作补语，有6例，如：

来兴媳妇惠秀与来保媳妇惠祥，每人拿着一方盘果馅元宵——都是银镶茶钟，金杏叶茶匙，放白糖玫瑰，馨香美口。——走到上边。(第四十三回)

那一朵莲花有几多大？生在上边，一阵风摆，怕不骨碌碌吊在池里么?(第五十七回)

小厮进财儿买了点心鲜鱼嗄饭来，老冯婆子在厨下整理，又走来上边与西门庆磕头。(第七十九回)

⑥还有5例放于体词性词语之后，构成方位短语，如：

来安儿，画童儿，娘上边要热酒，快攒酒上来!(第二十四回)

春梅、玉箫、兰香、迎春四个，都在堂客上边执壶斟酒，就立在大姐桌头，同吃汤饭点心。(第四十八回)

李三道：“还在巡按上边，没发下来哩。”(第七十八回)

(6)“下边”。

“下边”可单独作句法成分。

①作主语，有32例，如：

娘见我上穿着紫袄，下边借了玉箫的裙子穿着。(第二十五回)

上穿着丁香色南京绸的浮五彩纳纱喜相逢天圆地方补子，对衿衫儿；下着白碾光绢一尺宽攀枝耍娃娃挑线拖泥裙子，胸前浮带金玲珑浮领儿，下边羊皮金荷包。(第三十四回)

那道士头戴小帽，身穿青布直裰，下边履鞋净袜，谦逊数次，方才把椅儿挪到旁边坐下，问道：“老爹有甚钧语分付?”(第三十九回)

②作宾语，有29例，如：

连忙分付下边管待玳安酒饭。(第十二回)

这老虔婆在下边一力撺掇，酒肴蔬菜齐上，须臾，堆满桌席。(第二十回)

③作定语，有25例，如：

下边酒保见武二行恶，都惊得呆了，谁敢向前。(第九回)

就是俺每不好主张的，下边孩子每也没投奔。(第二十回)

吴银儿、郑香儿、韩钏儿在下边杌儿上，一条边坐的。(第三十二回)

④作状语，有18例，如：

于是又斟了一钟酒，拿了半碟点心，与玳安下边吃去。(第十六回)

正唱着，只见玳安走来，请西门庆下边说话。(第四十九回)

六名吹打的下边伺候。(第四十五回)

⑤作补语，有4例，如：

走到下边吃了酒饭，带马出门。(第十六回)

那李铭走到下边，三扒两咽，吞到肚内，舔的盘儿干干净净，用绢儿把嘴儿抹了，走到上边，把身子直竖竖的靠着槅子站立。(第二十一回)

“下边”与体词性成分构成方位短语，有4例，即：

见他上穿着紫绫袄儿玄色段金比甲，玉色裙子下边显着趫趫的两只脚儿。(第三十七回)

于是厅内抬出大鼓来，穿廊下边一架，安放铜锣铜鼓，吹打起来，端的声震云霄，韵惊鱼鸟。(第四十五回)

癃闭便毒，一团膀胱邪火，赶到这下边来；四脉经络中又有湿痰流聚，以致心肾不交。（第七十九回）

玳安又早在杏花村酒楼下边，人烟热闹，拣高阜去处，那里幕天席地，设下酒肴，等候多时了。（第九十回）

总的来说，《金瓶梅》中的派生方位词句法功能比较全面，可以自由作句法成分，也可构成方位短语。其中单独作句法成分可作主语、宾语、定语、状语、补语等，多用作主语、宾语。

二、复合方位词

发展到《金瓶梅》时期，复合方位词有“上下”“上上”“下下”“上上下下”。

1. “上下”。

《金瓶梅》中“上下”共有63例。

（1）可实指空间，如：

典得县门前楼，上下两层，四间房屋居住。（第三回）

妇人方才脱去上下衣裳，战兢兢跪在地平上。（第十九回）

伯爵见上下放着六把云南玛瑙漆减金钉藤丝甸矮矮东坡椅儿，两边挂四轴天青衢花绫裱白绫边名人的山水。（第三十四回）

楼上下有百十座阁儿，处处舞裙歌妓，层层急管繁弦。（第九十八回）

（2）可表示等级次序义，如：

妇人叫西门庆上下多使些钱，务要结果了他，休要放他出来。（第十回）

这些人慌了，等的家下人来送饭，稍信出去，教各人父兄使钱，上下寻人情。（第三十四回）

不如这里借着衙门中势力儿，就是上下使用也省些。（第四十五回）

（3）可表示数量义，相当于“左右”，仅1例，即：

央及你爹，只说你那贵处有好人才女子，不拘十五六上下，替我寻一个送来。（第三十回）

2. “上上”。

“上上”表示等级义，共有3例，即：

每乡编为三户，按上上、中中、下下。（第四十八回）

令民间上上之户赴仓上米，讨仓钞，派给盐引支盐。（第四十八回）
文职的营生，他那里有大钱与你！这个就是上上签了。（第四十九回）

3. “下下”。
“下下”表示等级义，仅有1例，即：

每乡编为三户，按上上、中中、下下。（第四十八回）

4. “上上下下”。
“上上下下”共有5例，均表空间义，如：

这何九一面上上下下看了婆娘的模样，心里自忖的道。（第六回）
两个唱的，上上下下把眼只看他身上。（第四十二回）
锦衣花帽，擎着的是圆盖伞、方盖伞，上上下下开展；螭集龙蟠，驾着的是金辂辇、玉辂辇，左左右右相阵。（第七十一回）

总的来说，《金瓶梅》中复合方位词新增了“上上下下”。在这一时期，复合方位词的语义特征可以指等级次序义，也可实指空间，还出现了相当于“左右”的数量义。
发展到《金瓶梅》时期，复合方位词的句法功能如下：
1. “上下”。
《金瓶梅》中“上下”可以单独作句法成分。
（1）作主语，有10例，如：

原来知县、县丞、主簿、吏典，上下多是与西门庆有首尾的。（第九回）
因是提刑官吏，上下受了西门庆贿赂，要陷害此人，图谋他妻子，故入他奴婢图财，持刀谋杀家长的重罪。（第二十六回）
伯爵见上下放着六把云南玛瑙漆减金钉藤丝甸矮矮东坡椅儿，两边挂四轴天青衢花绫裱白绫边名人的山水。（第三十四回）

（2）作宾语，有3例，即：

一个不顾纲常贵贱，一个那分上下高低。（第十二回）
凡家主，切不可与奴仆并家人之妇苟且私狎，久后必紊乱上下，窃弄奸欺，败坏风俗，殆不可制。（第二十二回）
一个不顾夫主名分，一个那管上下尊卑。（第八十三回）

（3）作定语，有8例，如：

倒是真个脱去了上下衣服，跪在面前，低垂粉面，不敢出一声儿。（第十

二回）

妇人方才脱去上下衣裳，战兢兢跪在地平上。（第十九回）

（4）作状语，有30例，如：

休要来吃酒，开送了一篇花帐与他，说银子上下打点，都使没了。（第十四回）

西门庆把眼上下观看这个女子：乌云叠鬓、粉黛盈腮，意态幽花星丽，肌肤嫩玉生香。（第三十七回）

西门庆拜去，就与吴大舅三十两银子，四匹京段，交他上下使用。（第七十八回）

“上下”可以后置，放在名词性词语之后，构成方位短语，共有6例。

（1）方位短语可以作主语，如：

楼上下有百十座阁儿，处处舞裙歌妓，层层急管繁弦。（第九十八回）

（2）方位短语可以作定语，如：

典得县门前楼上下两层，四间房屋居住。（第一回）

（3）方位短语可以作宾语，如：

央及你爹，只说你那贵处有好人才女子，不拘十五六上下，替我寻一个送来。（第三十回）

2. “上上”。

（1）“上上”可以作宾语，仅1例，即：

每乡编为三户，按上上、中中、下下。（第四十八回）

（2）也可以作定语，有2例，即：

令民间上上之户赴仓上米，讨仓钞，派给盐引支盐。（第四十八回）

文职的营生，他那里有大钱与你！这个就是上上签了。（第四十九回）

3. “下下”。

“下下”作宾语，仅有1例，即：

每乡编为三户，按上上、中中、下下。（第四十八回）

4. “上上下下”。

“上上下下”作状语，共有5例，如：

这何九一面上上下下看了婆娘的模样，心里自忖的道。（第六回）

两个唱的，上上下下把眼只看他身上。（第四十二回）

锦衣花帽，擎着的是圆盖伞、方盖伞，上上下下开展；螭集龙蟠，驾着的是金辂辇、玉辂辇，左左右右相阵。（第七十一回）

由此可知，《金瓶梅》中复合方位词句法功能较为全面，可以单独作句法成分，可以与体词性短语结合构成方位短语，但能构成方位短语再作成分的复合方位词只有“上下”。

第六章 明代至清代“上”“下”的历时演变

第一节 “上”“下”的语义特征演变

一、“上”“下”单独作句法成分时的语义演变

发展到《儿女英雄传》时期，单独作句法成分的“上”共有59例，其“上”的语义特征如下：

1. 空间义，共有43例，如：

说话间，外边拿进两个职名来，一个上写着“管曰枌”，一个上写着“何之润”。（第三回）

及至猛然间听得那铜旋子锵啷啷的一声响亮，心中吃那一吓，心系儿一定是往上一提，心一离血，血依然随气归经，心里自然就清楚了。（第六回）

姑娘在盖头里低着头看着地下，只见眼前来了一双靴子脚，又见张姑娘一手拈起个盖头角儿，一手把着新郎的手，用一根红纸裹的新秤杆儿，把那块盖头往上只一挑，挑下来。（第二十八回）

2. 等级义，共15例，如：

太老爷在上：小人们都是些乱民，本不敢惊太老爷的佛驾，如今冒死瞻仰恩官，求太老爷赏几句好话，小人们来世也得好处托生！（第二十回）

讲到玉郎现在的处境，上有两位老家儿栽培，下有你我两人侍奉，丰衣足食，无虑无愁，可是你说的，正是奋志成名、力图上进的时候。（第三十回）

所以小讲才有那“圣人达而在上，执所学以君天下，而天下仰之；穷而在下，执所学以师天下，而天下亦仰之”的几句名贵句子。（第三十四回）

3. 次序义，仅有1例，即：

何小姐才要开口，两个酒窝儿一动，把脸一红，凑到张姑娘耳畔说了几句，把个张姑娘乐的，连连点头，笑道：“姐姐，这叫作‘兵法，攻心为上’，

又叫作‘彭更有二焉’。”（第三十回）

《儿女英雄传》中“上”单独作句法成分时，它的语义特征情况分析如下：

语义特征	空间义	引申义	
		等级义	次序义
个数	43	15	1
频率	72.88%	25.43%	1.69%

由上表可知，《儿女英雄传》中“上”多用作空间义，为72.88%。引申义中不仅包括等级义，还包括次序义。

发展到《儿女英雄传》时期，单独作句法成分的“上”多用作空间义，为54.43%。情况与《金瓶梅》时期大体相似，但相较于《金瓶梅》时期，引申义中又出现了次序义。

发展到《儿女英雄传》时期，单独作句法成分的“下”共出现72例。其语义特征主要如下：

1. 空间义，有33例，如：

及至引见，到了老爷这排，奏完履历，圣人往下一看，见他正是服官政的年纪，脸上一团正气，胸中自然是一片至诚。（第一回）

十三妹见安公子这个光景，知他这话不是被逼无奈，直是出于天良至诚，不觉变嗔为喜，这才把膀根儿一松，刀尖儿朝下一转，手里掂着那把刀，向安公子、张金凤道：“你二人媒都谢了，还合我闹得是甚么假惺惺儿呢！”（第十回）

只羞得他那张老脸紫里透红，红里透紫，两眼圆睁，满头大汗，把帽子往上推了一推，两只手不住的往下捞汗。（第二十五回）

2. 等级义，仅有1例，即：

他虽然大仇已报，大事已完，可怜上无父母，中无兄弟，往下就连个着己的仆妇丫鬟也不在跟前；况又独处空山，飘流异地，举头看看，那一块云是他的天？（第十九回）

3. 时间义，有38例，如：

张金凤听了这段话，更加狐疑，还要往下问，只听安公子在院子里说道：

“嗄，嗄，好烫！快开门!”（第九回）

请母亲往下听：这可就怨儿子自己糊涂了。正是他走后，去找褚一官的两个骡夫回来了。（第十二回）

我说的果然不是，倒也不消往下再谈；既然是他，这段仇你早该去报，直等到今日，却是可惜报得迟了。（第十八回）

不空和尚指了我一指头，他又摆了摆手儿，吐了吐舌头，问着他，他便不肯往下说了。（第三十二回）

《儿女英雄传》中“下”单独作句法成分时，它的语义特征情况分析如下：

语义特征	空间义	等级义	时间义
个数	33	1	38
频率	45.83%	1.39%	52.78%

由上表可知，《儿女英雄传》中“下”多用作时间义，占52.78%。等级义所占比例最小，仅为1.39%。

《金瓶梅》中“下”多用作空间义，而《儿女英雄传》中“下”多用作时间义。

二、“上/下+XP”中“上”“下”的语义演变

发展到《儿女英雄传》时期，除“上司”“上房”等未计入统计外，“上+XP”的用例出现123例，其语义特征情况为：

1. 空间义，有66例，如：

原来那白脸儿狼正走之间，路旁有棵多年的回干老树，那老树上半截剩了一个杈儿活着，下半截都空了，里头住了一窝老枭。（第五回）

一件是为我家险遭一场意外的灾殃，幸而安然无事，这都是天公默佑，我们阖家都该办注名香，达谢上苍；那一件，无论怎样，这店里非久居之地，得找一所公馆。（第十三回）

张老是足登缎靴，里面衬着鱼白标布，上身儿油绿绉绸，下身儿的两截袷袄，宝蓝亮花儿缎袍子，钉着双白朔鼠儿袖头儿，石青哈喇寒羊皮四不露的褂子，羖种羊帽子，带着个金顶儿。（第二十九回）

2. 等级义，仅有1例，即：

这张金凤原是个聪明绝顶的人，他心里想着：要论安公子的才貌品学，自然不必讲，是个上等人物了。(第九回)

3. 时间义，有56例，如：

列公听这回书，不觉得像是把上几回的事又写了一番，有些烦絮拖沓么？(第十二回)

奴才回说：“上月二十八就安葬了，姑娘今日都请过这边儿来了。”(第二十四回)

便把上项事详细合他说了一遍。(第四十回)

《儿女英雄传》中“上”放于名词之前，作前置构词语素或用作定语时，其语义特征情况如下：

语义特征	空间义	等级义	时间义
个数	66	1	56
频率	53.66%	0.81%	45.53%

由上表可知，《儿女英雄传》中“上”放于名词之前，作前置构词语素或用作定语时，多用作空间义，达到53.66%。时间义的使用频率次于时间义，为45.53%。等级义最少，仅有1例。

《金瓶梅》中“上”作前置构词语素或用作定语时，主要表示空间义，为87.86%。《儿女英雄传》中也主要表示空间义，占53.66%。此外，《儿女英雄传》时期新增了时间义，使用频率仅次于空间义，等级义最少，仅占0.81%。

发展到《儿女英雄传》时期，“下+XP”的用例出现91例，其语义特征有空间义、时间义和等级义三种，情况如下：

1. 空间义，共有23例，如：

那洪泽湖连日连夜长水，高家堰口子又冲开一百余丈，那水直奔了高家堰外河下游而来。(第二回)

那张太太是提着精神招护了一道儿女儿、女婿，到了这里，放了乏了，晚饭又多饮了一杯，更加村里的人儿不会熬夜，才点灯，就有些上眼皮儿找下眼皮儿，打了两个哈欠，说道：“要不咱睡罢？”(第十二回)

何小姐要看看是何人的笔墨，先看了看下款，却只得一行年月，并无名号；重复看那上款，写着“老人书付骥儿诵之”，才晓得是公公的亲笔。（第二十九回）

2. 等级义，共有8例，如：

那边便收拾家伙，下人拣了吃去。（第十六回）

才得天亮，他父女翁婿合那个孩子以及下人早已收拾了当，吃了些东西便要告辞。（第三十二回）

第一，这桩事，你大家不可先存一个畏难的心。这个样儿的冷天，主儿地炕手炉的围着还嫌冷，却叫你们在漫荒野地丈量地去，岂不显得不体下情些？（第三十三回）

3. 时间义，有60例，如：

只这眼前便有一个机会，小的正要回老爷：这下月便是河台的正寿，可不知老爷打算怎么样个行法？（第二回）

姐姐合妹子都算不得读过书，“父母之命”这句话，书也还该记得，还得明白这句书的下文是：“钻穴隙相窥，逾墙相从，则父母国人皆贱之。”（第二十六回）

公子在马上望着那太空数点白云，匝地几痕芳草，恰遇那年下半年有个闰月，北地节候又迟，满山杏花还开得如火如锦，四围杏花风里簇拥他白面书生的一个探花郎，好不兴致！（第三十六回）

《儿女英雄传》中“下”放于名词之前，作前置构词语素或用作定语时，其语义特征情况如下：

语义特征	空间义	等级义	时间义
个数	23	8	60
频率	25.28%	8.79%	65.93%

由上表可知，《儿女英雄传》中“下”放于名词之前，作前置构词语素或用作定语时，时间义占绝对优势，达65.93%。其中“下回”一词即占了41例。等级义所占比例最少，为8.79%。

《儿女英雄传》时期“下”作前置构词语素或用作定语时，引申义中只有等级义，且所占比例仅有8.79%。《金瓶梅》中空间义和等级义相当，而

《儿女英雄传》中空间义远大于等级义。

三、“X（+之）+上/下”中“上”“下”的语义演变

发展到《儿女英雄传》时期，除“早上”“晚上”等词不计入统计之外，“X+（之）+上”的用例共出现1 291例，其语义特征情况如下：

1. 表示空间义，其中包括“上方空间”义、“顶部或表面”义、“上方边侧”义等，共有1 066例，如：

一气跑到厨房，拿出一把三尺来长铁火剪来，轮得风车儿般向那女子头上打来。(第六回)

那烟袋足有五尺多长，安着个七寸多长的菜玉烟袋嘴儿，那烟袋嘴儿上打着一青线算盘疙瘩，烟袋锅儿上还挑着一个二寸来大的红葫芦烟荷包，里面却不装着烟，烟是另搁在一个笸萝儿里。(第十五回)

果见安太太过来招护着叫他送在那案上，安好。(第二十四回)

不一刻，只见黄门官站在那高台阶上，说了句“引见”，便鱼贯而入的带上去。(第三十六回)

2. 实指范围，相当于“里、中、内”，共有72例，如：

那老爷、太太在车上也不由得几次的回头远望，只是恋恋不舍。(第二回)

那日人来的更多，厅上、棚里都坐得满满的，再搭上那卖熟食的，卖糖儿豆儿赶小买卖的，两边站得千佛头一般。(第十五回)

听他赞道：“请堂上致词赐答。”(第二十八回)

这个当儿，那边舅太太早把何小姐揽在怀里，笑道：“我的孩儿呀，快来罢！幸亏我在船上先把你认下了；不然，你瞧，他们爷儿们、娘儿们这阵横抢硬夺的，还了得了！”(第三十二回)

3. 虚指范围，共有94例，如：

及至送到院上，巡捕传了进去，交给门上。(第二回)

纪府上的几个家将里面有一名教师，见他家二爷好这些武艺，便逐件的指点起来。(第十八回)

这句话竟被你两个把我问倒了。这项地原是我家祖上从龙进关的时候占的一块老圈地，当日大的狠呢！(第三十三回)

安老爷才知那礼单上的“鹤鹿同春”是他专为贺喜特给找来的东海边一对仙鹤、泰山上一对梅花小鹿儿，都用木栊抬了来。(第三十八回)

4. 表示方面义、条件义，共有48例，如：

从英雄上透出这种儿女心肠来，所以众生都尊他为“大雄氏”。（缘起首回）

至于我此番来，还不专在他救我的孩子的这桩事上。（第十八回）

我自从十八岁因一口气上离了淮安本家，搬到山东茌平落了籍，算到今日之下，整整儿的七十年。（第三十二回）

真个的，既是例上有的，怎么如今外省还有个体统，京里的官员倒不许他使呢？（第三十六回）

5. 表示时间义，共有11例，如：

所喜他天性高明，又肯留心学业，因此上见识广有，学问超群，二十岁上就进学中举。（第一回）

他是几岁上裹脚，几岁上留头，合他那小时候可有甚么异样淘气的事，你可想得起一两桩来？（第十四回）

这丫头自从十二岁上要到上屋里来，只那年你公公碰着还支使支使他，到了第二年，他留了头了，连个溺盆子都不肯叫他拿，甚至洗个脚都不叫他在跟前，说他究竟是从小儿跟过孩子的丫头。（第四十回）

《儿女英雄传》中“X（+之）+上”的语义特征如下：

语义特征	空间义	实指范围	虚指范围	方面义	时间义
个数	1 066	72	94	48	11
频率	82.57%	5.58%	7.28%	3.72%	0.85%

由上表可知，《儿女英雄传》中“上”作为后置方位词，空间义占绝对优势，达到82.57%，“虚指范围”义略超过“实指范围”义。此情况与《金瓶梅》时期大致相同，但是《儿女英雄传》中没有出现数量义、等级义。

发展到《儿女英雄传》时期，除“当下”外“X（+之）+下”的用例出现436例，其语义特征情况如下：

1. 实指空间方位，其中包括“物体下部的周边或附近”义、“垂直下方”义、“下方边侧”义等，共有240例，如：

说着，提了那把酒壶，站在檐下，向那和尚跟前一扔，说：“如今我也回敬你一杯！”（第八回）

所以才商量着编成那个坝，我便撺掇到你窗根儿底下听去，那里却作成一边定要留下那弓，一边定不肯留下那弓，好把姑娘你引出去。（第十九回）

等开了春儿，满地的高粮谷子，蝈蝈儿蚂蚱，坐在那树荫儿底下看个青儿，才是怪好儿的呢！（第二十三回）

忙的他把个绳头儿不曾拴好，一失手，连钩子掉在屋里地下了。（第三十一回）

2. 实指范围，有20例，如：

大约宦途的味儿不过如此，不如退归林下，遍走江湖，结识几个肝胆英雄，合他杯酒谈心，倒是人生一桩快事！（第十五回）

那时安老爷也换了公服，同大家都在廊下站着，吩咐道：“请。”（第二十四回）

你们要不服，过了事儿，只管到山东茌平县岔道口二十八棵红柳树邓家庄儿找我，我那里是个坐北朝南的广梁大门，门上挂一面黑漆金字匾，匾上有“名镇江湖”四个大字，那就是我舍下。我在舍下候着。（第三十二回）

承值书吏各司其事，还有一应委员、房吏、差役以至跟役人等，拥挤了一堂，连那堂下丹墀里也站着无数的人，等着看这场热闹。（第三十五回）

3. 虚指范围，有86例，如：

那女子正在那里拨那盏油灯，听他跟了来，回头一看，见他年纪约莫五十余岁，是个乡下打扮。（第七回）

安老爷、安太太听了，心下先自愿意，邓九公更是女儿“说一是一，说二是二”的，只哈哈笑了一阵，也便罢了。（第二十一回）

便可查那不在我家交租的佃户名下，地租年年都交到甚么人手里。（第三十三回）

4. 表示方面义、条件义，有32例，如：

那土工也蛰陷得无多，自己虽不懂，看了去大约也不过百十金的事，回来便吩咐该房书役办稿，就在岁修银两项下动支赶办。（第二回）

县官道：“嗯，你这么个人，难道连个‘重赏之下，必有勇夫’也不知道吗？咱们只要多派几个人儿，再重重的悬上赏，还有个拿不住人的？”（第十一回）

今日这课是老翁特地要看看他的真面目，兄弟圈点起来，诱掖奖劝之下，未免总要看得宽些，竟是老翁自己来。（第三十四回）

因是初十日出榜，先一日准可得信，便大家预先商量着在内城、西山两

下相距的一个适中之所，找了座大庙。（第三十五回）

5. 表示时间义，有58例，如：

新年下，安老爷、安太太把家中年事一过，便带了公子进城，拜过宗祠，到至亲本家几处拜望了拜望，仍旧回家。（第一回）

今日之下，人家到了咱们家，就好比那太阳爷照进屋子里来了。（第十四回）

却慢慢的再看机会，眼下止莫惹他说出话来。（第二十二回）

我昨儿晚上嘱咐你们的，节下给父亲母亲拌的那月饼馅儿，可想着多搁点儿糖。（第三十四回）

《儿女英雄传》中“下”作为后置方位词，其情况如下：

语义特征	空间义	实指范围	虚指范围	方面义	时间义
个数	240	20	86	32	58
频率	55.05%	4.59%	19.72%	7.34%	13.30%

由上表可知，《儿女英雄传》中“下”作为后置方位词，空间义占优势地位，为55.05%。“虚指范围”义超过了“实指范围”义。其情况与《金瓶梅》时期大致相同，但《儿女英雄传》没有出现等级义。

第二节 “上”“下”的句法功能演变

一、“上”“下”单独作句法成分时的句法演变

发展到《儿女英雄传》时期，“上”的句法功能如下：

1. 作主语，共有12例，如：

见那稿倒也办得明白，只那工段的尺丈，购料的堆垛，钱粮的多少，却空着没填，旁边粘着一个小小红签儿，上写着“请内批”三个字。那核办的师爷也不曾填写。（第二回）

他虽然大仇已报，大事已完，可怜上无父母，中无兄弟，往下就连个着己的仆妇丫鬟也不在跟前；况又独处空山，飘流异地，举头看看，那一块云是他的天？（第十九回）

讲到玉郎现在的处境，上有两位老家儿栽培，下有你我两人侍奉，丰衣足食，无虑无愁，可是你说的，正是奋志成名、力图上进的时候。(第三十回)

只见他戴着满簪子的钿子，穿一件纱绿地景儿衬衣儿，套一件藕色绛丝氅衣儿，罩一件石青绣花大坎肩儿，上还带了些手串儿，怀镜儿等等，抬褃里又带着对成对儿的荷包。(第四十回)

2. 作宾语，共有43例，如：

众人看了，一齐向上叩首，口中齐祝“圣寿无疆”。那殿头官又把旗儿一展，那些人依然凭空而去，愈走愈远，堕入云中，不见踪影。(缘起首回)

方今正值天上日午中天，人间尧舜在上，仁风化雨所被，不知将来成全得多少儿女英雄。(缘起首回)

及至安老爷到来，投递了手本，河台看了，便觉他怠慢来迟；又见京中不曾有一个当道大老写信前来托照应他，便疑心安老爷仗着是个世家旗人，有心傲上。(第二回)

只见他一进门，不说长不道短，便举手擎天毛腰拖地的朝上就是一躬，这一躬打下去，且不直起腰来，却把两只手凑在一处，就着地儿拱送，嘴里还说道：“恭喜，恭喜，叩叩，叩叩，叩叩。”(第三十七回)

我只打量那上头有个甚么希希罕儿呢，也仰着个颏儿，一头儿往上瞧，一头儿往前走，谁知脚底下横不楞子爬着条浪狗，叫我一脚就造了他爪子上了。(第三十八回)

3. 作定语，共有125例，如：

如今他跟着他师父弄得家成业就，上年他还捎了书子来，教我们两口子带了随缘儿告假出去，脱了这个奴才坯子，他们养我的老。(第三回)

他喝完了茶，付了茶钱，便忙忙的回到牤牛山，把上项事对各家寨主说知详细。(第二十回)

上月今日就是我送二位入的洞房，今日还是我送二位贺新居。(第三十二回)

4. 作状语，共有4例，即：

倒不如听命由天的闯着作去，或者就这条路上立起一番事业，上不负国恩，下不负所学，也不见得。(第一回)

慢说别的，只他那幕中那几个参谋，真真的是上知天文，下知地理，深明韬路，广有机谋。(第十八回)

鬼神有灵，没一事不上通天地，煞是令人起敬起畏。（第三十五回）

我一向虽说幸而成名，上慰二老，只是不曾得过个学差试差，却说不得“得天下英才而教育之”。（第三十八回）

《儿女英雄传》中“上”单独作句法成分，其情况如下：

句法功能	作主语	作宾语	作定语	作状语
个数	12	43	125	4
频率	6.52%	23.37%	67.93%	2.17%

由上表可知，《儿女英雄传》中“上”可以作主语、宾语、定语、状语，定语占绝对优势，其次是宾语。情况与《金瓶梅》时期相似，“上”的句法功能分布趋于稳定。

因此，我们认为《儿女英雄传》中“上”的情况与《金瓶梅》时期相似，“上”的句法功能分布趋于稳定。

发展到《儿女英雄传》时期，“下”的句法功能情况如下：

1. 作主语，共有3例，即：

也曾问过，无奈他含糊其词，只说在个“上不在天，下不着地”的地方住。（第十三回）

只是你养女儿一场，不曾得我一日孝养，从我略有些知识，便撞着这场恶姻缘，弄得父亲含冤，母亲落难，你女儿早办一死，我又上无长兄，下无弱弟，无人侍奉母亲。（第十八回）

讲到玉郎现在的处境，上有两位老家儿栽培，下有你我两人侍奉，丰衣足食，无虑无愁，可是你说的，正是奋志成名、力图上进的时候。（第三十回）

2. 作宾语，共有70例，如：

他便起了个贼智，把身子往下一蹲，心里想着且躲开了颈嗓咽喉，让那白光儿从头顶上扑空了过去，然后腾出身子来再作道理。（第六回）

我也不知刘铁嘴是谁，没敢往下再问。（第二十回）

早知如此，借他家的地方儿吃不好吗？——老弟，你往下听，这可就要听戏去了。（第三十二回）

3. 作定语，共有91例，如：

和尚见上路打他不着，掣回棍，便从下路扫着他踝子骨打来。（第六回）

何小姐心里道：“这‘屋小于舟’不过道其实耳，下联的意思就有些不大老成，不是老人家教诵这段格言的本意了。”（第二十九回）

这句下文，可就太不雅驯了，幸而不是这句。（第三十三回）

4. 作状语，有5例，如：

倒不如听命由天的闯着作去，或者就这条路上立起一番事业，上不负国恩，下不负所学，也不见得。（第一回）

那穿月白的女子此时才知那穿红的女子全是一片屈己救人之心，正要下拜。（第七回）

况这事云过天空，今日既承下顾，掀过这篇子去，现成儿的酒席，咱们喝酒。（第十五回）

上临之以天鉴，下察之以地祇。（第八十八回）

《儿女英雄传》中“下”单独作句法成分，其情况如下：

句法功能	作主语	作宾语	作定语	作状语
个数	3	70	91	5
频率	1.78%	41.42%	53.85%	2.96%

由上表可知，《儿女英雄传》中“下”的句法功能较为全面，可以作主语、宾语、定语、状语，多用作定语。

《儿女英雄传》中作定语仍占绝对优势，达53.85%，但作宾语情况有所上升，为41.42%。总体而言，《儿女英雄传》中“下”的句法分布与《金瓶梅》时期大致相似。

二、“上”“下”作为后置方位词的句法演变

发展到《儿女英雄传》时期，“X＋上”的具体情况如下：

1. 作主语，有332例，如：

只见他芙蓉面上挂一层威凛凛的严霜，杨柳腰间带一团冷森森的杀气。（第六回）

他这所住宅门前远远的对着一座山峰，东南上有从滹沱，桑乾下来的一股来源，流向西北，灌入园中。(第二十四回)

金、玉姊妹见他把方才的话如云过天空，更不提起一字，脸上依旧一团和容悦色，二人心里越发过意不去，倒提起精神来，殷殷勤勤陪他谈笑了一阵。(第三十一回)

2. 作宾语，共384例，如：

紧接着张老夫妻把煮的肘子、肥鸡，连饭锅、小菜、酱油、蒜片、饭碗、匙箸，分作两三荡都般运了来，分作两桌。安公子同张老在堂屋地桌上，张金凤母女同十三妹在西间炕桌上。(第九回)

这位姑娘虽是细针密缕的一个心思，却是海阔天空的一个性气，平日在一切琐屑小节上本就不大经心。(第二十六回)

他这只胳膊在横闩上捆着呢！等开了门，你们进来解罢！(第三十一回)

3. 作定语，有186例，如：

况且在大路上大店里，大约也没有这样的笨贼来做这等的笨事。(第五回)

书里一路表过的，这位十三妹姑娘是天生的一个侠烈机警人，但遇着济困扶危的事，必先通盘打算一个水落石出，才肯下手，与那《西游记》上的罗刹女，《水浒传》里的顾大嫂的作事，却是大不相同。(第十回)

这场哭，直哭得那铁佛伤心，石人落泪；风凄云惨，鹤唳猿啼；便是那树上的鸟儿，也忒楞楞展翅高飞；路上的行人，也急煎煎闻声远避。(第十九回)

4. 作状语，有149例，如：

世情如纸，只有锦上添花，谁肯雪中送炭？那一半又向那里弄去？(第九回)

这一案断乎办不得。例上杀死一家三命，拿不着凶手，本官就是偌大的处分。如今倒闹了十几条人命出来，倘然办出去，一时拿不着人，太老爷这考程如何保得住。(第十一回)

还有那么个肉眼凡胎溜尖的条嗓子的，不知又说了他一句甚么，他把那个的帽子往前一推，脑杓子上吧就是一巴掌。(第三十二回)

5. 作补语，有223例，如：

这辆车连牲口都好端端的在那里呢，你老人家这时候就去把他收拾妥当

了，回来把你们姑爷的被套、行李、银两给他装在车上，把一应的东西装好，铺垫平了，叫他娘儿两个好坐。(第十回)

这一摔，果然摔在石头台阶子上，不用讲，这件东西一定是锵琅琅一声，星飞粉碎！(第三十回)

听来听去，也不知那句话碰在他两个心坎儿上了，只见何小姐两眼睛一积伶，便笑着在张姑娘耳边嘁喳了两句。(第四十回)

《儿女英雄传》中“上”作为后置方位词时，其情况如下：

句法功能	作主语	作宾语	作定语	作状语	作补语
个数	332	384	186	149	223
频率	26.06%	30.14%	14.60%	11.70%	17.50%

由上表可知，《儿女英雄传》中“X+上”的句法功能比较全面，可以作主语、宾语、定语、状语、补语。其中大多作宾语，达到30.14%，其次多用作主语，占26.06%。这一时期没有出现作谓语的情况。

发展到《儿女英雄传》时期，宾语同样占优势地位，为30.14%。其次多用作主语，占26.06%。但在《金瓶梅》时期，使用频率仅次于作宾语的是作定语。此外，《儿女英雄传》时期未出现作谓语的情况。

发展到《儿女英雄传》时期，“X+下”的句法功能情况如下：

1. 作主语，有67例，如：

屋里正北安一张大床，床东头直上摆着三四个箱子，床西脚底下挂着个帘儿。(第七回)

姑娘左右扶定了两个喜娘儿，下了轿，只觉脚底下踹得软囊囊的，想是铺的红毡子。(第二十八回)

这其间三篇文章一首诗，再加上补录草稿，斟酌一番，笔下慢些，便不得从容。(第三十四回)

2. 作宾语，共137例，如：

及至到了乡下，只见不过是两人口角，彼此揪扭因伤致死的一桩寻常命案，照例相验，填了尸格回来。(第十一回)

姑娘在盖头里低着头看着地下，只见眼前来了一双靴子脚，又见张姑娘一手拈起个盖头角儿，一手把着新郎的手，用一根红纸裹的新秤杆儿，把那块盖头往上只一挑，挑下来。(第二十八回)

原来他家的规矩，凡是婆儿媳妇们，无事都在廊下听差。(第四十回)

3. 作定语，有41例，如：

公子这才斯斯文文的指着墙根底下那个石头碌碡说道：“我烦你把这件东西给我拿到屋里去。”(第四回)

却说安老爷把何玉凤姑娘托付了舅太太之后，才得匀出精神，料理手下的事。(第二十三回)

可算不得天子脚底下的人，生长在江北淮安，住家在山东茌平，也有个小小的名声儿，人称我一声邓九公！(第三十一回)

4. 作状语，有89例，如：

新年下，安老爷、安太太把家中年事一过，便带了公子进城，拜过宗祠，到至亲本家几处拜望了拜望，仍旧回家。(第一回)

却慢慢的再看机会，眼下止莫惹他说出话来。(第二十二回)

今日这课是老翁特地要看看他的真面目，兄弟圈点起来，诱掖奖劝之下，未免总要看得宽些，竟是老翁自己来。(第三十四回)

5. 作补语，有96例，如：

才一转身，毛着腰要把那铜旋子放在地下，好去搀他师傅。(第六回)

安老爷见他这样至诚，倒也无法，只得也收在门下。(第三十九回)

《儿女英雄传》中“下”作为后置方位词时，其情况如下：

句法功能	作主语	作宾语	作定语	作状语	作补语
个数	67	137	41	89	96
频率	15.58%	31.86%	9.53%	20.70%	22.33%

由上表可知，《儿女英雄传》中“下”的句法功能比较全面，可以作主语、宾语、定语、状语、补语。大多用作宾语，占31.86%。其次多用作补语，作定语情况较少。

发展到《儿女英雄传》时期，作宾语的情况取代作状语占优势地位，达31.86%。作补语的情况也有所增加，占22.33%。此外这一时期没有出现作谓语的情况。

第三节　合成方位词的语义特征及其句法功能演变

一、派生方位词

发展到《儿女英雄传》时期，派生方位词有前缀式派生方位词“以上”“以下”和后缀式派生方位词“上头”“下边”“上面”“下面”“上首”“下首”。

1.“ 以上”“以下”。

(1)《儿女英雄传》中“以上”有2例，均表示时间义：

他的太翁纪延寿同他长兄纪望唐革职免罪，十五岁以上男族免死充军，女眷免给功臣为奴，独把他那助桀为虐的次子纪多文立斩。(第十八回)

因此邓九公走后，忙忙的便把书房收拾出来，一个人冷清清的下帷埋首，合那班三代以上的圣贤苦磨。(第三十二回)

(2)《儿女英雄传》中“以下”共有5例。

① 其中2例表示时间义：

此外三代以下，秦不足道也。讲英雄，第一个大略雄才的莫如汉高祖。(缘起首回)

然而细按去，那“三代以下惟恐不好名”这句话，不是句平静话。(第三十二回)

② 有3例表示等级义：

三来，他的那点聪明本不在何玉凤姑娘以下，况又受了公婆的许多锦囊妙计，此时转比何玉凤来的气壮胆粗。(第二十六回)

先把五魁的魁卷放在当中，又把第六名以下的中卷一束束挨次摆得齐整，然后才把那束备中的卷子另放一处。(第三十五回)

此时自安太太以下，都道老爷这一到家，为着公子出口，定有一番伤感，大家都提着全副精神应酬老爷。(第四十回)

2.“上头”“下边”“上面”“下面”“上首”“下首”。

(1)“上头”。

《儿女英雄传》中“上头”有50例。

①“上头”可表示空间义，如：

安老爷从上头下来，应酬了大家几句，回到下处吃了点东西，向应到的几处勉强转了一转，便回庄园上来。（第一回）

上头这几朵莲花，愿他姐妹俩和和气气的，再照这四个娃娃的数儿，每人给你父母抱俩孙孙。（第二十八回）

早有本号的号军从那个矮栅栏上头伸手把那人扛着的考具接过去。（第三十四回）

② 也可表示等级义，如：

如今调署了老爷，这是上头看承得老爷重，再不然，就是老爷京里的有甚么硬人情儿到了。这番调动，老爷可必得象模象样答上头的情，才使得呢！（第二回）

不过想着他二位穿了孝，参了灵，就算情理两尽了，究竟有伯父、伯母在上头；况且又是行路，就这样上路，断乎使不得。（第二十回）

我上头还有你一位大大爷，他从小儿就死了，我行二，我小时候的小名儿就叫作二鞑子。（第三十三回）

③ 还可指虚指方面义，表示“在某个条件、某个方面”，如：

论他的祖上，也曾跟着太汗老佛爷征过高丽，平过察哈尔，仗着汗马功劳上头挣了一个世职，进关以后累代相传，京官、外任都做过。（第一回）

奴才这个续妹妹却待奴才狠亲热，竟像他亲哥哥一般，也因这上头他父亲才肯留奴才住下。（第十四回）

姐姐别忙啊，要留那长生牌儿的道理，正在这一幅行乐图儿上头，说起来这话长着啊。（第二十九回）

(2)“下边”。

“下边”实指空间义，有2例，即：

上头罩着件蓝布琵琶襟的单紧身儿，紧身儿外面系着条河南褡包，下边穿着条香色洋布夹裤，套着双青缎子套裤，磕膝盖那里都麻了花儿了，露着桃红布里儿，右大腿旁拖露着一大堆纯泥的白绉绸汗巾儿，脚下包脚面的鱼白布袜子，一双大掖巴鱼鳞繖鞋，可是靸拉着。（第四回）

穿着件枣儿红的绛色棉袄，套着件桃红衬衣，戴着条大红领子，挽着双水红袖子，家常不穿裙儿，下边露着玫瑰紫的裤子，对着那一双四寸有余的金莲儿，穿着双藕色的小鞋子，颜色配合得十分匀衬。（第十五回）

（3）“上面”。

《儿女英雄传》中“上面”均实指空间义，有56例，如：

只见里面包着一块圆式砚台，用檀木盒儿装着，那块石头细腻精纯，那砚台盒子上面又密密的镌着铭跋字迹，端的是块宝砚。（第十回）

姑娘低头听完了那四句偈言，正待抬头细问原由，只见上面坐的那里是他父母？（第二十二回）

他此时才进门来，那一身家什已经压得满头大汗，正想找个地方歇歇再上去领卷子，看了看，那梅问羹还在那里候着，又有乌大爷的兄弟托诚村并两三个少年，都在墙脚下把考篮聚在一处，坐在上面闲谈。（第三十四回）

（4）“下面”。

“下面”共出现13例。

① 可以表示空间义，如：

下面穿一件大红绸绉甩裆中衣，脚下的裤腿儿看不清楚，原故是登着一双大红香羊皮挖云实纳的平底小靴子。（第六回）

原来这顶柜子里面中腰不安抽屉，下面也没槅板，那后面的背板，一扇到底，抹的油光水滑，像是常有人出入的样子。（第七回）

那时才听得众人一声喊，这十三妹早上面一刀削断了周三的钢鞭，下面趁势就是一个泼脚，把周三踢得爬在地下。（第十五回）

② 也可表示时间义，指文章或讲话中后于现在所叙述的部分，如：

下面“于是人物之生，因各得其所赋之理，以为五常健顺之德”，难道那物也晓得五常仁、义、礼、智、信不成？（第十八回）

那张进宝是喘得说不出话来，老爷便从他手里抢过那副大报单来，打开一看，见上面写着“捷报贵府安老爷，榜名骥，取中顺天乡试第六名举人”，下面还写着报喜人的名字，叫作“连中三元”。（第三十五回）

（5）“上首”。

“上首”共出现15例，均表示等级义，如：

他自己却在北面靠桌上首杌子上坐下，把那把刀放在桌儿里边靠墙。大家这才侧耳凝神，听他说他的来历。（第七回）

安老爷在堂屋上首向西坐着，看得逼真，看那人，约略不上三十岁，穿着件枣儿红的绛色棉袄，套着件桃红衬衣，戴着条大红领子，挽着双水红袖子，家常不穿裙儿……（第十五回）

他便把尹先生的一碗安在西间南炕炕桌上首，下首又给邓九公安了一碗，还剩一碗，说：“姑娘这里陪。”（第十七回）

（6）“下首”。

“下首”共有13例，均表示等级义，如：

公子便走到彩亭跟前，将西边那位请进门来，安在当地那张八仙桌上首；次后又将东边那位请来，安在下首。（第二十四回）

原来两座神主下首的旁边各镌着两行八个小字，归总又是一行三个大字，通共是十一个字，不但是写的，并且是刻的，刻的是“子婿安骥孝女玉凤同奉祀”。（第二十六回）

便忍了笑，扶了儿子出来，从靠南一带绕到下首，才待说话，只听他那里问着老爷道：“顾（这）个秀（就）四（是）嫂夫呐银（人）?”（第三十七回）

《儿女英雄传》时期派生方位词可以表示空间义、时间义、等级义、虚指方面义。空间义、等级义占优势地位。此外，《儿女英雄传》时期新增了“上首”“下首”。

发展到《儿女英雄传》时期，派生方位词的句法功能如下：

1.“以上”“以下”。

（1）“以上”。

“以上”放在体词性短语之后，构成方位短语作定语，有2例，即：

他的太翁纪延寿同他长兄纪望唐革职免罪，十五岁以上男族免死充军，女眷免给功臣为奴，独把他那助桀为虐的次子纪多文立斩。（第十八回）

因此邓九公走后，忙忙的便把书房收拾出来，一个人冷清清的下帷埋首，合那班三代以上的圣贤苦磨。（第三十二回）

（2）“以下”。

“以下”放在体词性短语之后，构成方位短语。

① 方位短语作主语，有1例，即：

然而细按去，那“三代以下惟恐不好名”这句话，不是句平静话。（第三十二回）

② 方位短语作宾语，有1例，即：

三来，他的那点聪明本不在何玉凤姑娘以下，况又受了公婆的许多锦囊妙计，此时转比何玉凤来的气壮胆粗。（第二十六回）

③ 方位短语作定语，有1例，即：

先把五魁的魁卷放在当中，又把第六名以下的中卷一束束挨次摆得齐整，然后才把那束备中的卷子另放一处。(第三十五回)

④ 方位短语作状语，有2例，即：

此外三代以下，秦不足道也。讲英雄，第一个大略雄才的莫如汉高祖。(缘起首回)

此时自安太太以下，都道老爷这一到家，为着公子出口，定有一番伤感，大家都提着全副精神应酬老爷。(第四十回)

2. “上头”“下边”“上面”“下面”“上首”“下首”。

(1)“上头”。

“上头”可以单独作句法成分。

①“上头”作主语，有8例，如：

身上穿着件月白棉绸小夹袄儿，上头罩着件蓝布琵琶襟的单紧身儿，紧身儿外面系着条河南褡包，下边穿着条香色洋布夹裤，套着双青缎子套裤，磕膝盖那里都麻了花儿了，露着桃红布里儿。(第四回)

胸前还挂着一盘金线菩提的念珠儿，又一个汉玉圈儿，拴着个三寸来长的玳瑁胡梳儿，羖种羊帽，四两重的红缨子，上头带着他那武秀才的金顶儿。(第二十四回)

假如把好地都尽庄头佃户占了，是坏地都算了主人家的额租，这却使不得。一总查明白了，听上头分派。(第三十三回)

向来放个要紧些的缺，军机见面时候，上头总有个斟酌。(第四十回)

② 作宾语，有5例，如：

不过想着他二位穿了孝，参了灵，就算情理两尽了，究竟有伯父、伯母在上头；况且又是行路，就这样上路，断乎使不得。(第二十回)

我们帮其实不去这荡差使倒误不了，我们那个新章京来的噶，你有本事给他搁下，他在上头就把你干下来了。(第三十四回)

说着，一面伸手拔下耳挖子，从上头褪下个黄纸帖儿来，口里一面说道：“老爷子，你老将才不是在月台上拣那字纸的时候儿吗，我这么冷眼儿瞧着，你老八成儿是个识文断字的。我才在老娘娘跟前求了一签，是求小人儿们的。”

③ 作定语，有3例，即：

这番调动，老爷可必得象模象样答上头的情，才使得呢！（第二回）

上头这几朵莲花，愿他姐妹俩和和气气的，再照这四个娃娃的数儿，每人给你父母抱俩孙孙。（第二十八回）

且不必问他是怎的个式样，就讲那上头的油泥，假如给了剃头的，便是使熟了的绝好一条杠刀布，却又合他那根安着猴儿头烟袋锅儿、黄白加黑冰裂纹儿的象牙烟袋嘴儿、颤巍巍的毛竹烟管两下里拿着。（第三十七回）

④ 作状语，有2例，即：

内中一个喜娘是个扬州人，才得二十来岁，倒也一点点一双小脚儿，他只顾上头扎煞着两只手拦众人，不防下面不知被那个一靴子脚踹在他小脚儿上。（第二十八回）

上头应酬着几位老家儿，又得张罗爷，那儿还能照应到这些零碎事儿呢！（第三十八回）

⑤ 作补语，仅有1例，即：

公子只得一步步的蹭上炕去，也想要把那包袱提起来，提了提，没提动，便两只手拉到炕里边，一屁股坐在上头，谨遵台命，一声儿不哼、稳风儿不动的听他怎生个作用。（第二回）

也可放在体词性或谓词性短语之后，构成方位短语，有31例。

①方位短语作主语，有3例，即：

我上头还有你一位大大爷，他从小儿就死了，我行二，我小时候的小名儿就叫作二鞑子。（第三十三回）

有前日那个九江客人给我的那御制诗盖碗儿，说那上头是当今佛爷作的诗，还有苏州总运二府送的那个甚么蔓生壶，合咱们得的那雨前春茶，你都拿出他来。（第十五回）

我只打量那上头有个甚么希希罕儿呢，也仰着个颜儿，一头儿往上瞧，一头儿往前走，谁知脚底下横不楞子爬着条浪狗，叫我一脚就造了他爪子上了。（第三十八回）

②方位短语作宾语，有25例，如：

早有本号的号军从那个矮栅栏上头伸手把那人扛着的考具接过去。（第三十四回）

论他的祖上，也曾跟着太汗老佛爷征过高丽，平过察哈尔，仗着汗马功劳上头挣了一个世职，进关以后累代相传，京官、外任都做过。（第一回）

奴才这个续妹妹却待奴才狠亲热，竟像他亲哥哥一般，也因这上头他父亲才肯留奴才住下。（第十四回）

姐姐别忙啊，要留那长生牌儿的道理，正在这一幅行乐图儿上头，说起来这话长着啊。（第二十九回）

③方位短语作状语，有2例，即：

我再请教：这尽孝的上头，父亲、母亲那一边儿重？（第十八回）

我还要请教：这尽孝的事情上头，为亲穿孝，为亲报仇，那一桩要紧？（第十八回）

④方位短语作补语，有1例，即：

等走到岗上头，把那小幺儿诳下牲口来，往那没底儿的山涧里一推，这银子行李可就属了你我哩。（第四回）

（2）“下边”。

“下边”作主语，有2例，即：

上头罩着件蓝布琵琶襟的单紧身儿，紧身儿外面系着条河南褡包，下边穿着条香色洋布夹裤，套着双青缎子套裤，磕膝盖那里都麻了花儿了，露着桃红布里儿，右大腿旁拖露着一大堆纯泥的白绉绸汗巾儿，脚下包脚面的鱼白布袜子，一双大拔巴鱼鳞褫鞋，可是靸拉着。（第四回）

穿着件枣儿红的绛色棉袄，套着件桃红衬衣，戴着条大红领子，挽着双水红袖子，家常不穿裙儿，下边露着玫瑰紫的裤子，对着那一双四寸有余的金莲儿，穿着双藕色的小鞋子，颜色配合得十分匀衬。（第十五回）

（3）“上面”。

“上面”可以单独作句法成分。

① 作主语，有35例，如：

那门上家人看了看礼单，见上面写着不过是些京靴、缙绅、杏仁、冬菜等件，便向巡捕官发话道：“这个官儿来得古怪呀！”（第二回）

又见上面有“如果审有赃款，即传旨革职，所有南河河道总督即着乌明阿暂署”的话。（第十三回）

那张进宝是喘得说不出话来，老爷便从他手里抢过那副大报单来，打开一看，见上面写着“捷报贵府安老爷，榜名骥，取中顺天乡试第六名举人”，

下面还写着报喜人的名字，叫作“连中三元”。（第三十五回）

一时端来，他看了雪白的一碗东西，上面还点着个红点儿，便觉可爱，接过来就嚷道：“哦哟，冰生冷的！只怕要拿点开水来冲冲吃罢?”（第三十八回）

② 作宾语，仅有1例，即：

一时喝完了茶，柳条儿又装上烟来，因见太太在上面坐着，他便隐着烟袋，递给他家大奶奶。（第二十五回）

③ 作定语，仅有1例，即：

只见上面的出语写的是：“请旨革职拿问，带罪赔修，俟该参员果否能于限内照数赔缴，如式修齐，再行奏闻请旨。”（第三回）

④ 作状语，有5例，如：

上面靠边却有个凿通了的关眼儿，想是为拴拴牲口，再不插根杆儿，晾晾衣裳用的。（第四回）

那时才听得众人一声喊，这十三妹早上面一刀削断了周三的钢鞭，下面趁势就是一个泼脚，把周三踢得爬在地下。（第十五回）

当下安老爷同邓九公对面坐了，叫公子同褚一官上面打横，褚大娘子也在下面坐了。（第十六回）

那里炕上早齐齐整整摆了一桌筵席，舅太太让安公子、何小姐上面并肩坐了，自己合张姑娘东西面相陪。（第二十八回）

⑤ 作补语，有7例，如：

那姑娘大马金刀的坐在上面，把眉一皱，说：“你怎么这么俗啊，起来!”（第八回）

原来是四根破柳竿子支着，上面又横搭了几根竹竿儿，把那砍了来作柴火的带叶松枝儿搭在上面晾着，就着遮了日旸儿，那就叫“松棚儿”！（第十四回）

公子打开一看，却是簇新新的一分龙凤庚帖，从那帖套里抽出来，从头至尾看了一遍，原来自己同何玉凤的姓氏、年岁、生辰并那嫁娶的吉日，都开在上面，不觉十分诧异，说道：“这，这，这是怎的一桩事？我莫不是在此作梦?”（第二十三回）

又有乌大爷的兄弟托诚村并两三个少年，都在墙脚下把考篮聚在一处，坐在上面闲谈。（第三十四回）

“上面”还可以放在体词性短语之后，构成方位短语，有7例。

①方位短语作主语，有3例，即：

说着，从怀里掏出一个小小的布包来，打开，只见里面包着一块圆式砚台，用檀木盒儿装着，那块石头细腻精纯，那砚台盒子上面又密密的镌着铭跋字迹，端的是块宝砚。(第十回)

当中放着连三抽屉桌，被格上面安着镜台妆奁，以至茶筅漱盂许多零星器具。(第二十九回)

那上面却供着一座小小的牌位，牌位后面又悬一轴堂幅横披，却用银红蝉翼绡罩着，看不清楚是甚么佛像。(第二十九回)

②方位短语作宾语，有3例，即：

那女子这番不闪了，他把柳腰一摆，平身向右一折，那棍便擦着左肋奔了肋下去；他却扬起左胳膊，从那棍的上面向外一绰，往里一裹，早把棍绰在手里。

父亲半世苦功都在这砚台上面，临起身，珍珍重重的赏给我说，叫我好好用功，对了这砚台，就如同对着老人家一般，不可违背平日教训，日后到任上还要交还老人家。

顾先生也不破他的杆子，只把右腿一撤，左腿一踅，前身一低，纪献唐那条杆子早从他脊梁上面过去，使了个空。

③方位短语作定语，仅有1例，即：

因笑道：“姑娘，你不见那上面四个字写得是‘七宝莲池’，这池里面的水就叫作‘八功德水’，这是西方救度众生离苦恼的一个慈悲源头。”

(4)“下面”。

“下面”均单独作句法成分。

① 作主语，共11例，如：

下面穿一件大红绸绉甩裆中衣，脚下的裤腿儿看不清楚，原故是登着一双大红香羊皮挖云实纳的平底小靴子。(第六回)

原来这顶柜子里面中腰不安抽屉，下面也没榻板，那后面的背板，一扇到底，抹的油光水滑，像是常有人出入的样子。(第七回)

下面“于是人物之生，因各得其所赋之理，以为五常健顺之德”，难道那物也晓得五常仁、义、礼、智、信不成?(第十八回)

那张进宝是喘得说不出话来，老爷便从他手里抢过那副大报单来，打开一看，见上面写着“捷报贵府安老爷，榜名骥，取中顺天乡试第六名举人”，下面还写着报喜人的名字，叫作“连中三元”。（第三十五回）

② 作宾语，仅有1例，即：

当下安老爷同邓九公对面坐了，叫公子同褚一官上面打横，褚大娘子也在下面坐了。（第十六回）

③ 作状语，仅有1例，即：

那时才听得众人一声喊，这十三妹早上面一刀削断了周三的钢鞭，下面趁势就是一个泼脚，把周三踢得爬在地下。（第十五回）

（5）“上首”。

“上首”可以单独作句法成分。

① 作定语，有2例，即：

姑娘过来仔细一看，只见上首那座牌位镌的字是：“皇清诰授振威大夫何府君神主”，下首那座是：“皇清诰封夫人何母尚太君神主”。（第二十四回）

上首横头坐着个美人，穿着大红衫儿，湖色裙儿，面前安着个博山炉，在那里添香。（第二十九回）

② 作宾语，有4例，如：

邓九公道：“姑娘，既这么说，可得过上首去。怎么说呢？这里头有个说则：假如你二位老人家在，他们小两口儿磕头的时候，他二位还一揖答两拜，也只好站在上首，断没在下首的。（第二十四回）

舅太太便叫把桌子横过来，让褚大娘子坐了上首，自己下首相陪。（第二十七回）

今日这何姑娘占了个上首，一则是他第一天进门；二则也是张姑娘的意思。（第二十八回）

③ 作补语，仅有1例，即：

舅太太坐在上首，便往后挪了一挪，拉着姑娘说：“‘亲不间友’，咱们这么坐着亲香。”（第二十二回）

“上首”放在体词性短语之后，构成方位短语。

①方位短语作主语，仅有1例，即：

姑娘起初也不留心他叨叨的是些甚么，及至赞到那个“跪”字，只觉自己上

首有个人咈哧咈哧的已经跪下了，自己不由得也就随着他跪下。（第二十八回）

②方位短语作宾语，有3例，即：

他自己却在北面靠桌上首杌子上坐下，把那把刀放在桌儿里边靠墙。大家这才侧耳凝神，听他说他的来历。（第七回）

安老爷在堂屋上首向西坐着，看得逼真，看那人，约略不上三十岁，穿着件枣儿红的绛色棉袄，套着件桃红衬衣，戴着条大红领子，挽着双水红袖子，家常不穿裙儿……（第十五回）

这里张姑娘便让公子在靠妆台一张桌儿上首坐了，他姊妹两个对面相陪。（第二十八回）

③方位短语作补语，有4例，即：

只见那人是个端正清奇不胖不瘦的容长脸儿，一口微带苍白疏疏落落的胡须，身穿一副行装，头上戴个金顶儿，桌子上放着一个蓝毡帽罩子，身上背的正是他那张砑金镂银铜胎铁背打二百步开外的弹弓，坐在那南炕的上首。（第十七回）

他便把尹先生的一碗安在西间南炕炕桌上首，下首又给邓九公安了一碗，还剩一碗，说：“姑娘这里陪。”（第十七回）

公子便走到彩亭跟前，将西边那位请进门来，安在当地那张八仙桌上首；次后又将东边那位请来，安在下首。（第二十四回）

说着，便坐在姑娘对面上首，看他装扮起来益发面如满月，皓齿修眉，不禁越看越爱。（第二十七回）

（6）“下首”。

“下首”可以单独作句法成分。

① 作主语，仅有1例，即：

下首也坐着个美人，穿着藕色衫儿，松绿裙儿，面前支着个绣花绷子，在那里挑绣。（第二十九回）

② 作宾语，有4例，即：

姑娘便在下首陪拜。（第二十四回）

张姑娘此时早过去在西边站了下首。（第二十四回）

假如你二位老人家在，他们小两口儿磕头的时候，他二位还一揖答两拜，也只好站在上首，断没在下首的。（第二十四回）

舅太太便叫人在下首给他铺了个大红坐褥坐下，说：“这可不许动了。”

(第二十七回)

③ 作定语，仅有1例，即：

姑娘过来仔细一看，只见上首那座牌位镌的字是：“皇清诰授振威大夫何府君神主”，下首那座是：“皇清诰封夫人何母尚太君神主”。

④ 作状语，有2例，即：

他便把尹先生的一碗安在西间南炕炕桌上首，下首又给邓九公安了一碗，还剩一碗，说：“姑娘这里陪。”(第十七回)

舅太太便叫把桌子横过来，让褚大娘子坐了上首，自己下首相陪。(第二十七回)

⑤ 作补语，有3例，即：

公子便走到彩亭跟前，将西边那位请进门来，安在当地那张八仙桌上首；次后又将东边那位请来，安在下首。(第二十四回)

张姑娘倒臊了个小脸通红，便转到下首，向何玉凤深深道了个万福，尊声：“姐姐。”(第二十八回)

便忍了笑，扶了儿子出来，从靠南一带绕到下首，才待说话，只听他那里问着老爷道：“顾（这）个秀（就）四（是）嫂夫呐银（人)?”(第三十七回)

“下首”还可放在体词性短语之后，构成方位短语。

①方位短语作定语，如：

原来两座神主下首的旁边各镌着两行八个小字，归总又是一行三个大字，通共是十一个字，不但是写的，并且是刻的，刻的是“子婿安骥孝女玉凤同奉祀”。(第二十六回)

②方位短语作补语，如：

便放在靠北壁子地桌下首。(第十七回)

总的来说，《儿女英雄传》中的派生方位词句法功能比较全面，可以自由作句法成分，也可构成方位短语。单独作句法成分与构成方位短语再作成分均可作主语、宾语、定语、状语、补语。

二、复合方位词

发展到《儿女英雄传》时期，复合方位词有“上下”“上上下下”“内外上下”。

1. “上下”。

《儿女英雄传》中“上下”共有33例。

（1）表示空间义，如：

呆了半晌，他忽然把眉儿一扬，胸脯儿一挺，拿那把刀上下一指，说道：“痴丫头！你看，这上面是甚么？下面是甚么？便是明里无人，岂得暗中无神？”（第六回）

这位姑娘的小解法就与那金凤姑娘大不相同了，浑身上下本就只一件短袄，一条裤子，莫说裙子，连件长衣也不曾穿着。（第九回）

一面留神上下把姑娘一打量，只见虽然出落得花容月貌，好一似野鹤闲云，那小时节的面庞儿还仿佛认得出来，一眼就早看见了他左右鬓角边必正的那两点朱砂痣。（第十七回）

（2）表示等级义，如：

上下一行人便搬运行李，暂在公馆住下。（缘起首回）

一时，上下大家吃完。安老爷早同邓九公从家里吃得一饱，前来看望姑娘，合姑娘寒暄了几句，姑娘便依然跪在灵旁尽哀尽礼。（第二十一回）

里头两位少奶奶带着一群仆妇丫鬟，上下各屋里甚至茶房、哈什房都找遍了，甚么人儿甚么物儿都不短，只不见了张亲家太太。（第三十五回）

（3）表示时间义，如：

只我从开辟以来，掌了这座天关，纵横九万里，上下五千年，求其儿女英雄、英雄儿女一身兼备的，也只见得两个：一个是上古女娲氏。（缘起首回）

只有明年十月最好，安葬吉期，上下半月都容易选择。（第二十三回）

其实轮到自己身上，你就那上下两本《论语》看看，他老人家又那一时、那一处不受着些怨？（第三十九回）

（4）表示数量义，如：

儿子此番带来约有七千金上下光景，便不候乌克斋的信，想也足用了。

（第十二回）

那身材足有六尺上下来高；一张肉红脸，星眼剑眉，高鼻子大耳朵。（第十五回）

安公子才得二十岁上下的一个美少年，巍然高坐受这班新贵的礼，大家看了，好不替他得意。一时，释褐礼成。（第三十八回）

2. “上上下下”。

“上上下下”共有12例。

（1）表示虚指范围义，如：

里里外外上上下下轰轰乱乱匆匆忙忙的吃了一顿饭，把个褚大娘子忙了个手脚不闲。（第十七回）

上上下下三四个茅厕都找到了，也没有亲家太太。（第三十五回）

正上上下下里里外外忙成一处，这个当儿，公子差来的人也到了。（第三十六回）

（2）表示等级范围义，如：

这样商量定了，过了明日后日两天，就可上路，也省得伯父上上下下人马山集的在此久住。（第二十回）

这是这屋里上上下下三四十人亲眼见的，难道是我张金凤无中生有的造谣言哪，是独姐姐你没看见呢，还是你也看见了不信呢？（第二十六回）

向来脸软，经不得几句好话儿，这可是主儿家的事情，上上下下大家的吃用，别竟作好好先生，临期自误。（第三十六回）

3. “内外上下”。

“内外上下”共有2例，均表示虚指范围义，即：

这安老爷家通共算起来，内外上下也有三二十口人，虽然算不得簪缨门第、钟鼎人家，却倒过得亲亲热热，安安静静，与人无患，与世无争，也算得个人生乐境了。（第一回）

即如东家从北京到此，盘费日用，府上衙门，内外上下那一处不是用钱的？况且京中各当道大老，合本省的层层上司，以至同寅相好，都要应酬的到，尤其不容易。（第二回）

总的来说，《儿女英雄传》中复合方位词有“上下”“上上下下”“内外上下”。在这一时期，“上下”的语义特征可以指空间义、等级义、时间义和数量义；“上上下下”不再实指空间义，而表示虚指范围义和等级义；“内外上下”也表示虚指范围义。

发展到《儿女英雄传》时期，复合方位词的句法功能如下：

1. “上下”。

《儿女英雄传》中“上下”可以单独作句法成分。

（1）作主语，有3例，即：

再讲这个地方儿，内里就是我们娘儿们上下几个人，外头就止张亲家老爷合看坟的，又合庙里差甚么呢？（第二十三回）

日月行走，既互有迟疾，躔度又各有高下，行得迟疾高低，上下相值。（第三十四回）

登时上下鼎沸起来。（第三十五回）

（2）作宾语，有2例，即：

他也脱去马褂，抖开他那兵器，原来也是把钢鞭，合我这鞭的斤两正不差上下。（第十五回）

是算叫他合赵色空凑对儿去，还是合陈妙常比个上下高低呢？（第二十三回）

（3）作状语，有11例，如：

呆了半晌，他忽然把眉儿一扬，胸脯儿一挺，拿那把刀上下一指，说道：“痴丫头！你看，这上面是甚么？下面是甚么？便是明里无人，岂得暗中无神？”（第六回）

那掌柜的听了，把安公子上下一打量，问道：“客人，你问的可是那承办高家堰堤工冤枉被参的安太老爷的家眷么？”（第十一回）

一面留神上下把姑娘一打量，只见虽然出落得花容月貌，好一似野鹤闲云，那小时节的面庞儿还仿佛认得出来，一眼就早看见了他左右鬓角边必正的那两点朱砂痣。（第十七回）

（4）作定语，有12例，如：

只我从开辟以来，掌了这座天关，纵横九万里，上下五千年，求其儿女英雄、英雄儿女一身兼备的，也只见得两个：一个是上古女娲氏。（缘起首回）

只有明年十月最好，安葬吉期，上下半月都容易选择。（第二十三回）

其实轮到自己身上，你就那上下两本《论语》看看，他老人家又那一时、那一处不受着些怨？（第三十九回）

“上下”放在体词性短语之后，构成方位短语。

(1) 方位短语作主语，有2例，即：

这位姑娘的小解法就与那金凤姑娘大不相同了，浑身上下本就只一件短袄，一条裤子，莫说裙子，连件长衣也不曾穿着。(第九回)

这回书话表安老爷家报喜的一声报道公子中了，并且中得高标第六，阖家上下欢喜非常。(第三十六回)

(2) 方位短语作宾语，有2例，即：

儿子此番带来约有七千金上下光景，便不候乌克斋的信，想也足用了。(第十二回)

那身材足有六尺上下来高；一张肉红脸，星眼剑眉，高鼻子大耳朵。(第十五回)

(3) 方位短语作定语，有1例，即：

安公子才得二十岁上下的一个美少年，巍然高坐受这班新贵的礼，大家看了，好不替他得意。一时，释褐礼成。(第三十八回)

2. “上上下下”。

(1) 作主语，有5例，如：

里里外外上上下下轰轰乱乱匆匆忙忙的吃了一顿饭，把个褚大娘子忙了个手脚不闲。(第十七回)

当下满屋里的人，只有太太支应着回答，其余亲族女眷，上上下下大大小小，无一不掩口而笑。(第二十八回)

正上上下下里里外外忙成一处，这个当儿，公子差来的人也到了。(第三十六回)

(2) 作定语，有4例，即：

这样商量定了，过了明日后日两天，就可上路，也省得伯父上上下下人马山集的在此久住。(第二十回)

这是这屋里上上下下三四十人亲眼见的，难道是我张金凤无中生有的造谣言哪，是独姐姐你没看见呢，还是你也看见了不信呢？(第二十六回)

上上下下三四个茅厕都找到了，也没有亲家太太。(第三十五回)

向来脸软，经不得几句好话儿，这可是主儿家的事情，上上下下大家的吃用，别竟作好好先生，临期自误。(第三十六回)

（3）作状语，有2例，即：

舅太太看他吃了东西，便上上下下花团锦簇围随了出来。（第二十七回）

连金、玉姊妹合珍姑娘以至他家那班有些头脸的婆儿媳妇合几个大些的女孩子，一时上上下下乱乱轰轰挤了一屋子人，里三层外三层，把老爷合公子围了个风雨不透，都挤着要听听这到底是怎么一桩事。（第四十回）

“上上下下”放在名词性短语之后，构成方位短语，再作宾语，仅1例：

更兼他天生得落落大方，不似那羞手羞脚的小家气象。再看看安家的上上下下，那个也不是蓦生人。（第二十九回）

3.“内外上下”。

（1）“内外上下”作主语，仅1例，即：

这安老爷家通共算起来，内外上下也有三二十口人，虽然算不得簪缨门第、钟鼎人家，却倒过得亲亲热热，安安静静，与人无患，与世无争，也算得个人生乐境了。（第一回）

（2）作定语，仅1例，即：

即如东家从北京到此，盘费日用，府上衙门，内外上下那一处不是用钱的？况且京中各当道大老，合本省的层层上司，以至同寅相好，都要应酬的到，尤其不容易。（第二回）

由此可知，《儿女英雄传》中复合方位词句法功能较为全面，可以单独作句法成分，可以与体词性短语结合构成方位短语。“上下”“上上下下”均能构成方位短语再作成分，而“内外上下”只能作主语和宾语，有且仅有1例。

下　编

汉语方位词“内”“外”“里”“中”发展演变史

第七章　先秦至魏晋南北朝“内”“外”“里”“中”的历时演变[①]

在汉语的众多方位词当中，“内”“外”“里”“中”所构成的方位体系是十分重要的一部分，与其他方位词不同的是，这四个方位词所构成的空间概念大多是三维空间。从它们的起源来看，“内”，从冂从入，冂表示蒙盖，入表示进入之义，“内”表事物被蒙盖在里面之义，后引申为“里面”之义，与“外”相对。“外”，《广韵》：“鱼会切，内之对，表也。”《说文解字》：“外，远也。卜尚平旦，今若夕卜，于事外矣。会意。”“外”从夕从卜，与占卜和夜晚有关，有两种解释，一种指的是通常在白天占卜，如在夜里占卜，表明边疆（外）有事，另一种指的是因为要在外过夜，故要卜问吉凶。“里”原作“裏”，本义为衣服的里子，后引申为事物的里面、内部，与“外”相对。“中”，《说文解字·丨部》：“中，内也。从口；丨，上下通。”本义为内、里，引申为中间，一定范围内适中的位置。

从先秦至魏晋南北朝，方位词“内”“外”“里”“中”在句法和语义上发生了一定的转变，我们对先秦的代表性文献《左传》和魏晋时期的《世说新语》进行穷尽分析和描写，以期从中发现方位词体系的发展变化规律。

---

① 首先要说明的是，本文的讨论对象是方位词，当“内”“外”“里”“中”作动词或其他与方位意义无关的用法时不在本文讨论范围，例如：“士匄请见，弗内。”（《左传·襄公十九年》）“自郢及我九百里，焉能害我?”（《左传·僖公十二年》）“齐氏射公，中南楚之背，公遂出。”（《左传·昭公二十年》）除此之外，“内”“外”“里”“中”用作人名、地名、官名等其他专有词时也不作讨论。

第一节 单纯方位词“内”“外”“里”“中”的语义演变

一、空间义的演变

在《左传》中，“里”可以看作方位词的用法仅出现 1 例①，有学者认为这是“里”作方位词的起源，这里的“里”也可以看作是名词，如：

若其不捷，表里山河，必无害也。（僖公二十八年）

除“里”之外，先秦时期的“内”“外”“中”主要表空间义，分为两大类，一类为实指具体空间，“内”有 12 例，其中有单纯空间义，计 4 例，如：

公与昭子言于幄内，曰将安众而纳公。（昭公二十五年）

有表示某一界限或范围，计 8 例，如：

卫人逆之，妇人哭于门内，送亦如之。（成公二年）
封略之内，何非君土？（昭公七年）

“外”有 91 例，表单纯空间义的有 89 例，如：

天子蒙尘于外，敢不奔问官守。（僖公二十四年）
晋侯在外十九年矣，而果得晋国。（僖公二十八年）
九月，卫穆公卒，晋二子自役吊焉，哭于大门之外。（成公二年）

表范围的有 2 例，如：

大隧之外，其乐也泄泄！（隐公元年）
圉人荦自墙外与之戏。（庄公三十二年）

“中”有 73 例，表单纯空间义的有 66 例，如：

明日，绞人争出，驱楚役徒于山中。（桓公十二年）
公使阳处父追之，及诸河，则在舟中矣。（僖公三十三年）
乃谋弑懿公，纳诸竹中。（文公十八年）

---

① 《左传》时期“里”的用法主要是指称长度单位、人名、地名以及一些专有名词。

表范围的有7例，如：

大隧之中，其乐也融融！(隐公元年)
费请先入，伏公而出，斗，死于门中。(庄公八年)
及晋围卫，午以徒七十人门于卫西门，杀人于门中。(定公十年)

可以看出，从语义上来说“内”“中”是近义词，和“外”是相对的，所以数量上也大致对等，并且都以单纯空间义为主，少数表示范围。

另一类为虚指空间义，“内”有10例表示抽象空间概念，如：

齐惠栾、高氏皆耆酒，信内多怨，强于陈、鲍氏而恶之。(昭公十年)
纵有共其外，莫共其内，臣请往也。(襄公二十六年)

“外”有1例，即：

纵有共其外，莫共其内，臣请往也。(襄公二十六年)

“中”有6例，表示抽象空间有5例，如：

斗廉衡陈其师于巴师之中，以战，而北。(桓公九年)
邧夫人使弃诸梦中，虎乳之。(宣公四年)
桓子不知所为，鼓于军中曰：“先济者有赏。”(宣公十二年)

还有1例表示抽象范围的：

从之，入于人中。(襄公二十二年)

具体分布情况如下表：

	实指空间	实指范围	虚指空间	虚指范围
内	4	8	10	0
外	89	2	1	0
中	66	7	5	1

魏晋时期的方位词“内”“外”“里”“中”仍然以表示空间义为主，以《世说新语》为例，其中“内”表空间义有27例，其中，实指空间的有15例，如：

华歆遇子弟甚整，虽闲室之内，严若朝典。(德行第一)
郗犹在帐内。(雅量第六)

何晏七岁，明慧若神，魏武奇爱之，以晏在宫内，因欲以为子。(夙慧第十二)。

实指范围的有8例，如：

不徒东南之美，实为海内之秀。(言语第二)
冰为起大舍，市奴婢，使门内有百斛酒，终其身。(任诞第二十三)
坐少时，王便入门内，谢殊有欣色，以为厚待己。(简傲第二十四)

表虚指空间义的有4例，如：

后因月朝阁下伏，公于内走马直出突之，左右皆宕仆，而王不动。(雅量第六)
东海家内，则郝夫人法，京陵家内，范锺夫人之礼。(贤媛第十九)

“外”在《世说新语》中作为方位词出现的情况和“内”大体相同，其中表空间义的有34例，实指空间的有13例，如：

桓式年少，从外来。(政事第三)
钟会撰《四本论》始毕，甚欲使嵇公一见。置怀中，既定，畏其难，怀不敢出，于户外遥掷，便回急走。(文学第四)
庾园客诣孙监，值行，见齐庄在外，尚幼，而有神意。(排调第二十五)

实指范围有9例，好：

元方时年七岁，门外戏。(方正第五)
明公方以孝治天下，而阮籍以重丧显于公坐饮酒食肉，宜流之海外，以正风教。(任诞第二十三)

表虚指空间义的，仅有1例，如：

沙门虽云俗外，反更束于教，非情性自得之谓也。(轻诋第二十六)

表虚指范围的有11例，如：

王之学华，皆是形骸之外，去之所以更远。(德行第一)
向秀于旧注外为解义，妙析奇致，大畅玄风，唯秋水、至乐二篇未竟而秀卒。(文学第四)
支卓然标新理于二家之表，立异义于众贤之外，皆是诸名贤寻味之所不得。(文学第四)

“里”在《世说新语》中作方位词的用例最少，仅5例，且都表实指空间，如：

王珣先在内，桓语王：“卿尝欲见相王，可住帐里。”（容止第十四）

顾长康画谢幼舆在岩石里。（巧艺第二十一）

王君夫尝责一人无服余衵，因直内着曲阁重闺里，不听人将出。（汰侈第三十）

“中”在《世说新语》中作为方位词出现的次数最多，兼具空间义、时间义和引申义三种语义特征，其中表空间义的情况最多，有153例，表实指空间义的有111例，如：

管宁、华歆共园中锄菜，见地有片金，管挥锄与瓦石不异，华捉而掷去之。（德行第一）

陈太丘诣荀朗陵，贫俭无仆役，乃使元方将车，季方持杖后从，长文尚小，载着车中。（德行第一）

小吏盗池中鱼，纲纪推之。（政事第三）

表虚指空间的有37例，如：

古诗中何句为最？（文学第四）

下官家中先得婚处。（方正第五）

卿州吏中有一令仆才。（雅量第六）

表虚指范围的有5例，如：

面如凝脂，眼如点漆，此神仙中人。（容止第十四）

	实指空间	实指范围	虚指空间	虚指范围
内	15	8	4	0
外	13	9	1	11
里	5	0	0	0
中	111	0	37	5

从两张表格反映的数据来看，在表示空间义时，魏晋时期的口语更多地出现“中”，“内”和“外”的使用有所减少，而“里”从先秦发展到魏晋南北朝仍然没有正式进入该方位体系中。

二、时间义的演变

《左传》中的方位词极少数表时间义，“内”没有出现表时间义的用法，“外”仅有1例，即：

越十年生聚，而十年教训，二十年之外，吴其为沼乎！（哀公元年）

“中”出现7例，如：

在位之中，一朝于襄，而再见于君。（文公十七年）
七年之中，一与一夺，二三孰甚焉。（成公八年）
八年之中，九合诸侯，如乐之和，无所不谐。（襄公十一年）

具体分布如下：

	内	外	中
时间义	0	1	7

“内”“外”“里”在《世说新语》中都没有出现表时间义的用法，只有“中”有12例，如：

太保居在正始中，不在能言之流。（德行第一）
于病中犹作汉晋春秋，品评卓逸。（文学第四）
魏武常云：“我眠中不可妄近，近便斫人，亦不自觉。左右宜深慎此！”（假谲第二十七）

三、引申义的演变

除了表示空间义，方位词“内”“外”“里”“中”还有很多从方位义引申出来的语义特征，[①]“内”有17例，有表示亲疏关系的，一般和“外”成

① 一般与方位词的空间隐喻有关，譬如人们习惯把房间里、家里的看得更亲密，而外面的相对疏远，所以最初表示“里面”这一空间义的方位词往往会引申表示亲近，而“外面”这一空间义则表示疏远。

对出现，也有单独使用的情况，计8例①，如：

君多内宠，子无大援，将不立。（桓公十一年）
我以郑为内臣，君亦无所不利焉。（僖公七年）
寺人惠墙伊戾为大子内师而无宠。（襄公二十六年）

表示一个地方或一个群体的内部的人或物，这一引申义是由空间义引申用作指代这一空间内的人或物，计3例，如：

虽尽敌，犹有内谗，不如违之。（闵公二年）
靖诸内而败诸外，所获几何？（僖公二十七年）

还有从方位义“内部”引申为指代内部的处所，仅有1例，即：

今君内实有四姬焉，其无乃是也乎？（昭公元年）

由方位义引申为表示方向，计3例，如：

赂秦伯以河外列城五，东尽虢略，南及华山，内及解梁城，既而不与。（僖公十五年）
锐师伐河内，传必数日而后及绛。（定公十三年）

由事物的空间义“内”引申为表示内心、身体内部，计2例，即：

盍姑内省德乎？（僖公十九年）
女，阳物而晦时，淫则生内热惑蛊之疾。（昭公元年）

“外”作引申义的有27例，表示亲疏关系的有8例，如：

瑕覆于周氏之汪，外仆髡屯禽之以献。（僖公三十三年）
骊姬嬖，欲立其子，赂外嬖梁五，与东关嬖五，使言于公曰。（庄公二十八年）
若从君之惠而免之，以赐君之外臣首。（成公三年）

表示人或事物的外表，仅有1例，即：

乱气狡愤，阴血周作，张脉偾兴，外强中干。（僖公十五年）

表示事物或群体的外部，这一引申义一般存在与其相对的空间隐喻，首

① “外”表亲疏关系时还会表示母亲、妻子、姐妹或儿女方面的亲属，与现代汉语相同，在《左传》出现“外弟”“外妹”，我们把这看作固定的用法，不列入方位词的讨论。

先要有一个单位或群体存在，有内部才会有与之相对的外部，共计 14 例，如：

其怀柔天下也，犹惧有外侮，扞御侮者莫如亲亲，故以亲屏周。（僖公二十四年）

凡君即位，卿出并聘，践修旧好，要结外援，好事邻国，以卫社稷，忠信卑让之道也。（文公元年）

子召外盗而大礼焉，何以止吾盗？（襄公二十一年）

表示其他，与“本”相对，计 4 例，如：

敝邑之往，则畏执事，其谓寡君“而固有外心”。（昭公三年）

或淫于外州，外州人夺之轩以献。（哀公十一年）

师侵外州，大获。（哀公二十六年）

“中”作引申义的有 61 例，表示内心的有 1 例，即：

信不由中，质无益也。（隐公三年）

表示次序义的有 52 例，这一引申义是从“中”表示“中间”引申出来的，如：

王为中军；虢公林父将右军，蔡人、卫人属焉；周公黑肩将左军，陈人属焉。（桓公五年）

其后余从狄君以田渭滨，女为惠公来求杀余，命女三宿，女中宿至。（僖公二十四年）

晋侯作三行以御狄，荀林父将中行，屠击将右行，先蔑将左行。（僖公二十八年）

表示人或事物的内在，仅 1 例，即：

乱气狡愤，阴血周作，张脉偾兴，外强中干。（僖公十五年）

表示等级义的有 4 例，这一引申义与上文所举的次序有相同之处，但我们还是对其进行了分开讨论。

次国之上卿当大国之中，中当其下，下当其上大夫。小国之上卿当大国之下卿，中当其上大夫，下当其下大夫。（成公三年）

君子之行也，度于礼，施取其厚，事举其中，敛从其薄。（哀公十一年）

由等级义“中等”引申为表示中等人、普通人，有 3 例，如：

黄，中之色也。裳，下之饰也。元，善之长也。中不忠，不得其色。（昭公十二年）

	亲疏	内/外部	内部处所	方向	内心/身体	内在/外表	其他	次序	等级	中等人
内	8	3	1	3	2	0	0	0	0	0
外	8	14	0	0	0	1	4	0	0	0
中	0	0	0	0	1	1	0	52	4	3

《世说新语》中“内”“外”“里”“中”表引申义的用例较《左传》时期大大减少，“内”有6例，表亲疏关系的有2例，即：

昔者祁奚内举不失其子，外举不失其雠，以为至公。（言语第二）
亡祖、先君，名播海内，远近所知；内讳不出于外。（赏誉第八）

表示集体内部，有1例，即：

谢太傅寒雪日内集，与儿女讲论文义。（言语第二）

引申为皇宫，有1例，即：

帝大怒，还内，作手诏满一黄纸，遂付廷尉令收，因欲杀之。（方正第五）

表示内心的，有1例，即：

阮光禄在东山，萧然无事，常内足于怀。（栖逸第十八）

表示人的内在，有1例，即：

王平子形甚散朗，内实劲侠。（谗险第三十二）

“外”表引申义有10例，由空间义“外面”引申为表示“外面的人”，计3例，即：

外请杀车中牛祭神。（德行第一）
雍盛集僚属自围棋，外启信至，而无儿书，虽神气不变，而心了其故，以爪掐掌，血流沾褥。（雅量第六）
桓玄西下，入石头，外白：“司马梁王奔叛。”（豪爽第十三）

表示亲疏关系，有4例，如：

公曰：“外人论殊不尔。”王曰：“外人那得知。”（品藻第九）

表示人或群体的外部，有2例，即：

何欲立嗣子，庾及朝议以外寇方强，嗣子冲幼，乃立康帝。（方正第五）

昔匠石废斤于郢人，牙生辍弦于钟子，推己外求，良不虚也。（伤逝第十七）

表示其他，与“本”相对，有1例，即：

后会诸吏，闻寿有奇香之气，是外国所贡，一着人则历月不歇。（惑溺第三十五）

“中”作引申义的用法只有2例，1例是由“中”来承担“日中”的含义，表示中午，即：

过中不至，太丘舍去，去后乃至。（方正第五）

仅有1例表等级义，意为中等、普通，即：

极进，然故是第二流中人①耳。（品藻第九）

	亲疏	内部	皇宫	内心	内在	外面的人	外部	其他	中午	等级
内	2	1	1	1	1	0	0	0	0	0
外	4	0	0	0	0	3	2	1	0	0
中	0	0	0	0	0	0	0	0	1	1

根据上文的数据绘制《左传》中的方位词“内”“外”“里”“中”的语义特征分布情况如下表：

① 《左传》中直接用“中”表示中等人、普通人，而发展到《世说新语》时期则用双音节词中人代替，“中”由名词变为形容词。

	空间义	时间义	引申义
内	22	0	17
外	92	1	27
里	1	0	0
中	79	7	61

《世说新语》中的方位词“内”“外”“里”“中”的语义特征分布情况如下表：

	空间义	时间义	引申义
内	27	0	6
外	34	0	10
里	5	0	0
中	153	12	2

不难看出，在先秦时期的方位词“内”“外”“里”“中”主要表空间义，引申义的用法也比较常见，类别很多，而表时间的用法则非常少，但已初见端倪。表示与“外”相对的意思时主要由“中”来承担，“内”“里”的用法还比较弱势。这一时期的“内”“外”“里”“中”还很少用来表示封闭的空间，多为虚指的空间或者某个群体。很明显，这一时期的“内”“外”“里”“中”还处在发展的初期。

发展到魏晋南北朝时期，方位词“内”“外”“里”“中”有了很大的改变。从语义来看，方位词表引申义大大减少，不仅用例减少，分类数量也相应降低，基本以表空间义为主，时间义的用法依然只有“中”出现，方位词“里”的使用稍有增加，但仍然在萌发阶段。

从先秦到魏晋南北朝，变化最为明显的方位词“中”的用例大大增加了，而“外”却呈下降态势，可以看出在魏晋时期空间义“里面”和“外面”是不对称分布的。表引申义的用法在数量上减少了，基本类别也有所减少但大体不变。而表时间义的变化并不明显。

第二节　单纯方位词“内”“外”“里”“中”的句法演变

如上文所述，“里”在《左传》中仅1例，作定语出现，即“若其不捷，表里山河，必无害也”（僖公二十八年），不再赘述。下面具体分析对“内”“外”“中”的句法考察情况。

《左传》中方位词“内”“外”“中”主要是在句中单独作句法成分，很少出现方位词合用的情况，也没有合成方位词，具体情况如下：

1. 作主语。

“内”作主语有3例，即：

今君内实有四姬焉，其无乃是也乎？（昭公元年）

举八元，使布五教于四方，父义、母慈、兄友、弟共、子孝，内平外成。（文公十八年）

外强内温，忠也。（昭公十二年）

“外”作主语有4例，如：

乱气狡愤，阴血周作，张脉偾兴，外强中干。（僖公十五年）

唯圣人能外内无患，自非圣人，外宁必有内忧。（成公十六年）

“中”作主语有5例，主要是“中”的引申义，空间义没有作主语的用例，如：

芍敖为宰，择楚国之令典，军行，右辕，左追蓐，前茅虑无，中权，后劲，百官象物而动，军政不戒而备，能用典矣。（宣公十二年）

中美能黄，上美为元，下美则裳，参成可筮。（昭公十二年）

乱气狡愤，阴血周作，张脉偾兴，外强中干。（僖公十五年）

2. 作谓语。

作谓语的情况比较少见，仅“中”有出现用例，计20例，即：

昏而受命，日未中而弃之，何以事君？（襄公二十三年）

玄枵，虚中也。（襄公二十八年）

于是岁在降娄，降娄中而旦。（襄公三十年）

3. 作宾语。

“内”单独作宾语的情况比较少，一般在和“外”成对出现时使用，有2例，即：

靖诸内而败诸外，所获几何？（僖公二十七年）
孔氏之竖浑良夫长而美，孔文子卒，通于内。（哀公十五年）

“外”作宾语共有35例，如：

二十五年春，卫人伐邢，二礼从国子巡城，掖以赴外，杀之。（僖公二十五年）
秋，筑王姬之馆于外。（庄公元年）
天子蒙尘于外，敢不奔问官守。（僖公二十四年）

“中”作宾语有3例，即：

信不由中，质无益也。（隐公三年）
先王之正时也，履端于始，举正于中，归余于终。（文公元年）
举正于中，民则不惑。（文公元年）

4. 作定语。

作定语是这一时期的主要用法之一，除上文所述“里”之外，“内”作定语有14例，如：

虽尽敌，犹有内谗，不如违之。（闵公二年）
古之火正，或食于心，或食于咮，以出内火。（襄公九年）
初，内蛇与外蛇斗于郑南门中，内蛇死。（庄公十四年）

“外”作定语有22例，如：

若得道于虞，犹外府也。（僖公二年）
其怀柔天下也，犹惧有外侮。（僖公二十四年）
子召外盗而大礼焉，何以止吾盗？（襄公二十一年）

“中”作定语有54例，这一时期“中”作定语主要是由“中间”这一语义承担，很少有“中”表示“内、里”来作定语的，如：

晋侯作三行以御狄，荀林父将中行，屠击将右行，先蔑将左行。（僖公二十八年）

楚子北，师次于郔，沈尹将中军，子重将左，子反将右，将饮马于河而归。（宣公十二年）

会出，逐之，反奔，执诸季氏中门之外。(昭公二十五年)

5. 作状语。

“内”作状语有5例，如：

盍姑内省德乎？(僖公十九年)
东尽虢略，南及华山，内及解梁城，既而不与。(僖公十五年)

“外”作状语有11例，如：

兄弟阋于墙，外御其侮。(僖公二十四年)
舍適嗣不立而外求君，将焉置此？(文公七年)
请外取，许之。(哀公九年)

“中”作状语仅有1例，即：

故中御而从齐侯。(成公二年)

6. 作中心语①。

在句中作中心语成分，“内”有4例，如：

封略之内，何非君土？(昭公七年)
己丑，盟桓子于稷门之内。(定公五年)
微虎欲宵攻王舍，私属徒七百人，三踊于幕庭，卒三百人，有若与焉，及稷门之内。(哀公八年)

“外”有34例，如：

晋师遂侵方城之外，复伐许而还。(襄公十六年)
盟国人于师之梁之外。(襄公三十年)
晏平仲端委立于虎门之外，四族召之，无所往。(昭公十年)

“中”作中心语有18例，如：

大隧之中，其乐也融融！(隐公元年)
在位之中，一朝于襄，而再见于君。(文公十七年)
弗听，乃入，杀而埋之马矢之中。(文公十八年)

---

① 张世禄先生在《先秦汉语方位词的语法功能》一文中提到：“先秦汉语以单音词为主，方位词也是如此。先秦汉语中合成的方位词还很少。‘以（之）上’‘以（之）下’‘之中’‘之间’等我们认为是两个词，还没有结合成一个词。”因此这里的“内”“外”“里”“中”作中心语处理。

	主语	谓语	宾语	定语	状语	中心语	字频统计
内	3	0	2	14	5	4	28
外	4	0	35	22	11	34	106
里	0	0	0	1	0	0	1
中	5	20	3	54	1	18	101

发展到魏晋南北朝时期，方位词“内”“外”“里”“中”作宾语的用例大大减少，作谓语仍旧只有“中”出现，最明显的变化是前置定语的用例大量减少，由前置大量变为后置，多用于名词以及名词性短语之后，主语和谓语的用例大大减少。后置的用例显著增加，这与魏晋南北朝时期空间义的增加和引申义的减少有密切的关联。这一时期还是以方位词单用为主，方位词连用的情况较少，相较于先秦时期来看，方位词连用由“外内”变成了“内外”，出现了“中外”的用法，表示所有的人，还有“中表”，指堂表亲戚，不计入讨论范围，下面来看单用的具体情况：

1. 作主语。

“内”作主语的情况仅有1例，即：

王平子形甚散朗，内实劲侠。(谗险第三十二)

“外”作主语有5例，如：

外请杀车中牛祭神。(德行第一)

雍盛集僚属自围棋，外启信至，而无儿书，虽神气不变，而心了其故，以爪掐掌，血流沾褥。(雅量第六)

有女名络秀，闻外有贵人，与一婢于内宰猪羊，作数十人饮食，事事精办，不闻有人声。(贤媛第十九)

“中”作主语仅有1例，即：

于时人有饷桓公药草，中有“远志”。(贤媛第十九)

2. 作谓语。

作谓语的情况只有“中”有出现，计3例，如：

君与家君期日中，日中不至，则是无信；对子骂父，则是无礼。(方正第五)

3. 作宾语。

“内”作宾语有9例，如：

后因月朝阁下伏，公于内走马直出突之，左右皆宕仆，而王不动。(雅量第六)

入内示其女，女直叫"绝"，了其意，出则自裁。(贤媛第十九)

桓舍入内，奕辄复随去。(简傲第二十四)

"外"作宾语有7例，如：

魏武知之，即遣还外。(夙慧第十二)

汝但出外留客，吾自为计。(贤媛第十九)

有男儿名黎民，生载周，充自外还，乳母抱儿在中庭，儿见充喜踊，充就乳母手中呜之。(惑溺第三十五)

"中"作宾语仅有1例，即：

过中不至，太丘舍去，去后乃至。(方正第五)

4. 作定语。

"内"作定语仅有1例，即：

亡祖、先君，名播海内，远近所知；内讳不出于外。(赏誉第八)

"外"作定语有6例，如：

先未相识，服在外车上与人说己注传意，玄听之良久，多与己同。(文学第四)

何欲立嗣子，庾及朝议以外寇方强，嗣子冲幼，乃立康帝。(方正第五)

后会诸吏，闻寿有奇香之气，是外国所贡，一着人则历月不歇。(惑溺第三十五)

"中"作定语有8例，如：

圣贤故所忘言。自中人以还，北人看书，如显处视月，南人学问，如牖中窥日。(文学第四)

极进，然故是第二流中人耳。(品藻第九)

仲容以竿挂大布犊鼻裈于中庭。(任诞第二十三)

5. 作状语。

"内"作状语有5例，如：

昔者祁奚内举不失其子，外举不失其雠，以为至公。(言语第二)

大司马方将外固封疆，内镇社稷，必无若此之虑。(言语第二)

阮光禄在东山，萧然无事，常内足于怀。（栖逸第十八》

“外”作状语有 6 例，其中几例与“内”同时出现，另外还有如：

太傅已构嫌孝伯，不欲使其得谢，还取作咨议，外示絷维，而实以乖间之。（言语第二）

昔匠石废斤于郢人，牙生辍弦于钟子，推己外求，良不虚也。（伤逝第十七）

“中”作状语有 2 例，如：

周侯中坐而叹曰：“风景不殊，正自有山河之异！”（言语第二）

6. 作中心语。

“内”作中心语共有 2 例，即：

虽闲室之内，严若朝典。（德行第一）

虽欲大存社稷，然四海之内，实怀未达。（规箴第十）

“外”作中心语共有 3 例，如：

诸名贤所可钻味，而不能拔理于郭、向之外。（文学第四）

“里”作中心语仅有 1 例，这也是“里”单独充当句法成分的唯一一例，即：

陈元方兄弟恣柔爱之道，而二门之里，两不失雍熙之轨焉。（德行第一）

“中”作中心语共有 13 例，如：

见子嵩在其中，常自神王。（赏誉第八）

不意永嘉之中，复闻正始之音。（赏誉第八）

指其腹曰：“卿此中何所有？”（排调第二十五）

	主语	谓语	宾语	定语	状语	中心语
内	1	0	9	1	5	2
外	5	0	7	6	6	3
里	0	0	0	0	0	1
中	1	3	1	8	2	13

先秦时期的“内”“外”“里”“中”以单独作句法成分为主，所以到了

魏晋南北朝时期作主语、宾语、状语的比例明显下降，而“方位词 + X”的前置用例也大大减少，“X + 方位词”的方位短语大量出现。

第三节 “X + 方位词”的方位短语的演变

先秦时期“X + 方位词”的方位短语并不是很多，除“里”之外其他具体情况如下：

1. “X + 内”。

《左传》中“X + 内”构成方位短语的用法共出现了 10 例，其中“X + 内”作主语的有 2 例，即：

齐惠栾、高氏皆耆酒，信内多怨，强于陈、鲍氏而恶之。（昭公十年）
且国内岂不足？（哀公七年）

“X + 内”作宾语的共有 6 例，如：

卫人逆之，妇人哭于门内。（成公二年）
叔孙使梁其胫待于门内。（昭公二十四年）
锐师伐河内，传必数日而后及绛。（定公十三年）

“X + 内”作定语的仅有 1 例，即：

苟主社稷，国内之民其谁不为臣？（庄公十四年）

“X + 内”作中心语的仅有 1 例，即：

必以萧同叔子为质，而使齐之封内尽东其亩。（成公二年）

2. “X + 外”。

《左传》中“X + 外”构成方位短语的用法共出现了 17 例，其中“X + 外”作主语的仅有 1 例，即：

君陈、蔡，城外属焉。（昭公十三年）

“X + 外”作宾语的共有 13 例，如：

圉人荦自墙外与之戏。（庄公三十二年）
半入，华元逃归，立于门外，告而入。（宣公二年）
夏六月，郑伯侵宋，及曹门外。（成公十八年）

“X＋外”作定语的共有3例，如：

迁方城外人于许。（昭公九年）
叶在楚国，方城外之蔽也。（昭公十八年）

3. “X＋中”。

《左传》中“X＋中”构成方位短语的用法共出现了29例，其中“X＋中”作宾语的有26例，如：

明日，绞人争出，驱楚役徒于山中。（桓公十二年）
公使阳处父追之，及诸河，则在舟中矣。（僖公三十三年）
乃谋弑懿公，纳诸竹中。（文公十八年）

“X＋中”作定语的共有2例，即：

邑中之黔，实尉我心。（襄公十七年）
中军、下军争舟，舟中之指可掬也。（宣公十二年）

“X＋中”作状语的仅有1例，即：

夜中，星陨如雨。（庄公七年）

	主语	宾语	定语	状语	中心语
“X＋内”	2	6	1	0	1
“X＋外”	1	13	3	0	0
“X＋中”	0	26	2	1	0

魏晋南北朝时期“X＋方位词”的方位短语的变化主要体现在“X＋中”的变化上，“X＋内”和“X＋外”出现了作状语的用例，“X＋中”用例的增加主要是作宾语用法的增加，具体情况如下：

1. “X＋内”。

《世说新语》中“X＋内”构成方位短语的用法共出现了15例，其中“X＋内”作主语的有2例，即：

冰为起大舍，市奴婢，使门内有百斛酒，终其身。（任诞第二十三）
此君风流名士，海内所瞻，可修薄祭，以敦旧好。（企羡第十六）

“X＋内”作宾语的有8例，如：

我父、祖名播海内，宁有不知，鬼子敢尔！（方正第五）
郗犹在帐内。（雅量第六）
何晏七岁，明慧若神，魏武奇爱之，以晏在宫内，因欲以为子。（夙慧第十二）

“X + 内”作定语的有3例，如：

不徒东南之美，实为海内之秀。（言语第二）
郗愔信道甚精勤，常患腹内恶。（术解第二十）

“X + 内”作状语的有2例，如：

东海家内，则郝夫人法，京陵家内，范锺夫人之礼。（贤媛第十九）

②“X + 外”。
《世说新语》中“X + 外”构成方位短语的用法共出现了16例，其中“X + 外”作宾语的有10例，如：

向秀于旧注外为解义，妙析奇致，大畅玄风。（文学第四）
尔时积雪，长史从门外下车，步入尚书。（容止第十四）
王独在舆上回转，顾望左右移时不至，然后令送著门外，怡然不屑。（简傲第二十四）

“X + 外”作定语的有2例，即：

阮方外之人，故不崇礼制。（任诞第二十三）
宣武每曰：“我方外司马。”（简傲第二十四）

“X + 外”作状语的有4例，如：

元方时年七岁，门外戏。（方正第五）
刘庆孙在太傅府，于时人士多为所构，唯庾子嵩纵心事外，无迹可间。（雅量第六）
诸人门外迎之，把臂便下。（任诞第二十三）

③“X + 里”。
《世说新语》中“X + 里”构成方位短语的用法共出现了4例，其中“X + 里”作主语的仅有1例，即：

褚季野皮里阳秋。（赏誉第八）

“X + 里”作宾语的有3例，即：

卿尝欲见相王，可住帐里。（容止第十四）

长康画谢幼舆在岩石里。（巧艺第二十一）

王君夫尝责一人无服余衵，因直内着曲阁重闺里，不听人将出。（汰侈第三十）

④“X＋中”。

《世说新语》中“X＋中”构成方位短语的用法共出现了138例，其中“X＋中”作主语的有24例，如：

名教中自有乐地，何为乃尔也？（德行第一）

譬如人眼中有瞳子，无此必不明。（言语第二）

此儿胸中当必无膏肓之疾！（文学第四）

“X＋中”作宾语的有85例，如：

太保居在正始中，不在能言之流。（德行第一）

于时张年九岁，顾年七岁，和与俱至寺中。（言语第二）

太傅于众坐中问庾。（雅量第六）

“X＋中”作定语的有20例，如：

外请杀车中牛祭神。（德行第一）

小吏盗池中鱼，纲纪推之。（政事第三）

所谓云中白鹤，非燕雀之网所能罗也。（赏誉第八）

“X＋中”作状语的有9例，如：

我眼中不可妄近，近便斫人，亦不自觉。（假谲第二十七）

管宁、华歆共园中锄菜。（德行第一）

此郎亦管中窥豹，时见一斑。（方正第五）

	主语	宾语	定语	状语
“X＋内”	2	8	3	2
“X＋外”	0	10	2	4
“X＋里”	1	3	0	0
“X＋中”	24	85	20	9

可以看出，发展到魏晋南北朝时期，“X＋内”和“X＋外”增加了作状

语的用例，新增的方位词“里”的用法除了上文所述的单独作中心语的有且仅有1例，剩余4例皆为“X+里”的方位短语，其中1例作主语，3例作宾语，都是在句子中作名词性成分。由此可以看出，与其余三个方位词相比，“里”的发展还处在萌发阶段，不仅用例极少，其用法也相对落后。而变化最明显的“X+中”作状语的用法也逐渐衰落，与“X+内”和“X+外”不同的是作主语、宾语、定语的情况也明显增加，尤其是作宾语的用法上升最为显著。

第四节 合成方位词的演变及其他

除了有单纯方位词之外，还有合成方位词，而合成方位词又分为两类，一类是复合式方位词，由“词根+词根”的方式构成，也就是两个方位词连用；另一类是附加式方位词，由“词根+词缀”构成，词缀可以是前缀也可以是后缀。先秦时期出现一些复合式方位词，主要是“内”和“外”的连用，以双音节词“外内”的形式出现，共有十多例，多表示各个方面即全部的意思，多为引申义，比如表示一个集体的内部和外部，也就是指一定范围内的所有对象，多指代人①，如：

晋侯无亲，外内恶之。（僖公二十三年）
树之诈慝以取其国家，外内咸服。（襄公四年）
其适遇淫君，外内颇邪，上下怨疾，动作辟违，从欲厌私。（昭公二十年）

还有表示一个人的内在和外在，即指这个人的所有、全部，如：

唯圣人能外内无患。（成公十六年）

除此之外没有发现其他方位词的连用形式，从句法功能来看，由于“外内”所表示的意义是名词性的，因此其一般用作主语或宾语，但也有少数特例，比如在《左传》中出现了两次作谓语的用法，句式结构一样，可以看作是1例，即：

言不能外内，又不能用其人也。（昭公三十二年）

① 参见张世禄《先秦汉语方位词的语法功能》：“对举方位词在修辞上常常有借代作用……又如：‘当途之人擅事要，则外内为之用矣。’（《韩非子·孤愤》）梁启雄注：‘外内为之用，谓诸侯、百官、郎中、学士都被他利用。’”

显然这里的“外内”与上面的指代人的用法，这里的“外内”活用作了动词，语义仍然表示空间义。

发展到了魏晋南北朝时期，复合方位词“外内”的用法消失了，转而出现了“内外”的用例，这两者没有本质上的区别，无论从语义还是句法来看都基本相同，唯一的区别就是“内”和“外”的次序不同。我们可以猜测是否从先秦到魏晋南北朝时期人们对“内”和“外”两个空间的主次观念发生了变化，但目前还只是推断，有待日后进行详细论证。下面来看几个魏晋南北朝时期“内外”的例子。

尝因行散，率尔去下舍，便不复还，内外无预知者。（德行第一）

高贵乡公薨，内外喧哗。（方正第五）

按行蜀城阙观宇，内外道陌广狭，植种果竹多少，皆默记之。（任诞第二十三）

从句法来看，3 例皆作主语；从语义来看，与先秦时期也没有差别。上举第一例指抽象空间的“内”和“外”，即指所有情况，上举第三例是实指空间的里面和外面，即蜀城内外，上举第二例可以看作指空间，也可以看作指人。

魏晋南北朝时期除了“外内”到“内外”的转变之外，还出现了一些新的方位词连用形式，如：中外、中表、中间。“中间”比较特殊，仅出现 1 例，作表示时间的状语：

中间[①]夷甫、澄见语。（赏誉第八）

“中表”是表示亲属关系，一种是“中”指堂亲，“表”指表亲，另一种是“中”“表”分别表示家族内部和外部[②]，多用作定语。有学者认为“中外”既可表示亲属关系，与“中表”相同，也可以表示空间或指代人，与“内外”相同。在《世说新语》中共有 3 例，如：

张玄之、顾敷是顾和中外孙，皆少而聪惠，和并知之，而常谓顾胜。（言语第二）

很显然这里的“中外”是指孙子和外孙，没有问题。但另有一例：

孔融被收，中外惶怖。（言语第二）

① 这是“中间”这个词第一次出现，以后用法会逐渐完善，不仅可以表示时间上的中间段，也可以表示空间上的中间。

② 有时用来区分亲孙和外孙。

侯兰生在《〈世说新语〉中的方位词》一文中指出上例中的“中外”可与“内外”进行替换，是同义词，我们认为有待商榷。根据上下文，如果替换成“内外”，可以指所有人都很惶怖，但若是把“中外”看成指亲属关系，表示孔融被抓后他的所有亲属都很害怕，这才有后文的孔融之子所说的“大人岂见覆巢之下，复有完卵乎”。这样联系似乎在语境上更加流畅，再者《世说新语》中可被看作能够替换成“内外”的“中外”也仅此一例，似乎不足以证明上述观点。

总的来说，从先秦到魏晋南北朝时期，方位词的连用并没有太大的发展。

第八章　魏晋南北朝至晚唐五代“内”“外”“里”“中”的历时演变

第一节　单纯方位词“内”“外”“里”“中”的语义演变

一、空间义的演变

发展到晚唐五代，方位词“内”“外”“里”“中”的用例已基本完善，相较于魏晋南北朝时期，表时间义的用例增多，引申义减少，空间义大大增加，出现合成方位词如“外边”“外头”“里头”“里许”。

《祖堂集》中的“内”“外”“里”“中”以表空间义为主，兼具时间义和引申义的用法，“里”开始承担“内”和“中”的空间义和时间义，但主要仍由“中”来承担。“内”表空间义有56例，其中实指空间有17例，如：

尚于山舍假寐如梦，见吾身与六祖同乘一龟，游泳深池之内。（卷四）
其天皇和尚住寺内，独居小院，多闭禅房，静坐而已。（卷五）
师云：“长老房内有客，且归去好。”（卷十四）

虚指空间有39例，如：

此有二表：外一重白执/衣不损者，表俗谛存焉，内一重白执/衣不损者，表真谛不坏也。（卷一）
是时杜氏名曰光奇，家内有三子。（卷三）
天地之内，宇宙之间，中有一宝，秘在形山。（卷六）

“外”表空间有88例，其中实指空间有48例，如：

尔时如来以大悲力从心胸中火涌棺外，渐渐荼毗，经于七日，焚妙香薪，尔乃方尽。（卷一）

秀在门外，汝得入门，得坐被衣。（卷二）
城外草作何色？（卷三）

虚指空间有40例，如：

心捐去住，身外荣衰。（卷一）
承方外之机，则能事将备，道可行矣。（卷四）
僧曰：“迟速外还分也无？”（卷九）

“里”表空间义的有154例，其中实指空间的有144例，如：

有一童子碓坊里念此偈，行者曰：“念什摩？”（卷二）
师曰：“文殊堂里一万菩萨。”（卷三）
却向性海里修行，不要三明六通。（卷十八）

虚指空间有10例，如：

心里能藏事。（卷二）
其师形貌端正，足人是非，直得到和尚耳里。（卷四）
师云：“四海五湖王化里。”（卷十七）

“中”表空间义的有596例，其中实指空间的有250例，如：

贤劫初时，香水弥满，中有千茎大莲华，王其第四禅。（卷一）
云岩后曰：“灼然是你眼目得与摩细，若也到山中，递相度脱。”（卷四）
如何是密室中人？（卷九）

虚指空间有346例，如：

世尊在日，命坐付衣，常于众中称叹第一。（卷一）
心中了了总知，只没佯痴缚钝。（卷三）
僧拈问石门：“一语之中便占马大师两意，请和尚道。”（卷十四）

二、时间义的演变

《祖堂集》中时间义的用法比较全面，“内”仅有1例，即：

我今岁内法缘当尽，你等宜设无遮大会，以报百岩传授之恩，终吾志也。（卷十七）

“外”有2例，即：

他一千年外声教被于此土。（卷一）
从马大师二十年外，有契道者千万，遍行天下。（卷二）

“里”有3例，如：

亦知如在梦，睡里实是闹。（卷三）
五六年中，头上养亲，日里须餐。（卷十八）

“中”依然承担最多的表时间义的用法，有51例，如：

吾灭度后二百年中，圣者继我，则入三昧观见。（卷一）
于天平年中，后周第二主孝闵己卯之岁。（卷二）
元和中，青州人大饥，人多殍仆。（卷十五）

	内	外	里	中
时间义	1	2	3	51

三、引申义的演变

《祖堂集》中表引申义的用法较少，“内”有5例，全部由方位义引申为指皇宫宫内，如：

朕虔诚慕道，渴仰禅门。诏诸山禅师集内道场，安秀二德最为僧首。（卷二）

“外”有39例，主要表其他的意思，以佛道为内道，以其他教为外道，计17例，如：

又至象头山，同诸外道日食麻麦，经于六年。（卷一）
有一波罗门，名曰鸠摩罗多，心信外道，不爱佛法。（卷二）

表示外部，计21例，如：

陛下德包物外，道贯百邦，育养苍生，仁慈黎庶，恩旨弥天，钦仰释门。（卷二）

其犹净水无心，无像不现，像非我有，盖外质之去来相非佛身，岂如来之出没？（卷六）

自是诸人不荐向外驰求，投赤水以寻珠，就荆山而觅玉，所以道从门入者非宝。（卷九）

表示外在，仅有1例，即：

善恶是外缘，于心实不有。（卷三）

"里"没有作引申义的用法。"中"表引申义有3例，全部表等级义，即：

二阿难陀跋罗，此云庆喜贤，持中乘法藏，于上大乘随力随分。（卷一）
远则十年，中则七年，近则三年。（卷十）
上等人来，上绳床接；中等人来，下绳床接；下等人来，三门外接。（卷十八）

根据上面的数据绘制《祖堂集》中的方位词"内""外""里""中"的语义特征分布如下表：

	空间义	时间义	引申义
内	56	1	5
外	88	2	39
里	154	3	0
中	596	51	3

与魏晋南北朝时期相比，方位词"内""外""里""中"进入了一个崭新的时代。从语义方面来看，四个方位词都已经有了作时间义的用法，但最常用的依然是"中"，其他三个的用例还比较少。引申义的用例也有所增加，以"外"增加的最为明显。而方位词"里"已经完成了从有到无的蜕变，开始大量出现在文本当中，所占比例甚至已经超过了"内"的用例，但主要用作空间义，时间义还较少，而引申义则没有出现。"中"除了引申义的变化不大之外，作空间义和时间义的用法大量增加，尤其是空间义，其数量超过了其他三个方位词用例的总和，可以看出这一时期"里"和"外"这两个相对的方位含义在分布上呈现的完全的不对等状态，这一现象从魏晋南北朝时期就已经显露出来，但到了晚唐五代则分化得更为明显，数量差距悬殊。

第二节 单纯方位词“内”“外”“里”“中”的句法演变

晚唐五代时期的“内”“外”“里”“中”同前时期相比，没有了作谓语的，前置用法稍有增加，但后置的用法仍然是最主要的用法，作主语和宾语的用例增加了。“里”新增了作宾语的用法。

1. 作主语。

“内”作主语有8例，即：

诸佛大圆镜，内好无瑕翳。(卷二)
师曰：“内亦非。”(卷二)

“外”作主语有9例，如：

外无一物而能建立，皆是本心生万种法。(卷二)

中”作主语有6例，如：

湘之南，潭之北，中有黄金充一国。(卷三)
贤劫初时，香水弥漫，中有千茎大莲华，王其第四禅。(卷一)
天地之内，宇宙之间，中有一宝，秘在形山。(卷六)

2. 作宾语。

“内”作宾语有7例，如：

伏奉天恩，发中使薛简诏惠能入内。(卷二)
僖宗皇帝诏入内，大敷玄教，帝情大悦，赐紫法号广照大师。(卷五)
师一脚在外，一脚在内。(卷十五)

“外”作宾语有17例，如：

院主在外责曰：“和尚适来许某甲为人，如今因什摩却不为人？赚某甲。”(卷四)
进曰：“与摩即不从外得。”(卷二)
唯有仰山，出外未归。(卷十九)

“里”作宾语仅有1例，即：

赵州云：“若与摩和尚来时，莫向他说纳僧在里。”(卷六)

“中”作宾语有18例，如：

师云：“于中也有潜龙，亦有现人。”（卷十六）
觐诸国土何者处中，则知迦毗罗国最是地之中矣。（卷一）

3. 作定语。
“内”作定语有6例，如：

师在京中赴内斋，他诸名公悉皆转经，唯有师与弟子不转经。（卷八）
大师令公迎请大士归朝，入内道场供善，兼宣下造寺功德。以当寺便是弥勒之内苑。（卷十一）

“外”作定语有24例，如：

招外果者，即人相成佛是也。（卷十八）
善恶是外缘，于心实不有。（卷三）
其犹净水无心，无像不现，像非我有，盖外质之去来相非佛身，岂如来之出没？（卷六）

“中”作定语有24例，如：

师见京岑上座在中庭向日次，师从边过云。（卷十八）
中间里睡眠，通间里行道。（卷十九）

4. 作状语。
“内”作状语有5例，如：

于是大师吐珠于嵩严寺，内授印于祖师根中。（卷十七）

“外”作状语有6例，如：

外无所求，心不系道，亦不业结。（卷一）
珠本有，不升沉，时人不识外追寻。（卷四）

“中”作状语有2例，即：

石桥南，赵州北，中有观音有弥勒。（卷十八）
远则十年，中则七年，近则三年，必有来由。（卷十）

5. 作中心语。
“内”作中心语共有4例，如：

此国之内，无诸邪法。（卷二）

见吾身与六祖同乘一龟，游泳深池之内。（卷四）

“外”作中心语共有6例，如：

佛身之外，那得更有无情而得授记耶？（卷三）

“里”没有作中心语的用例。“中”作中心语的用例较多，共有126例，如：

只如今约有情方便之中，如何是无情因缘？（卷三）
师曰：“我虽在彼中①，不蒙他指示。”（卷六）
禅门之中，异德高行。（卷十七）

	主语	谓语	宾语	定语	状语	中心语	字频统计
内	8	0	7	6	5	4	30
外	9	0	17	24	6	6	62
里	0	0	1	0	0	0	1
中	6	0	18	24	2	126	176

从句法功能来看，晚唐五代时期的“内”“外”“里”“中”同前时期相比，“里”的变化较大，新增了一例作宾语的用法，但没有出现其他“里”单独作句法成分的情况，除了1例作宾语之外，其余所有用例皆为“X＋里”的方位短语。从用例来看，“中”依然是四字中最常单独充当句法成分的，且仍呈上升趋势。

第三节　“X＋方位词”的方位短语的演变

晚唐五代时期方位词的使用可以说是有一个质的飞跃，最主要的变化还是出现了方位词依附于物质名词或时间名词之后构成方位短语的用法。增加最多的还是作主语、宾语和定语的用例，相对来说，作状语的用例增加的幅度没有那么大。

① 这一时期出现了很多“彼中”“其中”“此中”这类的词，有人把这些作为双音节词处理，本文则认为分开处理更好，“彼”“其”“此”皆为代词，“中”作中心语。

1. “X＋内”。

《祖堂集》中“X＋内”构成方位短语的用法共出现了32例，其中“X＋内”作主语的有6例，如：

师闻举云：“大唐国内能有几人？”（卷六）
师云：“三千里内尽是真如。”（卷八）
师云：“长老房内有客，且归去好。”（卷十四）

“X＋内”作宾语的共有10例，如：

无情之物，为在三界内，为在三界外？（卷三）
其天皇和尚住寺内，独居小院，多闭禅房，静坐而已。（卷五）
遂云游海内，访谒宗师，凡至击扬，皆非郢哲。（卷五）

“X＋内”作定语的共有7例，如：

正月十五日，敕令京城内大师大德与禅师论道。（卷三）
师答云：“庭前残雪日轮消，室内游尘教谁扫？”（卷七）
问：“国内按剑者谁？”师云：“曹山。”（卷八）

“X＋内”作定语的共有9例，如：

是时杜氏名曰光奇，家内有三子。（卷三）
平生住持高节，宇内声扬。（卷八）
我今岁内法缘当尽，你等宜设无遮大会，以报百岩传授之恩，终吾志也。（卷十七）

2. “X＋外”。

《祖堂集》中“X＋外”构成方位短语的用法共出现了69例，其中“X＋外”作主语的有11例，如：

师云：“潭中无影，户外非珍。”（卷九）
僧曰：“迟速外还分也无？”（卷九）
心外无别佛，佛外无别心。（卷十四）

“X＋外”作宾语的共有25例，如：

千辐轮相出于棺外，回示迦叶。（卷一）
便云游方外。（卷八）
师与长庆从江外再入岭。（卷十）

“X+外”作定语的共有12例，如：

师问：“城外草作何色？”曰：“作黄色。”（卷三）
承方外之机，则能事将备，道可行矣。（卷四）
三乘教外别传，十方老僧口，到这里百杂碎。（卷六）

“X+外”作状语的共有21例，如：

则时无也。他一千年外声教被于此土。（卷一）
师自契曹溪密旨，逍遥物外，不拘小节，未决化缘始终。（卷三）
上等人来，上绳床接；中等人来，下绳床接；下等人来，三门外接。（卷十八）

3. “X+里”。

《祖堂集》中“X+里”构成方位短语的用法共出现了71例，其中“X+里”作主语的有18例，如：

心里能藏事。（卷二）
他屋里有多小典籍？（卷五）
师曰：“口里道得有什摩利益，莫信口头办，直得与摩去始得。设使与摩去，也是佛边事。”（卷六）

“X+里”作宾语的有26例，如：

印宗出寺迎接归寺里安下。（卷二）
屈老宿归房里吃茶，还得也无。（卷三）
其僧去涅槃堂里，两人对坐，说话一切后，当胸合掌，峭底便去。（卷六）

“X+里”作定语的有11例，如：

是你三家村里男女牛背上将养底儿子，作摩生投这个宗门？不是你分上事。（卷三）
雪峰示众云：“山上鸟，水里鱼。什摩人取得？”（卷十九）
三圣云：“长老与摩识弁人，瞎却镇州城里人眼去在。”（卷二十）

“X+里”作状语的有16例，如：

有一童子碓坊里念此偈，行者曰：“念什摩？”（卷二）
师曰：“古佛殿里拾得一行字。”（卷四）
某甲师兄，在苏州花亭县，乘小船子江里游戏。（卷五）

4. “X + 中”。

《祖堂集》中“X + 中”构成方位短语的用法共出现了474例，其中“X + 中”作主语的有128例，如：

吒利国中有长者子，名日善意而姓首陀。(卷一)
众中有一僧，号为慧明，趁得大庾岭上，见衣钵不见行者。(卷二)
问：“三身中阿那个身不堕众数？”(卷六)

“X + 中”作宾语的有122例，如：

后千佛者，日光如来为首，下至须弥相佛，于未来星宿劫中当得成佛也。(卷一)
有一僧名神光，昔在洛中久传庄老。(卷二)
故只知佛现人中也。(卷六)

“X + 中”作定语的有126例，如：

是释迦佛者，即贤劫中第四佛也。(卷一)
师曰：“佛性犹如水中月，可见不可取。”(卷四)
云云：“浙中米作摩价？”(卷十)

“X + 中”作状语的有98例，如：

师曰：“海师兄一日十二时中，为师僧说什摩法？”(卷四)
问：“疑则途中作，不疑则坐家儿。离此二途，乞师方便。”(卷十三)
师以手空中点一下，供奉无对。(卷十五)

	主语	宾语	定语	状语
“X + 内”	6	10	7	9
“X + 外”	11	25	12	21
“X + 里”	18	26	11	16
“X + 中”	128	122	126	98

发展到这一时期，方位词的“普遍后附性”展现得淋漓尽致，魏晋南北朝时期还有一些方位短语在句法功能上有一些空白，到了晚唐五代，这些空白都已经被填补了，可以说，“X + 方位词”的方位短语发展到这一时期已经非常完善了。当然，这并不是说“内”“外”“里”“中”后置用的方位短语

已经发展到了最高峰，但相较于前两个时期来说确实有了不小的进步。以“X＋里”为例，魏晋南北朝时期的“X＋里”的方位短语还停留在萌芽阶段，只有作主语和宾语出现极少数的几个用例。但到了晚唐五代，“X＋里”已经可以和其余三个方位词一样在句子中充当成分了，定语和状语更是从有到无，虽然“里”单独作句子成分并不多见，但从“X＋里”的方位短语来看，方位词“里”已然从这个方位体系中最弱的一个发展到了与其他几个同等的地位。值得注意的是，到目前为止，“中”依然是发展最活跃的一个，“X＋中”的方位短语在晚唐五代依然远超其他三个。

第四节　合成方位词的演变及其他

一、复合式方位词

晚唐五代的复合式方位词除了继承前一时期的“内外”，用法基本一致，如：

应真菩萨内外俱作黄金色。（卷十一）
径山和尚内外严护，理行相称。（卷十五）

此外，“中间”也与魏晋南北朝时期的用法相近，用例稍有增加，如：

二山中间有林，名日含夷。（卷一）

魏晋南北朝时表亲属关系的“中外”“中表”消失了，出现了新的形式，增加了一些方位词的连用，如“内里”和“中间”一样是方位词的同义连用，出现了一例，还是表示“内”“里”的意思。此外还出现了几例“中下”的用法，都是表示等级义，多指代人，值得注意的是其中有1例作谓词性成分，即：

高座宣扬，欺他中下，何不自玄究竟？（卷十五）

二、附加式方位词

除了复合式方位词以外，晚唐五代出现了很多附加式方位词，魏晋南北朝时期“东/南/西/北”＋“头”的用法已经出现，且十分稳定。而我们所讨论的“内”“外”“里”“中”构成附加式方位词直到唐代才开始出现，到了晚唐五代已经有“外边”“外头”“里头”“里许”，这里的“边”“头”

“许”作为词缀依附于方位词之后，更加口语化，但不影响语义，附加式方位词一般用作表示空间义，没有发现用作时间义的例子。下面看几个具体例子。

“外边”出现1例，即：

师问僧：“外边是什摩声?”（卷十）

“外头”出现2例，如：

心中虽吉外头凶。（卷二）

“里头”出现2例，如：

赵州走入里头，师便归山。（卷六）

“里许”[①] 共出现10例，如：

虽然小，三千大千世界总在里许。（卷十六）
向汝道，尽乾坤是个解脱门，总不肯入，但知在里许乱走。（卷七）

晚唐五代出现的附加式方位词虽然不是很多，但毕竟这是第一次出现，因此十分有价值。

三、特殊用法

除了合成方位词以外，这一时期的方位词还有一些值得注意的地方，一个是出现了大量的“这里”“那里”“者里”，这些还有一些方位词的影子，但是我们认为还是把它们处理为代词更好，这些词的出现和唐代佛教盛行以及大量佛经的翻译有着密切的关系。还有出现了“除此之外”“除……外”以及“离此之外”这样的固定格式，这里的“外”还保留方位词的含义，但意义已经很抽象了，并且这个意义不能离开这些固定格式而单独存在，我们猜测这些固定格式可能也与佛经有关。由于这些词和格式极具口语性，因此，直到今天这些格式仍然保留下来为人们所使用。

晚唐五代时期作为中古汉语发展的最高峰，也是向近代汉语过渡的时期，这一时期的方位词的发展和变化可以说是非常大的，再加上佛教的传入和大量佛经的涌现，对汉语的发展演变造成了很大的影响。比如，由于佛教文化的特殊性，这一时期的方位词更多表示虚指空间义，更加口语化的词逐渐增

① “里许”应该是佛教中的名词，有其特殊性，到了宋代这种用法就消失了。

多，而一些上古汉语中的词逐渐消失。总的来说，晚唐五代时期可以说是方位词发展的第一个高峰期，主要体现在方位词后置的方位短语以及合成方位词上，总体趋势是更加口语化，单音节词向双音节词逐渐过渡，符合语言演变的客观规律。

第九章　晚唐五代至宋代“内”“外”“里”“中”的历时演变

到了宋代，进入了近代汉语时期，语言的面貌又有了新的变化，并且随着唐代佛教盛行期的过去，更加符合人们使用习惯的语言形式得到保留，而一些只是由于时代性而存在的词语或语法则逐渐淡化，新兴的语言形式登上了历史舞台。

第一节　单纯方位词“内”“外”“里”“中”的语义演变

一、空间义的演变

《三朝》中的方位词“内”表空间义有41例，其中实指空间的有8例，如：

引至帐内，跪奏，问大金皇帝圣躬万福。(《燕云奉使录》)

如有不足，拆系官屋空舍，并民居空屋内。(《河东逢虏记》)

初百姓父老见上出城，争持金银彩帛往献军前，自内门至南薰门不绝，人迹如蚁。(《中兴遗史》)

虚指空间义的有33例，其中表抽象空间的有14例，如：

待于回去底国书内写着打球射柳，及所在宴饮，必召同集及令上京俘获契丹吴王妃作舞献酒。(《燕云奉使录》)

又向仲熊一一叙述，内有一燕人云：“是做唐鉴者子孙也。”(《北记》)

彼贼虽有破城之势，然内有决死之敌，外有必救之兵。(《金虏节要》)

表示抽象范围的有19例，如：

平滦本燕地，以限榆关，则平滦州已在燕京之内矣。(《燕云奉使录》)

京城已破，可遽归报皇帝，勿须播迁，五百里内皆吾兵也。(《孤臣泣血录》)

兼符家口系属南界，有新会、永济两盐场在内，朝廷岁增百万贯，正为此盐场在其中，莫须改正。(《燕云奉使录》)

“外”表空间义共有57例，其中实指空间义的有21例，如：

当时已将上京掠到大辽乐工，列于屋外，奏曲荐觞于左右，亲近郎君辈。(《茅斋自叙)》

众军官分散，拽定颐浩欲出外。(《南归录)》

沈晦迓于摇门外，舟次排食酒数行。(《绍兴甲寅通和录》)

表虚指空间义的有36例，其中表示抽象空间的有9例，如：

其三，责京城居民不念君父蒙尘于外，日惟偷安，不知共效死力，以雪国家之难。(《中兴遗史》)

在外则诸路勤王之师，雾合云集。(《金虏节要》)

故置之于内，不欲用之于外。(《金虏节要》)

表示抽象范围的27例，如：

大王贵人，在国门之外尚且不知，围城之中，如何得知？(《回天录》)

既而周秘，以浚之责未厌公论也，乃复论列请贬岭外。(《中兴遗史》)

签书枢密院周麟之与闻其议，知其事易言，另无意外难合之请。乃阴欲掠夺其恩数，而阳为慷慨之言。(《中兴遗史》)

“里”表空间义共有11例，其中实指空间义的有5例，如：

规下令，从上向里，削去其半。(《中兴遗史》)

今契丹自为戎首，窃稔奸谋，燔烧我里庐，虔刘我士女。(《燕云奉使录》)

表示虚指空间义的有6例，其中表示抽象空间的有5例，如：

主上必不较些物色，但得事了，早班师为上，后来教他别人手里理会。(《茅斋自叙》)

承朝旨催促，即就道里疾驰。(《绍兴甲寅通和录》)

只是使副到南朝，奏知皇帝，不要似前番一般，中间里断绝了。(《燕云奉使录》)

表示抽象范围的仅有1例，即：

而营平两州户口，都在你南宋界里。(《北记》)

“中”表空间义有174例，其中实指空间义的有111例，如：

次日，令皇叔蒲结奴相温并二太子斡离不者，就一毡帐中约说话，皆令人通译。(《茅斋自叙》)

初五日至初九日，贼马四散，于村落中劫掠，人莫敢出。(《河东逢虏记》)

虏人好贿，万一来馆中，须薄赂之，欲乞更增。(《绍兴甲寅通和录》)

实指某一界限或范围的有3例，即：

但只猜度，恐舟船海中[①]阻风，或别失误。(《茅斋自叙》)

遂留琯幕中。(《南归录》)

世忠既贵，与将吏骑马出郊，喜坐于浅草中。(《中兴遗史》)

表虚指空间的有60例，其中表抽象空间的有54例，如：

书榜中语言，大段狂悖，多是指斥，不通商量，安敢进呈？(《茅斋自叙》)

金人纵横冲突，众皆星散而溃，延庆及光国皆死于乱兵中。(《中兴遗史》)

遇僧心中暗喜，每看影戏唱词私曲，记其宫禁中殿阁龙凤之语。(《中兴遗史》)

表示抽象的界限或范围的有6例，如：

兼符家口系属南界，有新会、永济两盐场在内，朝廷岁增百万贯，正为此盐场在其中，莫须改正。(《燕云奉使录》)

时，以亲王宦臣在贼中，使命络绎道路，约束诸路，不得少有所犯。(《金虏节要》)

	实指空间	实指范围	抽象空间	抽象范围
内	8	0	14	19
外	21	0	9	27
里	5	0	5	1
中	111	3	54	6

① 这里的“海中”并不是指在海水里，而是指在海面上，所以把这里的“中”处理为表示范围。

晚唐五代由于佛教的盛行，佛教文化的特殊性决定了方位词更多地用于抽象空间，到了宋代，方位词的空间义又逐渐向实指含义倾斜，两者处于一个趋近平衡的状态。

二、时间义的演变

《三朝》中“内”和“外”没有出现作时间义的用例，“里”仅出现1例，即：

商量得十来年里不要相拗，官家上方有意，相公如此说话，恐为他人所夺。(《邓洵武家传》)

“中”表时间义的用法依旧很多，多用于年号或者表示某件事正在进行中，共有22例，如：

雍熙中尝有此举，是时曹彬出河北，潘美出河东。(《邓洵武家传》)

初欲趋中京，道中闻契丹主聚兵于五国崖，亟领兵袭之。(《燕云奉使录》)

途中又闻金人遣使讲和，某大不然之。(《河东逢虏记》)

	里	中
时间义	1	22

《三朝》中方位词作时间义的用例有所减少，“内”和“外”都没有了表示时间的用法，“里”仅剩1例，而“中”稍有减少但变化不大，依旧是四个方位词中最常用作时间义的。

三、引申义的演变

除了“内”之外，作引申义的其他用例有所减少，这可能是由于记录宋代的古籍更多地着眼于军事，相对于唐代的佛教文化的虚拟性，引申义的用例有所减少也在情理之中，“里”依旧没有出现作引申义的用法。具体情况如下：

“内”作引申义有23例，表示某一单位或群体的内部，有15例，如：

贼势稍窘，郭药师等内变，杀罗青汉等数人，遂就招安。(《燕云奉使录》)

我若严备边防，屯集大军，示以威信，遣一介辩士议之，彼方内顾不暇，未必不成上策。(《茅斋自叙》)

上恐发禁卫厢兵益少，朝廷内虚，异时无兵可为两淮之用。(《采石战胜录》)

表示皇宫或皇宫内部，有7例，如：

枢密承旨王健下京畿弓手尹奇者，疑使臣十余人为奸细，鼓众杀之，并殴健，内前大扰。(《中兴遗史》)

朕出郊议加徽号事，为诸国未集，来日回内，仰士民安业。(《中兴遗史》)

留守司奉监国令旨，皇帝出郊，日久未还，上皇领宫嫔等出城，亲诣大金军前，求驾回内，士庶安业。(《中兴遗史》)

由方位义引申为表示人或动物的内脏，多用于人，仅有1例，即：

今闻大臣之在贼中者，日久分深，承其付讬，而二圣、二后、东宫诸王，北渡大河，五内殒裂，不如无生。(《中兴遗史》)

“外”作引申义的用法共有11例，表示某一单位或群体的外部有6例，多与“内”成对出现，如：

天祚失国，女政不纲，内盗外寇，天下瓜分。(《燕云奉使录》)

由是在内军民，在外勤王之师，已成失国之人矣。(《金虏节要》)

今以新河为界，则可外御敌国，内扼叛亡，多有利吾国矣！(《金虏节要》)

表示亲疏关系的有5例，如：

邦昌曰：“外人岂敢带他入去?”(《回天录》)

七岁丧父，既除丧，外氏欲夺其母而嫁之，不从，外氏强之。(《中兴遗史》)

既降诏，始知久已制成，但未降前不当漏于外耳。(《中兴遗史》)

“里”没有单独作引申义的用法，“中”作引申义的用例有4例，表等级义的有2例，即：

彼来则御之，退则备之，是为中策。(《茅斋自叙》)

上等每匹五贯，中等二贯五百文，闰罗四贯，练绢二贯。(《燕云奉使录》)

表次序的有2例，如：

又击右军，右军不胜，突入中军。(《河东逢虏记》)

	内部/外部	宫内	内脏	亲疏	等级	次序
内	15	7	1	0	0	0
外	6	0	0	5	0	0
中	0	0	0	0	2	2

可以看出，宋代的方位词表示引申义时不仅用例少，种类也并不多，新增的义项只有“内”有一例指代人的内脏，这一用法直到今天仍然使用。

《三朝》中的方位词“内”“外”“里”“中”的语义特征分布情况，如下表：

	空间义	时间义	引申义
内	41	0	23
外	57	0	11
里	11	1	0
中	174	22	4

总的来说，从语义层面来看，宋代的单纯方位词“内”“外”“里”“中”总体呈下降趋势，尤以“里”“中”最为突出。回顾前一时期，从魏晋南北朝至晚唐五代，变化最明显的也是“里”“中”，可以看出，“里”“中”在晚唐五代数量上激增是带有浓厚的时代色彩的，在进入到下一历史阶段后又恢复到正常的情况，这也符合语言发展的客观规律。

第二节 单纯方位词“内”“外”“里”“中”的句法演变

宋代的“内”“外”“里”“中”单独充当句子成分的情况呈下降趋势，除了“内”稍有增加外，其余都有一定程度的减少，以“中”的减少最为明显，除了“里”依旧极少单独作句子成分以外。宋代的方位词“内”“外”“里”“中”在句法上分布较为均衡，每个词的差距逐渐缩小。下面看具体情况：

1. 作主语。

“内”作主语有7例，如：

一封系赵诩上太傅相公，内言女真恣为杀戮，枉害良民，谕令归汉，不可受辱于女真也。(《燕云奉使录》)

枢密承旨王健下京畿弓手尹奇者，疑使臣十余人为奸细，鼓众杀之，并殴健，内前大扰。(《中兴遗史》)

上恐发禁卫厢兵益少，朝廷内虚，异时无兵可为两淮之用。(《采石战胜录》)

“外”作主语有3例，即：

招延州是渤海住坐，本朝拘收，外有居庸、金坡等关。(《燕云奉使录》)

及三尺而止，人始得立，坐作有余，外存其半，倚以蔽身。(《中兴遗史》)

彼贼虽有破城之势，然内有决死之敌，外有必救之兵。(《金虏节要》)

“里”没有出现单独作主语的用例，“中”作主语出现了3例，即：

台上有大红绣旗、黄旗各二，左右分立，中有大黄盖。(《中兴遗史》)

凡七日，军行三十五里，至地名郭山栅营于中下四高迫窄之地，中有沟涧。(《河东逢虏记》)

2. 作宾语。

“内”单独作宾语共出现了14例，如：

凡野兽自内起外者，四围得迎射；自外起内者，须主酋先射。(《茅斋自叙》)

时在内则城高池深，兵食兼足。(《金虏节要》)

故置之于内，不欲用之于外。(《金虏节要》)

“外”作宾语出现了13例，如：

次夕，云门下侍郎李处温自外来，未见书榜，但借观之。(《茅斋自叙》)

众军官分散，拽定颐浩欲出外。(《南归录》)

其三，责京城居民不念君父蒙尘于外，日惟偷安，不知共效死力，以雪国家之难。(《中兴遗史》)

“里”单独作宾语仅有2例，即：

如重伤不堪出战人，权发遣向里将养，免耗军食。(《河东逢虏记》)

规下令，从上向里，削去其半。(《中兴遗史》)

“中”作宾语仅有1例，即：

但每言燕地则西京在中矣。(《茅斋自叙》)

3. 作定语。

“内”单独作定语有9例，如：

内忧既绝，然后逞志。(《茅斋自叙》)
且请处置内事，恐防内乱。(《孤臣泣血录》)
贼至内邱，有数骑辄犯官军，已毙数人。(《金虏节要》)

“外”作定语有11例，如：

今宣抚司已退沮，又岂可以我之腹心，尽露与外夷？(《茅斋自叙》)
兼外城初失，我军必有縋城得脱者。(《金虏节要》)
七岁丧父，既除丧，外氏欲夺其母而嫁之，不从，外氏强之。(《中兴遗史》)

“里”单独作定语仅有1例，即：

今契丹自为戎首，窃稔奸谋，燔烧我里庐，虔刘我士女。(《燕云奉使录》)

“中”作定语有10例，如：

出南门，约行二三里，有三坐寨。其中寨，粘罕坐银交椅。(《北记》)
行次中门，列甲兵两行，引至帐前幕次下马，伴使来接迎。(《靖康大全山西军前和议日录》)
又击右军，右军不胜，突入中军。(《河东逢虏记》)

4. 作状语。

“内”作状语有10例，如：

贼势稍窘，郭药师等内变，杀罗青汉等数人，遂就招安。(《燕云奉使录》)
我若严备边防，屯集大军，示以威信，遣一介辩士议之，彼方内顾不暇，未必不成上策。(《茅斋自叙》)
是日，琼恐百姓喧乱，乃领兵往来，内则告谕百姓曰。(《中兴遗史》)

“外”作状语有5例，如：

宗室出城有外逃者，悉收赡之。(《中兴遗史》)

今以新河为界，则可外御敌国，内扼叛亡，多有利吾国矣！(《金虏节要》)

汝嘉走马，三节人皆出馆门，外阖其扉，知盱眙军周宗在馆外，穴壁以窥汝嘉。(《中兴遗史》)

“里”没有单独作状语的用法，“中”单独作状语的用例仅出现了1例，即：

既留琯，恐中辍，遂草一书与太子云。(《南归录》)

5. 作中心语。

“内”作中心语有2例，即：

平滦本燕地，以限榆关，则平滦州已在燕京之内矣。(《燕云奉使录》)

边城郡邑，其内守城之军，不若攻城之贼之盛也。(《金虏节要》)

“外”作中心语有3例，即：

赦书日行五百里，今四城之外，并是番人，欲赦伊谁？(《回天录》)

瑶华宫在旧城之外，贼虏时时入寇，元祐皇后所处非宜。(《回天录》)

大王贵人，在国门之外尚且不知，围城之中，如何得知？(《回天录》)

“里”没有单独作中心语的用例，“中”有5例，如：

此中亦遣使人须当道破，只得一年之数，赏此军人便是礼数了也。(《茅斋自叙》)

后以有罪者徙其中。(《金虏节要》)

范仲熊所说及此中文字，是霍安国不曾奏去？(《北记》)

	主语	宾语	定语	状语	中心语
内	7	14	9	10	2
外	3	13	11	5	3
里	0	2	1	0	0
中	3	1	10	1	5

从句法层面来看，宋代的方位词显得不那么活跃，用例数量下降，与前时期相比显得不那么丰富，但基本的体系还在。据此我们可以推测，宋代的方位词发展进入了一个冰封期，这也许与宋代特殊的历史有关，具体原因还有待进一步考证。

第三节 “X＋方位词”的方位短语的演变

1. “X＋内”。

《三朝》中“X＋内”构成方位短语的用法共出现了21例，其中“X＋内”作主语的共有9例，如：

加之天祚未灭，张觉抗衡，国内空虚，新民未附。(《茅斋自叙》)
即见得城内有马不多，耕牛尽在城外民间。(《燕云奉使录》)
京城已破，可遽归报皇帝，勿须播迁，五百里内皆吾兵也。(《孤臣泣血录》)

“X＋内”作宾语的共有10例，如：

引至帐内，跪奏，问大金皇帝圣躬万福。(《燕云奉使录》)
见兵马向西驰去，靖率监司议事于南门内。(《南归录》)
病患人安泊于空闲屋宇内，差使臣点检粥药医治病。(《河东逢虏记》)

“X＋内”作定语仅有1例，即：

城内番官人户，即是我要，汉儿人户都属南朝。(《茅斋自叙》)

“X＋内”作状语仅有1例，即：

城中百姓疑城内有奸细乱收捉良民，斩首、殴击至伤不可胜数。(《中兴遗史》)

2. “X＋外”。

《三朝》中“X＋外”作方位短语共出现了30例，其中“X＋外”作主语共有2例，即：

候塞外宁息，议减戍兵，此治燕至要也。(《茅斋自叙》)
城外以铁骑裹送，及门而返，交割与范琼。(《中兴遗史》)

“X＋外”作宾语共20例，是其主要用法，如：

于国主面前过却，引出第二重门外，面北立。(《燕云奉使录》)
当日在安肃军门外说与监守军官等，欲献讲和事。(《南归录》)
十四日绝早，至隰州城外，城上皆挂搭守御。(《河东逢虏记》)

“X＋外”作定语共有4例，如：

即见得城内有马不多，耕牛尽在城外民间。(《燕云奉使录》)
次日早，闻门外人闹云。(《北记》)

“X+外”作状语共有4例，如：

三五百万不为不多，然国家常赋外，只茶盐钱岁收二千五百万。(《燕云奉使录》)
国书外，莫别有议的事否？(《山西军前和议录》)

3. “X+里”。
《三朝》中“X+里”作方位短语共有8例，其中“X+里”作主语的有2例，如：

不要似前番一般，中间里断绝了。(《燕云奉使录》)

“X+里”作定语仅有1例，即：

譬如营里长行健儿，姓张的来管著是张司空。(《中兴遗史》)

“X+里”作宾语共有2例，即：

宣抚司兵马久在城里，困倦甚矣。(《北记》)
而营平两州户口，都在你南宋界里。(《北记》)

“X+里”作状语共有3例，即：

商量得十来年里不要相拗。(《邓洵武家传》)
但得事了，早班师为上，后来教他别人手里理会。(《茅斋自叙》)
承朝旨催促，即就道里疾驰。(《绍兴甲寅通和录》)

4. “X+中”。
《三朝》中“X+中”构成的方位短语总计有179例，其中“X+中”作主语的共有41例，如：

如誓书中所载两界逃人，彼此无令停止。(《燕云奉使录》)
城中所有，多是宗室国戚。(《燕云奉使录》)
军中惊溃，兵马填塞坑谷，不知其数。(《河东逢虏记》)

“X+中”作宾语共有92例，如：

试与家中商议，先遣骨肉南归。(《南归录》)
若水等复坐幕中。(《山西军前和议录》)

夜，即其所居帐中，连发三箭。(《采石战胜录》)

“X＋中”作定语共有24例，如：

某虽孤寒，今族中食禄者尚十四五人。(《南归录》)
城中官吏居民妇女，突关而出，不知其数。(《河东逢虏记》)
饥则吃雪，或拨雪取土中蔓青根食之，如此七日。(《北记》)

“X＋中”作状语共有22例，如：

雍熙中尝有此举，是时曹彬出河北，潘美出河东。(《邓洵武家传》)
陕右陷没，岳避地入蜀，途中得举业时文一册。(《中兴遗史》)
二十三日，堂中见孙，近笑而言曰。(《绍兴甲寅通和录》)

	主语	宾语	定语	状语
“X＋内”	9	10	1	1
“X＋外”	2	20	4	4
“X＋里”	2	1	2	3
“X＋中”	41	92	24	22

与上文所述的宋代方位词单用的情况大体一致，这一时期“X＋方位词”的方位短语出现的频率也不高，与晚唐五代相比总体呈下滑趋势，并且由于唐代“中”的发展最为强势，因此到了宋代其衰退得也最为明显，不过与其他三个方位词相比，其数量依然占据领先地位。就共时平面而言，“X＋方位词”作宾语的情况在每个时期都是最常见的，这与方位短语的名词性是分不开的。

第四节　合成方位词的演变及其他

一、复合方位词

与前几个时期一样，复合方位词“内外”的用法仍旧保留，除了用例数量上稍有浮动，其余没有变化，在此不再重复举例。同样也有一例复合方位词“内里”，语义也与唐代一致，如：

使得若军前差人来，则内里束手，做事不得矣。(《回天录》)

另外，出现了2例“中外”的用法，在魏晋南北朝时期出现，晚唐五代消失，到了宋代又重新出现，但赋予了其新的含义，在魏晋南北朝时期的“中外”多用来表示亲属关系，而宋代新出现的“中外”则与现代汉语的语义一致，指国内和国外，如：

中外愤郁，累年于兹，和议未定，虏兵已集。(《绍兴甲寅通和录》)
所以凭恩恃宠，靡所忌惮，而中外之士莫敢议者三十年。(《中兴遗史》)

还有2例新兴的复合方位词“表里”，在前文提到，“表里”在上古汉语中是一起出现过的，到了宋代再次出现，其含义就是“里”和“表”的叠加，如：

山前后相为表里，阙一则不可守。(《茅斋自叙》)

与其他用法不同的是，“表里”所指代的空间义是二维的，而一般我们所说的方位词都是三维的，因此有学者认为这里不应该处理为方位词。笔者认为二维和三维只是语义指代上的差别，究其根本还是表空间义，并不能作为区分是否方位词的依据，再者将其纳入讨论范围可以丰富整个方位词的体系。

“中间”出现3例，可表时间或空间，与前文所述无异，不再赘述。在晚唐五代曾出现复合方位词“中下”，表示等级义，多指代人，到了宋代，出现1例“中下”不表等级义，而是表空间义，是“中”和“下”语义的叠加，即：

凡七日，军行三十五里，至地名郭山栅营于中下四高迫窄之地。(《河东逢虏记》)

二、附加式方位词

在晚唐五代中出现的附加式方位词到了宋代很少见，出现了新的词缀“面”，但只有和“里”组合的用例，如：

奏知皇帝，请里面下马。(《中兴遗史》)
劝相公不要入到里面，恐卫士闻之愤怒也。(《回天录》)

其句法功能和语义与“里边”“里头”并无差别。

三、特殊用法

宋代依然保留前一时期的“除……外”的格式，甚至“除”有脱落的趋势。单用“……外”，以及相当数量的“这里”“那里”，已经成为人们的语言习惯。

此外，还出现了2例“四外”，“数词+方位词”的用法并不多见，根据分析发现，这里的“四外”所表达的含义与现代汉语中的“四周”相同，并且同期没有发现“四周”“四下”这类用例，因此姑且把“四外”看作是“四周”这一词的起源，如：

此殿之余，于所居四外栽柳行以作禁围而已。(《金虏节要》)

第十章　宋代至元代“内”“外”“里”“中”的历时演变

元代是近代汉语发展的中期阶段，由于这一时期政治和民族原因，汉语在很大程度上受到蒙语的冲击，而汉语属于汉藏语系，蒙语属于阿尔泰语系，两者差别较大，因此这两种语言的碰撞产生的影响也相对较大。据此元代的文献可以分为两类，一类为蒙氏汉语，一类为本土汉语，尽管本土汉语口语完全不受蒙语影响几乎是不现实的，但我们仍然希望能从比较分析中得出结论。而《元刊》的说话人和受众基本为汉人，因此我们以其为代表对元代汉语进行分析。

第一节　单纯方位词“内”“外”“里”“中”的语义演变

一、空间义的演变

通过对《元刊》中的方位词“内”“外”“里”“中”进行全面的分析后，我们发现，本时期的方位词在语义方面较宋代发生了很大的变化，尤其以空间义的变化最为突出，具体情况列举如下：

“内”表空间义有99例，表示实指空间义的有66例，如：

立在丹墀内，不由我泪交流，不见一班儿故友。（关张双赴西蜀梦·第四折）

向那华山中已觅下终焉计，怎生都堂内才看旁州例。（泰华山陈抟高卧·第三折）

有个篮儿，于内别无一物，则有一纸书。（陈季卿悟道竹叶舟·第三折）

实指空间范围的有5例，如：

子见他腮脸上泪成痕，口角内乳食喷，子转的一双小眼将人认。（赵氏孤儿·第一折）

这一纸独角赦把老臣搭救，我便一似护身符怀内牢收。（霍光鬼谏·第三折）

火逼得神号鬼哭，交火焚得马仰人无，都交火垓中逃性命，都交火阵内丧了残躯。（诸葛亮博望烧屯·第二折）

虚指空间义有28例，表示抽象空间的有14例，如：

我是你心头病，你是我眼内钉，都是那等不贤慧的婆娘传槽病。（诈妮子调风月·第三折）

恰便似心内火焚，好交人怎受忍。（尉迟恭三夺槊·第三折）

不能青史内标名，子落的钢刀下斩首。（东窗事犯·第四折）

表示抽象界限或范围的有14例，如：

赢了的朝野内峥嵘侍主，输了的交深山里锄刨去。（薛仁贵衣锦还乡·第一折）

则俺那五服内男儿也不曾能够见面。（岳孔目借铁拐李还魂·第二折）

“外”表空间义有54例，其中实指空间的有29例，如：

我量力求财，在家出外，诸般快，涌迸也似钱来，却怎还不了冤家债？（散家财天赐老生儿·第一折）

诛尽些朝中宰相，阃外将军。（赵氏孤儿·第一折）

几曾见外则将，内则相？（东窗事犯·第一折）

实指界限或范围的有19例，如：

怪早来喜蛛儿的溜溜在檐外垂，灵鹊儿咋咋地头直上噪，昨夜个银台上剥地灯花爆。（尉迟恭三夺槊·第二折）

臣海外收复了四百州，将凌烟阁翻作报官囚。（东窗事犯·第三折）

红杏枝边斗蹴踘，绿杨楼外打秋千。（张千替杀妻·第一折）

虚指空间的有6例，表示抽象空间的有1例，即：

忽地眼皮开放，似一竿风外酒旗忙。（李太白贬夜郎·第一折）

表示抽象界限或范围的有5例，如：

贫道山间林下，物外之人，无心名利。（泰华山陈抟高卧·第二折）

你惟情之外别无想，除睡人间总不知。（李太白贬夜郎·第三折）

尽今生老死居朝外。（辅成王周公摄政·第四折）

“里”表空间义共有254例，实指空间的有119例，如：

除了刘封，槛车里囚着三个。（关张双赴西蜀梦·第三折）

我身立在宝殿里，子不见同胞共乳亲兄弟。（楚昭王疏者下船·第四折）

望见这青龙寺有一道紫气，敢有此人在这寺里。（陈季卿悟道竹叶舟·第一折）

实指范围的有15例，如：

下云台，来朝会，不听的华山里鹤唳猿啼。（泰华山陈抟高卧·第三折）

一个胸膛里着翻背，一个嘴缝上中直拳。（马丹阳三度任风子·第三折）

这孩儿从怀抱里看生见长，子一句道得他小鹿儿心头撞。（李太白贬夜郎·第一折）

表示抽象空间的有120例，如：

把关、张分付在君王手里，教他龙虎风云会。（关张双赴西蜀梦·第一折）

又不曾游阆苑，又不曾赴瑶池，止不过在终南山色里。（马丹阳三度任风子·第三折）

他未尝离先帝玉辂车中，他须曾到文王非熊梦里。（辅成王周公摄政·第三折）

“中”表空间义共出现了214例，其中表实指空间义的有88例，如：

叙故旧，厮问候，想那说来的前咒，桃园中宰白马乌牛。（关张双赴西蜀·第四折）

我如今引来这园圃中，莫不是赚到这筵席上。（诸宫调风月紫云亭·第四折）

他不合仓廒中盗了粮，府库中偷了银。（东窗事犯·第四折）

实指范围的有7例，如：

要江山，夺社稷，似怀中取物。（赵氏孤儿·第四折）

正夜阑人静也，波心中猛觑绝，见冰轮皎洁洁，手张狂脚趔趄，探身躯将丹桂折。（李太白贬夜郎·第四折）

你去山门前且躲，你去东廊下休来近我，你向树阴中权且歇波。（小张屠焚儿救母·第二折）

表虚指空间义的有119例，其中表示抽象空间的有111例，如：

见紫衫银带公人列，晚天凉江水芦花谢，心中喜悦。（关大王单刀会·第四折）

也是世间多少事，尽在不言中。（赵氏孤儿·第二折）

想你腹中大才，胸中清气，都变做江山之秀。（死生交范张鸡黍·第三折）

表示抽象界限或范围的有8例，如：

你亲上亲，我鬼中鬼。（李太白贬夜郎·第三折）

凭大体呵则倚着急喉咙健啖是人中宝，论治道呵全靠那壮脾胃消食的是海上方。（死生交范张鸡黍·第四折）

这大夫好调理，的是诊候的强，这的十中九敢药病相当。（闺怨佳人拜月亭·第二折）

	实指空间	实指范围	抽象空间	抽象界限或范围
内	66	5	14	14
外	29	19	1	5
里	119	15	120	0
中	88	7	111	8

元代的“内”“外”“里”“中”在表空间义时，总体呈现上升趋势，“内”和“里”的增加最为明显，“内”和“外”增加的用例主要是实指的空间义，虚指空间义稍微有所下降；“中”恰恰相反，实指空间义减少而虚指空间义增加；“里”则是全面大幅度上升。从这些变化来看，元代的“内”“外”“里”“中”在空间义上更加接近晚唐五代，而不是宋代。

二、时间义的演变

“内”和“外”都没有出现表时间义的用法，“里”出现了42例，如：

春里断呵春暖群芳放，夏里断呵夏暑芰荷香，秋里断呵金井梧桐败叶黄，冬里断呵瑞雪飞头上。（好酒赵元遇上皇·第一折）

这等人前世里造下，今世里折罚；前世里狡猾，今世里叫化；前世里抛撒，今世里饿杀。（看钱奴买冤家债主·第一折）

半夜里恰回还，抵多少夕阳归去晚。（萧何夜追韩信·第二折）

“中”作时间义的用法共出现了7例，如：

屈斩了功臣血未干，天好还，梦中惊觉两三番。（楚昭王疏者下船·第一折）

想为人百岁中，得运子有十年旺，待有多少时光。(李太白贬夜郎·第一折)

既然一年中来谒三番，兼此人有皇帝分，和他相见咱怕甚。(诸葛亮博望烧屯·第一折)

	里	中
时间义	42	7

作时间义的用法依然延续前一时期，“内”和“外”没有发现表时间义的用法，不同的是，之前一直是“里”表示时间义少而“中”表时间义多，但到了元代发生了变化，“里”表时间义的用例明显增加，相反地，“中”表时间义的用例却大幅减少。

三、引申义的演变

元代方位词作引申义的用法整体呈下降趋势，“内”减少到几乎消失，而“中”已经没有引申义的用法，“里”和宋代一样没有出现，只有“外”变化不大。

“内”作引申义有4例，其中表示亲疏关系的，有1例，即：

从今后钱物减，子孙添，且得内人喜，一任外人嫌，因此上将转世浮财厌。(散家财天赐老生儿·楔子)

表示人或群体内部，有2例，即：

内伤？外伤？怕不待倾心吐胆，尽筋截力把个牙推请，则怕小处尽是打当。(闺怨佳人拜月亭·第二折)

内修政治，外观时变，则霸业可成，汉室可兴矣！(诸葛亮博望烧屯·第一折)

表示人的内在，有1例，即：

内藏着君子气，外显着碜人威。(诸葛亮博望烧屯·第一折)

“外”表引申义共有12例，其中1例表示外表，表示亲疏关系的有5例，如：

早是没外人，阿的是甚末言语那！(闺怨佳人拜月亭·第三折)

休和他争竞休和他强，从来女生外向。(散家财天赐老生儿·第三折)

往常恐东风吹与外人知，怎想这里泄露天机？（李太白贬夜郎·第三折）

表示其他，与“本”相对，有3例，即：

和哥哥外名，燕燕也记得真，唤做磨合罗小舍人。（诈妮子调云月·第一折）
你畅好村莽撞，可知道外名儿唤做一窝狼。（好酒赵元遇上皇·第一折）
俺这外路打扮，其实没这异锦轻罗。（诸宫调风月紫云亭·第三折）

表示集体或单位的外部，有2例，如：

他是外嫁了的人，已后自入张家坟，如何主得我和您！（散家财天赐老生儿·第三折）

表示外在有1例，即：

内藏着君子气，外显着碜人威。（诸葛亮博望烧屯·第一折）

“里”和“中”没有出现表引申义的用例。

	内部/外部	亲疏关系	内在/外在	外表	其他
内	2	1	1	0	0
外	2	5	1	1	3

由于只有两个方位词有引申义的用例，因此这一时期引申义的多样性显然无法得到保障，义项较少，只保留了几个最早和最常用的几个，其余的都没有出现。

	空间义	时间义	引申义
内	99	0	4
外	54	0	12
里	254	42	0
中	214	7	0

整体来看，在语义方面，从宋代到元代的变化十分明显，方位词“外”从三个语义层面来看，从宋代到元代都没有发生太大的变化，其余三个方位词除了上面提到的在时间义上“里”和“中”呈现此消彼长的态势，以及

“内”“中”引申义的减少之外，在空间义上，三者都有明显的增加，“内”几乎翻了一倍之多，而增加最明显的是“里”，“里”在晚唐五代有着非常丰富的空间义，而到了宋代则几乎消失殆尽，发展到元代又有了迅猛的发展，一跃成为该体系中用作空间义最多的一个。经初步分析，这应该与元代文言的衰落和口语的兴盛密不可分。

第二节 单纯方位词“内”“外”“里”“中”的句法演变

本时期的“内”“外”“里”“中”在句法上延续了前一时期的下降趋势，单独在句中充当句子成分的用例寥寥无几，“里”更是除几例合成方位词外全部为“X＋里”的方位短语，没有发现单独作句子成分的用例。

1. 作主语。

“内”单独作主语共有2例，即：

内修政治，外观时变，则霸业可成，汉室可兴矣！（诸葛亮博望烧屯·第一折）

内藏着君子气，外显着碜人威。（诸葛亮博望烧屯·第一折）

“外”作主语共有2例，与“内”作主语的例同。

“里”和“中”没有出现单独作主语的用例。

2. 作宾语。

“内”单独作宾语仅出现1例，即：

有个篮儿，于内别无一物，则有一纸书。（陈季卿悟道竹叶舟·第三折）

“外”作宾语有4例，如：

你显那查手风乔人酒量浅，吃不得往外瀽。（马丹阳三度任风子·第一折）

我子为你个孩儿出外，交我少精没神，失魂散魄。（薛仁贵衣锦还乡·第二折）

也是我惯曾出外偏怜客，违不过昆仲情怀。（小张屠焚儿救母·第三折）

“里”和“中”没有出现单独作宾语的用例。

3. 作定语。

“内”作定语有3例，即：

内伤？外伤？怕不待倾心吐胆，尽筋截力把个牙推请，则怕小处尽是打当。(闺怨佳人拜月亭·第二折)

从今后钱物减，子孙添，且得内人喜，一任外人嫌，因此上将转世浮财厌。(散家财天赐老生儿·楔子)

把长安封与佞臣，将彭城改内门。(萧何夜追韩信·第三折)

“外”作定语有9例，如：

早是没外人，阿的是甚末言语那！(闺怨佳人拜月亭·第三折)

咱须是亲弟兄，比外人至亲热。(死生交范张鸡黍·第二折)

俺这外路打扮，其实没这异锦轻罗。(诸宫调风月紫云亭·第三折)

“里”和“中”没有出现单独作定语的用例。

4. 作状语。

“内”作状语仅出现1例，即：

几曾见外则将，内则相？(东窗事犯·第一折)

“外”作状语有3例，如：

他是外嫁了的人，已后自入张家坟，如何主得我和您！(散家财天赐老生儿·第三折)

休和他争竞休和他强，从来女生外向。(散家财天赐老生儿·第三折)

“里”和“中”没有出现单独作状语的用例。

5. 作中心语。

“中”作中心语有3例，即：

小生却则酒肆之中，饮了几杯。(李太白贬夜郎·第一折)

想古往今来，多少功臣名将，谁不出于贫寒碌碌之中。(萧何夜追韩信·第三折)

贫道是南阳一耕夫，且于此中避世，那里管您这人间兴废？(诸葛亮博望烧屯·第一折)

	主语	宾语	定语	状语	中心语
内	2	1	3	1	0
外	2	4	9	3	0
里	0	0	0	0	0
中	0	0	0	0	3

在第九章说到，宋代的方位词并不活跃。到了元代，尽管在语义上丰富多样，但这一时期的方位词已经很少单独作句子成分了，基本上后附于其他名词构成方位短语，“内”“外”尽管用例少但还基本保留每个用法，“里”“中”可以说已经完全消失不见了。

第三节 “X＋方位词”的方位短语的演变

1. “X＋内”。

《元刊》中“X＋内”构成方位短语的用法共出现了97例，其中“X＋内”作主语的共有7例，如：

百年之后还埋葬，坟穴内尽按阴阳。（散家财天赐老生儿·第三折）

恰便似心内火焚，好交人怎受忍。（尉迟恭三夺槊·第三折）

双眸中不敢把珠泪抛，背背地揾了，满腹内有似热油浇。（赵氏孤儿·第三折）

“X＋内”作宾语共有23例，如：

慌向丹墀内俯伏呼万岁，臣死无葬身之地。（辅成王周公摄政·第三折）

你看看业贯满，渐渐死限催，那三人等候在阴司内。（东窗事犯·第二折）

偃仰在银河内，折末冠簪颠倒，衫袖淋漓。（李太白贬夜郎·第三折）

“X＋内”作定语共有22例，如：

我是你心头病，你是我眼内钉。（诈妮子调风月·第三折）

火坑内消息儿我敢蹅，油锅内钱财我敢拿。（岳孔目借铁拐李还魂·楔子）

便是司马迁也撞不开昭文馆内虎牢关。（死生交范张鸡黍·第一折）

“X＋内”作状语共有45例，如：

谁待要蜘蛛网内求官位？（诸葛亮博望烧屯·第一折）

臣若得五日权了头厅相，我敢两观下诛了少卯，九鼎内烹杀弘羊。（死生交范张鸡黍·第四折）

子待平地上放雕去拿獐兔，不肯沧海内钓鳌鱼。（薛仁贵衣锦还乡·第一折）

2. “X＋外”。

《元刊》中“X＋外”作方位短语共有46例，其中“X＋外”作主语的共有3例，如：

城外屯军了。(汉高皇濯足气英布・第二折)
您这火林外前后有军，深山里进退无门。(晋文公火烧介子推・第四折)
却不道壁间还有伴，窗外岂无人。(张千替杀妻・第二折)

“X＋外”作宾语共有20例，如：

折末水淹到门外，子把利钱来。(看钱奴买冤家债主・第二折)
我去城外赶两个猪儿去，我那里杀人？(马丹阳三度任风子・第二折)
醉醺醺跳出龙门外，似草店上般东倒西歪。(严子陵垂钓七里滩・第四折)

“X＋外”作定语共有8例，如：

诛尽些朝中宰相，阃外将军。(赵氏孤儿・第一折)
绕着溪上青山郭外村，多养着不粘钱的狗彘鸡豚。(死生交范张鸡黍・第一折)
你看剑挂尽汝阳城外柳，和这青山一夜也白头，满城人雨泪流。(死生交范张鸡黍・第三折)

“X＋外”作状语共有15例，如：

假若韩退之蓝关外不前骏马，孟浩然灞陵桥也不肯骑驴。(好酒赵元遇上皇・第二折)
烟雨外种莲花，云台上看仙掌。(泰华山陈抟高卧・第四折)
我门外摇着手做意哩！(汉高皇濯足气英布・第一折)

3. “X＋里”。
《元刊》中“X＋里”作方位短语共出现了293例，其中“X＋里”作主语共有65例，如：

官里待报答你那血溅的战袍红，草染的征靴绿。(薛仁贵衣锦还乡・第一折)
俺家里没甚草料多，那厘取槽铡？(薛仁贵衣锦还乡・第四折)
这西壁头间里是甚物？(诸葛亮博望晓屯・第四折)

“X＋里”作宾语共有71例，如：

见那厮手慌脚乱紧收拾，被我先藏在香罗袖儿里。(诈妮子调风月・第二折)
须知些道理，有的事便捱不到家里？(诸宫调风月紫云亭・第二折)
待回向垓心里别了虞姬，闷闷闷，懒归西楚亲无救。(萧何夜追韩信・第四折)

“X＋里”作定语共有35例，如：

唬的我来五魂消，怎隄防这笑里刀。（马丹阳三度任风子·第四折）

我唱的那七国里庞涓也没这短命，则是个八怪洞里爱钱精。（诸宫调风月紫云亭·第一折）

我不知你笑那深山里玉堂臣，他向那浓烟烈焰里成灰烬。（晋文公火烧介子推·第四折）

“X + 里”作状语共有 122 例，如：

慢松松胸带儿频挪系，裙腰儿空闲里偷提。（诈妮子调风月·第二折）

那鞭休道十分的正着，则若轻轻地抹着，敢交你睡梦里惊急列地怕到晓。（尉迟恭三夺槊·第二折）

百忙里揾不干我英雄泪眼！（萧何夜追韩信·第二折）

4. “X + 中”。

《元刊》里“X + 中”的方位短语共出现了 216 例，其中“X + 中”作主语的共有 27 例，如：

我心中不恍惚，有甚工夫，恶紫夺朱。（马丹阳三度任风子·第二折）

禁庭中受用处，止不过皓齿歌。（李太白贬夜郎·第二折）

见的臣胸中无半点尘埃。（辅成王周公摄政·第四折）

“X + 中”作宾语的共有 51 例，如：

若是来日到御园中。（尉迟恭三夺槊·第二折）

为何事离宅中？（张鼎智勘魔合罗·第四折）

我这里整朝章秉象简端居于相位中，我与你出班部上瑶阶赴丹墀直望着君王拜。（晋文公火烧介子推·第一折）

“X + 中”作定语的共有 58 例，如：

想那乱扰扰红尘中争利的俗人。（泰华山陈抟高卧·第二折）

盼你似蝶戏镜中花。（薛仁贵衣锦还乡·第四折）

朝中宰辅，缄口无言，没一个敢谏官里。（晋文公火烧介子推·第一折）

“X + 中”作状语的共有 80 例，如：

屈斩了功臣血未干，天好还，梦中惊觉两三番。（楚昭王疏者下船·第一折）

那鞭若脊梁上抹着，忽地咽喉中血几道。（尉迟恭三夺槊·第二折）

既然一年中来谒三番，兼此人有皇帝分，和他相见咱怕甚。（诸葛亮博望烧屯·第一折）

	主语	宾语	定语	状语
“X+内”	7	23	22	45
“X+外”	3	20	8	15
“X+里”	65	71	35	122
“X+中”	27	51	58	80

通过与前一时期“X+方位词”构成方位短语情况的对比，不难发现，从元代到宋代，后置式方位短语出现的频率大大提高了，显然，到了元代，口语化的程度明显上升了。就其在句中承担的句法功能而言，宋代几乎是一边倒的以作宾语为主，而本时期尽管作宾语的情况仍然占有一席之地，但其他用法似乎有崛起之势。尤其是状语，除“X+外”以外，其余三者都是以作状语为其主要用法。笔者认为，这与宋元两个时期不同的口语环境有关，元代的口语大多以曲文唱词为主，因此，方位短语位于句首作状语的情况要比其构成介宾短语作状语的情况普遍得多。具体到每个字的情况，“X+内”作主语的情况没有太大的变动，作宾语的用例翻了近一倍，这与第九章所说的在每个历史时期，方位短语作宾语的情况虽然有所浮动，但始终是最常用的用法之一。作定语和作状语的情况从很少见发展到与宾语出现频率一致甚至超过的情况。变化最为明显的是“X+里”构成的方位短语，在《三朝》中，“X+里”出现的次数屈指可数，而到了元代，“X+里”已经成为四个方位短语中用例最多的一个，除作定语的用略少于“X+中”之外，其余用法皆遥遥领先。“X+中”的变化也比较大，作主语和宾语的比例有所下降，其余两种句法成分更为常见。

第四节　合成方位词的演变及其他

一、复合方位词

首先来看复合方位词，发展到元代，复合方位词并不多见，方位词“内”和“外”的组合依然存在，但仅有3例，在语义和句法功能上一致，都作主语，表引申义，如：

临至日若是上下交征，内外差争，老微臣怎地施行？（辅成王周公摄政·第一折）

此外出现了新的复合方位词“里外”，但用例很少，仅3例，用法比较单一。

宋代出现的“中间”在《元刊》中仍有保留，计2例，用法与“中”单用没有区别，如：

这公事其中间都是你的弊倖！（汉高皇濯足气英布·第二折）

二、附加式方位词

附加式方位词出现的例子也很少，“外”只有“外头”“外面”，没有了“外边”的用例，而“里”只剩下了“里面”，“里边”“里头”都没有出现。

“外头”一共有2例，分别作宾语和主语，即：

这一会把那老子吊在外头。（岳孔目借铁拐李还魂·第一折）

外头见千团柳絮随风舞，我这里早两朵桃花上脸来。（看钱奴买冤家债主·第二折）

“外面”只有1例，作主语，即：

你子是驴粪球儿外面光，卖弄星斗焕文章。（看钱奴·第三折）

“里面”共出现了3例，其中2例后置于名词之后构成方位短语，这是合成词第一次出现“X+合成方位词”构成方位短语的用例，这里的2例都是方位短语作宾语，即：

休道在玉皇殿前，直赶到月宫里面。（马丹阳三度任风子·第一折）

向人鬼中间，轮回里面，又转生一遍。（李太白贬夜郎·第四折）

还有1例是合成词作宾语，即：

是他气扑扑慌攒入里面藏，眼见的一身亡。（尉迟恭三夺槊·第一折）

不难发现，《元刊》中的合成方位词是比较少的，我们可以从中推断，这一时期的口语表达仍以单音节词为主，合成方位词作为双音节词并没有被广泛使用。

值得一提的是，在宋代出现的“除……外”的固定结构到了本时期也十分少见，但是同时出现了该结构中间部分脱落的情况，出现了1例“除外”单独成词的用例，但只出现了1例，即：

哥哥请吃兄弟这一盏酒除外别无甚孝顺。（张千替杀妻·第二折）

还有一个词汇化现象是“其中”作为双音节词使用，出现了1例，作定语，即：

注着咱命里，勘不出其中情意，张鼎索耽干系。（张鼎智勘魔合罗·第四折）

这一时期“里”的发展十分迅速，我们试对其进行初步的分析。“里”作为方位词使用出现得最晚，“内”和“中”在上古时期就已经广泛使用了，而正是由于这一点，“里”的口语化程度是最高的。从本时期开始，“里”逐渐拉开了与其余两者之间的差距，在口语当中更多地受到人们的青睐，虽然其与“内”“中”在语义上有交叉的部分，但在使用频率上与其他两者的差距越来越大，这一点前人已有详细论证①。而元代的口语环境是一片肥沃的土壤，“里”正是因此在这一时期得到了迅速的发展。

① “里”和“内”的基本意义是各有侧重的，一个侧重于表里分界，一个侧重于内外分界。从“～里”和“～内”的基本意义看，“～内”包括了“～里”的意义范围，但是在语言的实际应用中，“～里”被大量用作引申意义，使得两者的意义范围形成交叉关系。“～里”和“～内”都具有包含性和范围性两个特征，都可以表示空间、范围、媒介、时间等，但是还是有一些细微的差别，尤其是在语体和音节上。两者还有着各自的特有意义，主要有“～里”有强引申义、指代义、状态义和虚时空义，“～内”有同属义和紧缩搭配等。“～里”和“～内”虽然在很多情况下可以通用，但还是存在着一些各自的特点的。当然，语言是变化发展的，从现在网上的一些新闻类文章中的“～里”和“～内”的用例，可以发现，两者在倾向性上差异有逐渐缩小的趋势。引自张睿．方位结构“～里”和“～内”[J]．励耘学刊（语言卷），2010（1）：37－51．

第十一章　元代至明代“内”“外”“里”“中”的历时演变

第一节　单纯方位词“内”“外”“里”“中”的语义演变

至明代，我们选取的代表性文献是《金瓶梅》，该书的口语化程度非常高，全面详尽地反映了时人的口语面貌，而且我们可以发现，本时期方位词“内”“外”“里”“中”已经发展得相当成熟，十分接近现代汉语的口语系统，下面进行具体分析。

一、空间义的演变

《金瓶梅》中“内”表空间义共有 1 001 例，其中实指空间的有 838 例，如：

便向茄袋内取出，递与桂姐。（第十二回）

一个碗内两个肉圆子，夹着一条花肠滚子肉，名唤一龙戏二珠汤。（第四十九回）

西门庆留下两对在书房内，余者袖进李瓶儿房内坐下。（第七十七回）

实指范围的有 37 例，如：

只有金莲在卷帘内看收家火。（第十九回）

灵床内安着半身，里面小锦被褥、床几、衣服、妆奁之类。（第六十五回）

三官儿娘子另在那边角门内一所屋里居住，自有丫鬟养娘伏侍。（第七十八回）

虚指空间含义的有 126 例，其中表示抽象空间的有 115 例，如：

那妇人看了这般，心内焦燥起来。（第二回）

翟管家府内有事，也作别进去。（第五十五回）

把批文交付与伯爵手内，同往张二官处合伙，上纳钱粮去了。（第七十九回）

表示抽象的界限或范围有 11 例，如：

娘子休推老身不知，你诗词百家曲儿内字样，你不知全了多少，如何交人看历日？（第三回）

这如意儿就不同往日打扮，乔眉乔样，在丫鬟伙儿内，说也有，笑也有。（第六十五回）

那个是各人取觅，不在数内的。（第七十八回）

“外”表空间义共有 447 例，其中实指空间的有 254 例，如：

到晚夕，西门庆自外赴席来家，进金莲房中。（第十三回）

那平安磕头了起来，提着裤子往外去了。（第三十五回）

说俺两口子转的钱大了，在外行三坐五，扳亲家。（第八十一回）

实指范围的有 176 例，如：

那李瓶儿不住走来帘外，见西门庆坐在上面。（第十三回）

今日是提刑所夏老爹生日，门外庄上请我每吃了酒来。（第十九回）

忽然听得窗外有妇人语声甚低，即披衣下床，趿着鞋袜，悄悄启户视之。（第七十一回）

虚指空间含义的有 17 例，其中表示抽象空间的有 16 例，如：

洞中春不老，物外景长芳。（第四十九回）

你门里出身，门外出身？（第六十一回）

李瓶儿是心上的，奶子是心下的，俺每是心外的，入不上数！（第六十八回）

表示抽象的界限或范围的仅有 1 例，即：

择在二月十二日破土，二十日出殡，也在四七之外。（第七十九回）

“里”表空间义共有 2 787 例，其中实指空间的有 2 125 例，如：

妇人一面走过王婆茶坊里来，和西门庆做一处。（第四回）

及到水里石头烂了时，知他和尚在也不在。（第四十二回）

来到房子里，依旧换了惨淡衣裳。（第八十一回）

实指范围的有 37 例，如：

被这小猴子叫一声“你打”时，就打王婆腰里带个住。（第五回）
打后门里用轿子抬了来，休交一人知道。（第四十九回）
门里门外不相逢才好，反替他说人情儿？（第九十七回）

表示虚指空间义的有 625 例，其中表示抽象空间的有 623 例，如：

老身也活了六七十岁，眼里真个不曾见这个好针线！（第三回）
那戴方巾的，是王昭宣府里王三官儿。（第四十二回）
假认做女婿亲厚，往来和丈母歪偷，人情里包藏鬼胡油。（第八十二回）

表示抽象界限或范围的有 2 例，如：

在丫鬟伙里，或是猜枚，或是抹牌。（第五十五回）

“中”表空间义共有 2 378 例，其中实指空间的有 1 740 例，如：

骂了几句负心贼，由不得扑簌簌眼中流下泪来。（第三十八回）
西华岳山中 取猛虎口中牙，便去不得。（第十九回）
当夜无语，归到房中。（第七十五回）

实指范围的有 17 例，如：

西门庆把桂姐搂在怀中陪笑，一递一口儿饮酒。（第十二回）
感得观世音菩萨半空中化魂。（第七十四回）

虚指空间义的有 621 例，其中表示抽象空间的有 619 例，如：

教来保去了一节，心中大怒。（第二十六回）
口中艳声柔语，百般难述。（第五十二回）
越发价钱跌了，如今家中也没银子。（第七十七回）

表示抽象界限或范围的有 2 例，即：

如今这一本书，乃虎中美女，后引出一个风情故事来。（第一回）
爹动意恼小的不打紧，同行中人越发欺负小的了。（第七十二回）

	实指空间	实指范围	抽象空间	抽象的界限或范围
内	838	37	115	11
外	254	176	16	1
里	2 125	37	623	2
中	1 740	17	619	2

与元代的使用情况进行对比，变化最大的是“里”，其次是“中”，四个方位词在数量上都有显著地上升，基本是实指空间义的增加，“外”在指范围义的用法上增加也比较明显。显然，“内”的口语化要比“里”和“中”程度低，因此在使用频率上的差距越来越大。

二、时间义的演变

“内”表时间义共有 9 例，如：

黄气发于高旷，旬日内必定加官。（第二十九回）
这两日内才吃的好些儿了。（第三十八回）
我从三月内洗换身上，今方六个月。（第八十五回）

“外”表时间义共有 3 例，如：

歇后身死，又在保辜限外。（第六十七回）

“里”表时间义共有 137 例，如：

若出去，爹在气头里，小的就是死罢了！（第二十六回）
日里便似熬盘上蚁子一般，跑进跑出，再不坐在屋里。（第五十五回）
到正月里，请他和三官娘子往我家看灯吃酒。（第七十七回）

“中”表时间义共有 74 例，如：

王婆子睡梦中，喃喃呐呐。（第八十八回）
去冬十月中，本寺因放水灯儿，见一死尸从上流而来，漂入港里。（第四十八回）
春梅看了，到日中才来。（第九十六回）

	内	外	里	中
时间义	9	3	137	74

此前方位词“内”和“外”一直鲜有表时间义的用法，在《金瓶梅》发现数个用例，虽然远不及“里”和“中”的数量多，但从有到无的变化已经足够说明本时期的语义发展水平。

三、引申义的演变

“内”作引申义的用法共有9例，其中表示某一单位或群体的内部有6例，如：

自古男治外而女治内，往往男子之名都被妇人坏了者为何？（第十四回）
然未闻内无夷狄，而外萌夷狄之患者。（第十七回）
正是自有内事迎郎意，殷勤爱把紫箫吹。（第八十二回）

表示人或事物的内在的有2例，即：

但一生冷笑无情，作事机深内重。（第二十九回）
外视轻如粪土，内觑贵乎玕琅。（第四十九回）

指身体内部的有1例，即：

不料被艾火把风气反于内，变为慢风。（第五十九回）

“外”引申义共有38例，表示亲疏关系的有10例，如：

恐传出去，被外人辱耻。（第八十三回）

表示某一单位或群体的外部共有8例，如：

那里有甚么邪魔魍魉，家亲外崇。（第六十二回）
你止知盗卖江山结外夷！（第七十回）
骂了一顿，家丑不可外扬。（第九十五回）

表示人或事物的外表共有10例，如：

单爱外装老成，内藏奸诈。（第十九回）
你学了虎刺宾了，外实里虚。（第三十三回）

表示另外有8例，如：

外具赙仪，少表微忱，希莞纳。(第六十六回)
外具扬州绉纱汗巾十方。(第六十七回)
外令亲、荆子事，已具本矣，想已知悉。(第七十八回)

表示范围以外的有2例，即：

此系曾公手里案外的，你管他怎的？(第四十九回)
入殓之时，忌龙、虎、鸡、蛇四生之人外，亲人不避。(第六十二回)

“里”作引申义共有12例，其中表示人或事物的内在，有3例，如：

常言表壮不如里壮。(第二回)
你学了虎刺宾了，外实里虚。(第三十三回)

表示某一单位或群体的内部，有4例，如：

里言不出，外言不入，他敢怎的？(第七回)

指处所里面的人，有5例，如：

宅里说爹每在这边房子里摆酒。(第四十二回)
忙的连守备府里，咱家小大姐那里叫我，也没去。(第八十八回)
等家里问，就说我在狮子街房子里算帐哩。(第五十回)

“中”作引申义的用法共有5例，表示身体内部的有1例，即：

阴阳交争，乍寒乍热，似有郁结于中而不遂之意也。(第十七回)

表示等级义的有4例，如：

上户者纳粮，中户者减半，下户者退派。(第四十八回)
到陈千户家，看了几副板，都中等。(第六十二回)

	内部/外部	内在/外在	身体内部	亲疏	另外	以外	里面的人	等级
内	6	2	1	0	0	0	0	0
外	8	10	0	10	8	2	0	0
里	4	3	0	0	0	0	5	0
中	0	0	1	0	0	0	0	4

在引申义方面，尽管《金瓶梅》中又重新出现了“里”和“中”表引申义的用法，但本时期的方位词作引申义依然很少见，这一现象表示方位词发展到一定阶段其语义会逐渐向空间义沉淀，引申义的用法会慢慢减少。

《金瓶梅》中方位词“内”“外”“里”“中”的语义特征具体分布如下表：

	空间义	时间义	引申义
内	1 001	9	9
外	447	3	38
里	2 787	137	12
中	2 378	74	5

整体来看，明代的方位词在语义上要比上一时期丰富得多，尽管引申义整体呈现颓势但用例依然健全，时间义的用法新增了“内”和“外”，这也保证了整个体系的完整性。至于空间义，“里”和“中”依然齐头并进，这是因为“里”的口语化程度最高，而“中”涵盖了“里面”和“中间”两个空间语义特征，“内”由于其书面性较强，所占的比例远远小于“里”和“中”。

第二节　单纯方位词“内”“外”“里”“中”的句法演变

明代的方位词“内”“外”“里”“中”单独在句中作句法成分的情况较之元代有较大的变化，元代整体上可以说是残缺不全的，而明代则相对更加全面，各种句法成分都有很好的体现，下面看具体情况。

1. 作主语。

“内”单独作主语共有 10 例，如：

因蔡太师所陈七事，内多舛讹。（第四十九回）

取出包袱，内包着一套段子衣服。（第六十三回）

因打开囊箧，内又没了细软东西。（第九十四回）

“外”单独作主语有 13 例，如：

外有飞金朱砂，妆点的十分好看。（第五十三回）

里边酿着肉，外用椒料、姜蒜米儿、团粉裹就，香油碟、酱油醋造过。（第六十一回）

用蜜炼制过，滚在杨梅上，外用薄荷、橘叶包裹。（第六十七回）

“里”单独作主语有7例，如：

你学了虎刺宾了，外实里虚。（第三十三回）
常言表壮不如里壮。（第二回）

“中”单独作主语有1例，即：

七间大殿，中悬敕额金书。（第三十九回）

2. 作宾语。

“内”单独作宾语共有11例，如：

叫你领三百两银子做买卖，如何夤夜进内来要杀我？（第二十六回）
韩道国迎接入内，见毕礼数。（第六十一回）
把吴月娘众人拦阻在内，又不好出来的。（第八十九回）

“外”单独作宾语有125例，如：

白来创躲在西厢房内，打帘里望外张看。（第三十五回）
只说：董姑娘在外来了。（第五十四回）
却说金莲只说往他屋里去，慌的往外走不迭。（第七十三回）

“里”单独作宾语有67例，如：

金莲拉玉楼两个打门缝儿望里张觑。（第二十回）
背靠双枕，手拿那话往里放。（第五十回）
你扶我面朝里略倒倒儿。（第六十二回）

“中”单独作宾语共有13例，如：

越墙而过，于中取事。（第九十回）
何乔二老居中，让他在左，应伯爵在右。（第六十一回）

3. 作定语。

“内”单独作定语共有11例，如：

内院歌姬，紧按定银筝象板。（第四十三回）
拆了内函封袋，打开副启。（第五十五回）

“外”单独作定语共有36例，如：

那吴月娘把面容朝看外厅。（第二十九回）
闪的人反拍着外膛儿细丝谅不彻。（第三十三回）
李瓶儿与他穿上红段衫儿，安顿在外间炕上。（第五十九回）

“里”单独作定语共有32例，如：

见外边嚷闹起来，唬的藏在里间床底下。（第二十回）
里言不出，外言不入，都似这般。（第八十三回）

“中”单独作定语共有23例，如：

郑妈妈出来迎接，至于中堂，见礼。（第七十七回）
只见中门关着不开，官员都打从角门而入。（第五十五回）
苗天秀与安童在中舱里睡，苗青在橹后。（第四十七回）

4. 作状语。
“内”单独作状语共有14例，如：

腹心之疾已久，元气内消。（第十七回）
新近收拾大厅西厢房一间做书房，内安床几、桌椅、屏帏、笔砚、琴书之类。（第三十一回）
有王三官差永定同文嫂拿着请书盒儿来，内安泥金折。（第七十回）

“外”单独作状语共有17例，如：

元气内充，荣卫外扞，则虏患何由而至哉？（第十七回）
穿着外盖衣服，一个在书房里坐。（第五十五回）

“里”和“中”没有单独作状语的用例。
5. 作中心语。
“内”作中心语共有2例，即：

西门庆垂首窥见妇人香肌掩映于纱帐之内。（第五十一回）
四肢之内，血少而气多。（第七十六回）

“外”作中心语仅有1例，即：

二十日出殡，也在四七之外。（第七十九回）

“里”没有出现作中心语的用例。

“中”作中心语共有13例，如：

只是咱前日酒席之中，已把小的子许下他了。（第五十五回）
春梅正在房里缕金床锦帐之中才起来。（第九十回）

	主语	宾语	定语	状语	中心语
内	10	11	11	14	2
外	13	125	36	17	1
里	7	67	32	0	0
中	1	13	23	0	13

在第十章说到，元代的方位词基本后附于名词或名词性成分而构成方位短语，或者用在合成方位词中，已经很少单独作句法成分了。到了明代，这一现象又有所改变，除了“里”和“中”没有作状语的用法之外，其余每一种句法成分都有出现，出现最多的是作宾语的用法，最少的是作主语的用法。

第三节　“X＋方位词”的方位短语的演变

1. “X＋内”。

《金瓶梅》中方位词“内”后置于名词或名词性短语后构成“X＋内”的方位短语共出现了982例，其中“X＋内”作主语的共有152例，如：

碧玉栏边种着那异果奇葩，水晶喷内堆着那玛瑙珊瑚。（第二十七回）
取出包袱，内包着一套段子衣服，两根金头簪儿，一件金花儿。（第六十三回）
韩老爹在那里住？宅内稍信在此。（第六十六回）

“X＋内”作宾语的共有644例，如：

西门庆听了，如提在冷水盆内。（第十八回）
金莲使来安儿扶到他家中，分付教他明日早来宅内浆洗衣裳。（第二十四回）
这妇人向床头拉过他袖子来掏，掏了几个放在口内才罢。（第七十二回）

“X＋内”作定语的共有67例，如：

请在四条巷内何金蟾儿家吃酒。（第三十四回）

西门庆拉温秀才、伯爵厢房内暖炕上笼了火那里坐。（第七十二回）

蒙师荐拔，今往东京城内袁指挥家，托生为女去也。（第一百回）

“X＋内”作状语的共有119例，如：

壶里还剩下上半壶酒，分付小厮画童儿，连桌儿抬下去，厢房内与李铭吃。（第二十二回）

太太请老爹房内拜见哩。（第六十九回）

只因八月内，哥儿着了惊唬，不好。（第六十二回）

2. “X＋外”。

《金瓶梅》中“外”后置构成方位短语的用法共有283例，其中“X＋外”作主语的共有59例，如：

嫌人家是房里养的，谁家是房外养的？（第四十一回）

看看窗外鸡鸣，东方渐白。（第五十一回）

忽然听得窗外有妇人语声甚低，即披衣下床。（第七十一回）

“X＋外”作宾语共有104例，如：

连忙使小厮来兴儿，骑头口往门外请西门庆来家。（第二十六回）

那桂姐听见保儿来，慌的走到门外，和保儿两个悄悄说了半日话。（第四十五回）

使力往下一推，直推出帘子外。（第六十三回）

“X＋外”作定语共有66例，如：

二娘使我往门外寺里鱼篮会，替过世二爹烧箱库去来。（第十八回）

载至临清码头上，钞关上过了，装到清河县城外官店内卸下。（第四十七回）

第二日，先是门外韩姨夫家来上祭。（第六十五回）

“X＋外”作状语共有54例，如：

下去，四个唱的出来，筵外递酒。（第二十回）

但郊外去，必须得两个唱的去，方有兴趣。（第五十三回）

墙外烧火，里边地暖如春。（第七十三回）

3. “X＋里”。

《金瓶梅》中“X＋里”所构成的方位短语共出现了2 891例，其中“X＋里”作主语的用法共有309例，如：

我老娘眼里是放不下砂子的人，肯叫你在我跟前弄了鬼儿去了！（第十三回）

我打听出来，只怕我衙门监里放不下他。（第三十八回）

两边铺子里卖下多少银两？（第六十七回）

“X + 里”作宾语共有 1 543 例，如：

坐在床上，把老婆褪了裤，抱在怀里。（第二十三回）

常时节拉了到店里坐下，量酒打上酒来。（第五十六回）

这经济早攛掇他母舅出来，然后打了一百两银子在腰里。（第八十八回）

“X + 里”作定语共有 296 例，如：

收藏在山子底下藏春坞雪洞儿里拜帖匣子内，搅着些字纸和香儿一处放着。（第二十八回）

干净是个绵里针、肉里刺的货，还不知背地在汉子根前架的甚么舌儿哩！（第五十一回）

你袖子里这根簪子，却是那里的？（第八十二回）

“X + 里”作状语共有 743 例，如：

百忙里旧时那疾又举发了，起不得炕儿。（第三十一回）

白日里分付奶子、丫鬟和吴银儿相伴他，不离左右。（第五十九回）

你还入神捣鬼，是那花园里拾的？（第八十二回）

4. “X + 中”。

在《金瓶梅》中，“X + 中”构成的方位短语共出现了 2 138 例，其中“X + 中”的方位短语在句中作主语的共有 467 例，如：

隔壁周台官家有一座花园，花园中扎着一座秋千。（第二十五回）

又将手中拿的洒金老鸦扇儿，只顾引逗他耍子。（第五十一回）

不一时，堂中画烛高烧，壶内羊羔满泛。（第七十三回）

“X + 中”在句中作宾语共有 962 例，如：

高、杨、童、蔡四个奸党，在朝中卖官鬻狱，贿赂公行。（第三十回）

这李桂姐和吴银儿，就跟着潘金莲、孟玉楼，出仪门往花园中来。（第五十八回）

拜了佛祖，拂去尘土。驮垛搭连放在堂中。（第八十一回）

“X + 中”作定语共有 276 例，如：

俺每内官的营生，只晓的答应万岁爷，不晓的词曲中滋味，凭他每唱罢。（第三十一回）

落后又见李瓶儿使过绣春来说，又走向前夺他女儿手中鞭子。（第五十八回）

说你假盗出库中官银，当贼情拿他。（第九十二回）

“X＋中”作状语共有433例，如：

李家又早堂中置了一席齐整酒肴，叫了两个妓女弹唱。（第二十一回）
王姑子道：“明日到是好日，就我庵中完愿罢。”（第五十三回）
西门庆在马上打了个冷战，醉中把马加了一鞭。（第七十九回）

	主语	宾语	定语	状语
“X＋内”	152	644	67	119
“X＋外”	59	104	66	54
“X＋里”	309	1 543	296	743
“X＋中”	467	962	276	433

《金瓶梅》中这四个方位短语在句法上与《元刊》时期相比，作主语和状语的比例大体相同，没有太大的变化。作宾语的用法，在《元刊》中“X＋内”和“X＋外”是相差不大的，而到了《金瓶梅》时期，“X＋内”的用例比例远远超过了“X＋外”，而作定语的用法，原本“X＋外”和“X＋里”所占的比重是比较小的，到了本时期则与其余两个方位短语相差不大。

需要说明的是，在《金瓶梅》中出现多次“X＋里”在句中充当谓语性成分的用例，但所出现的用例使用情况完全相同，因此不能确定其可靠性，现举1例，如：

你休推睡里梦里，趁你大娘未家家，那里讨帖坠胎的药，趁早打落了。（第八十五回）

第四节　合成方位词的演变及其他

一、复合方位词

在《金瓶梅》中，复合方位词的使用有所增加，无论是数量上还是种类上都远远大于《元刊》，组合形式多样化，但语义上基本保持一致，主要的复合方位词有“内外”（14例）、“内里”（4例）、“里内”①（2例）、“内中”（12例）、“里外”（8例）、“中间”（65例）。其中，“内外”除了可以表示空间义之外，还可以指代空间的内部、外部或指代其中的人或物；“中间”既可以表示空间义，也可以表示时间义，其余的复合方位词全都表示空间义，并且“内中”以表示虚指空间义为主。下面实指空间、虚指空间各举2例：

厅内外各官桌面，自有本官手下人领，不题。（第六十五回）
赁内外两间居住，依旧买炊饼。（第一回）
京城内外也交结的许多官员，近日又拜在太师门下。（第五十六回）
种师道为大将，总督内外军务。（第九十九回）
下大雨如注，雷电把内里凝神殿上鸱尾震碎了。（第六十四回）
无人得到内里，须央及你，如此这般，通个消息。（第八十七回）
文柜梳匣里内取出王姑子整治的头胎衣胞来。（第五十三回）
口里内不住的作柔颤声。（第七十五回）
内中有认的来保的，便安抚来保说道。（第三十回）
内中有拿人情央及夏提刑。（第三十四回）
你不曾看见，解开喷鼻香的，里外俱有花色。（第六十四回）
戴上道髻，里外换了新袄新裤。（第九十三回）
刚上到楼梯中间，不料梯磴陡趄。（第三十三回）
由王家巷进去，果然中间有个巡捕厅儿。（第六十八回）
说话中间，忽报刘公公、薛公公来了。（第三十一回）
在房内四五个做一处，吃到中间，也是合当有事。（第七十五回）

① “里内”一词很少见，有可能是文本的错误，但并未找到确切的证据来证明。

二、附加式方位词

发展到明代，方位词加后缀的形式已经基本完善，“边”“面”“头”三个词缀都出现得很频繁，但只附加于“里”和“外”之后，下面具体分析其用例：

1. “外边”。

《金瓶梅》中合成方位词“外边”共出现了171例，其中“外边”作主语的共有12例，如：

此是过世老公公御前带出来的，外边那里有这样范！（第十四回）

那丁二官儿又是个小胆之人，见外边嚷闹起来，唬的藏在里间床底下。（第二十回）

外边天寒下雪哩。（第四十六回）

“外边”作宾语的共有73例，如：

武二方才起来，走出外边，把郓哥留在里面，不放回家。（第九回）

爹，你也要个主张，好把丑名儿顶在头上，传出外边去好听？（第十二回）

俺这个成日只在外边胡干，把正经事儿通不理一理儿。（第十四回）

“外边”作定语的共有21例，如：

这李氏只在外边书房内住，有养娘伏侍。（第十回）

俺们虽是门户中出身，跷起脚儿，比外边良人家不成的货儿高好些！（第十二回）

外边西书院是他书房。（第九十七回）

“外边”作状语的共有63例，如：

你便外边贪酒恋色，多亏隔壁西门大官人，两次三番顾睦你来家。（第十三回）

搭彩匠一面外边七手八脚，卸下席绳松条，拆了送到对门房子里堆放。（第六十七回）

官人怎的外边歇了一夜，想必在柳陌花街行踏。（第九十八回）

“‘X+外’边”作方位短语的共有2例。

2. “外面”。

《金瓶梅》中合成方位词“外面”共出现了9例，其中“外面”作主语的有1例，即：

原来大人家有两层窗寮，外面为窗，里面为寮。（第十三回）

“外面”作宾语的有5例，如：

蔡御史道：“就是他。如今见在外面伺候，要央学生奉陪年兄到他家一饭。未审年兄尊意若何？”（第四十九回）

这伯爵慢慢蹑足潜踪，掀开帘儿，见两扇洞门儿虚掩，在外面只顾听觑。（第五十二回）

“外面”作定语的有3例，如：

经济刚待抽送，忽听得外面狗子都嗷嗷的叫起来，却人是西门庆吃酒回来了，两个慌的一滚烟走开了。（第五十三回）

李瓶儿一面分付迎春，外面明间内放小桌儿，摆了四盘茶食，管待玳安。（第十五回）

3. “外头”。

《金瓶梅》中合成方位词“外头”共出现了17例，其中“外头”作宾语的有7例，如：

王经道：“常二叔教人拿了两个盒子在外头。”（第六十一回）

或把我放在外头，或是招我到家去，随你心里。（第七十九回）

金莲道：“小孩儿家屁股大——敢吊了心！又不知家里外头，什么人扯落的你恁有魂没识，心不在肝上。”（第三十三回）

“外头”作状语的有3例，即：

两个勾使鬼，又不知来做甚么。你亦发吃了出去，教他外头挨着去。（第二十一回）

正是外头摆浪子，家里老婆啃家子。（第三十五回）

大姐道：“贼囚根子，快磕了头，趁早与我外头挺去！又口里恁汗邪胡说了！”（第三十九回）

“外头”作定语的有2例，即：

金莲道：“俺每是外四家儿的门儿的外头的人家。”（第二十一回）

连四个唱的都笑道：“娘说的是。就是俺里边唱的，接了孤老的朋友还使不的，休说外头人家。”（第七十六回）

“‘X + 外’头”构成方位短语的有 5 例。

	主语	宾语	定语	状语	方位短语
外边	12	73	21	63	2
外面	1	5	3	0	0
外头	0	7	2	3	5

4. “里边”。

《金瓶梅》中“里边”共出现了 79 例，其中绝大部分表示空间义，少数几例表示空间义的引申义。作空间义的共有 76 例，在句中都充当不同的句法成分，下面来看具体情况。

《金瓶梅》中“里边”作主语的共有 10 例，如：

被一阵风过来，把他裙子刮起，里边露见大红潞绸裤儿。（第二十五回）

原来这条巷唤做蝴蝶巷，里边有十数家，都是开坊子吃衣饭的。（第五十回）

墙外烧火，里边地暖如春，安放花草，庶不至煤眼熏触。（第七十三回）

“里边”作宾语共有 23 例，如：

妈说，爹如今做了官，比不的那咱常往里边走。（第三十二回）

你老人家请进里边去。（第五十九回）

玳安穿着青绢褶儿，用描金匣儿盛着礼帖儿，径到里边见春梅。（第九十五回）

“里边”作定语的共有 22 例，如：

我还不知道，倒是里边六娘刚才悄悄对我说，他替大娘做了一双鞋。（第三十二回）

那潘姥姥听见女儿这等证他，走那里边屋里呜呜咽咽哭起来了。（第五十八回）

那来旺儿一面把担儿挑入里边院子里来。（第九十回）

“里边”作状语共有 12 例，如：

说毕，唤玳安里边叫出吴银儿、李桂姐，席前递酒。（第三十一回）

四十个大螃蟹，都是剔剥净了的，里边酿着肉，外用椒料、姜蒜米儿、

团粉裹就。（第六十一回）

西门庆令王经：“你里边对你大娘说去。”（第七十八回）

“里边”作中心语有4例，一般被代词修饰，如：

你每这里边的样子，只是恁直尖了。（第五十八回）

“里边”除了表示空间义，还有表示引申义的，指代的是空间范围内的人或物，共有5例，都作主语或状语，如：

明日疏意里边，带通一句何如？（第五十三回）

小人问了应二叔，里边请老爹坐坐。（第六十八回）

以上是“里边”在句子中单独作句法成分的情况，还有“里边”后附于其他名词或名词性短语共同构成方位短语的情况，用例不多，共有3例，如：

李瓶儿这里赶眼不见，两三步就钻进去山子里边。（第五十二回）

就是俺里边唱的，接了孤老的朋友还使不的，休说外头人家。（第七十六回）

5. “里面”。

《金瓶梅》中附加式合成方位词“里面”共出现了147例，用例比“里边”稍多，但在用法上几乎一致，从语义上来看只有表示空间义和指代空间内的人或物两种，下面分析一下句法功能的具体情况。

《金瓶梅》中的“里面”作主语的共有29例，如：

里面花木庭台，一望无际，端的好座花园。（第十九回）

第三层除了半间层养佛像祖先，一间做住房，里面依旧厢着炕床。（第三十九回）

少顷，里面乐声响动。（第七十回）

“里面”作宾语的用法共有61例，如：

玉箫拦着我，不教我进去，说爹在里面。（第二十五回）

西门庆不因不由，信步走入里面观看。（第四十九回）

郝文嫂悄悄掀开暖帘进入里面，向西门庆磕头。（第六十九回）

“里面”作定语共有14例，如：

妇人打发丫鬟出去，关上里面两扇窗寮。（第十三回）

比及玉楼回到里面屋里，不见李娇儿。（第七十九回）

春梅便叫小丫头翠花把里面窗寮开了，日色照的纱窗十分明亮。（第九十五回）

“里面”作状语共有33例，如：

里面吃茶毕，西门庆往后边净手去。（第四十八回）
里面裹着一包亲口磕的瓜仁儿。（第六十七回）
原来是小大姐，没人，请里面坐。（第八十三回）

在《金瓶梅》中，“里面”除了在句中单独充当句子成分以外，还有10例置于名词性成分之后，与其共同构成方位短语在句中充当成分，都表示空间义，从其句法成分来看，“‘X+里’面”有3例在句中作主语，如：

经济看了柬帖并香囊，香囊里面安放青丝一缕。（第九十八回）

“‘X+里’面”作宾语的共有7例，如：

那长老进到花厅里面，打了个问讯。（第五十七回）
到书房里面，笑嘻嘻掀开帘儿，送与衙内。（第九十一回）
经济正与金宝在阁儿里面，两个饮酒。（第九十四回）

6. “里头”。

《金瓶梅》中“里头”共出现了30例，其中“里头”在句中单独作句法成分的共有18例，其中17例表示空间义，作主语的有2例，即：

里头有许多药味，甚是峻利。（第三十八回）
这个比不的前头，撑得里头热炙火燎疼起来。（第五十二回）

“里头”作宾语的有11例，如：

贼万杀的奴才，没的把我扯在里头①，说我招惹他。（第二十五回）
你每常使的颤声娇，在里头只是一味热痒不可当。（第五十一回）
怪道前日他见了我笑，原来有你的话在里头。（第八十二回）

“里头”没有作定语的用法。作状语的用法有2例，如：

你便就恁送他，里头图嘴吃去了，却使别人进来。（第四十六回）

“里头”作中心语的有2例，被代词修饰，即：

① 这里的“里头”不是实指空间义，而是虚指范围义，这种语义在“里边”和“里面”并不多见，但在“里头”中经常使用。

来到藏春坞洞儿内，只见西门庆又早在那里头秉烛而坐。(第二十三回)
这里头儿没动，下马威讨了这几下在身上。(第二十回)

还有 1 例“里头”表示时间义，即：

老妈，你依我收了，只当正月里头二主子快仓。(第十五回)

除了单独作句法成分的用例，“里头”还有后置于名词性成分构成方位短语的用例，共计 12 例，其中“‘X + 里’头”作主语的有 3 例，如：

血虚了，两腰子、浑身骨节里头通作酸疼，饮食业吃不下了。(第五十四回)

“‘X + 里’头”作宾语的共有 9 例，如：

好娇态的奴才淫妇，我肯容他在那屋里头弄碜儿？(第二十五回)
这几日，不知李三、黄四的银子，曾在府里头关了些送来与哥么？(第五十六回)
才在这里来，敢往花园书房里头去了。(第六十四回)

	主语	宾语	定语	状语	中心语	方位短语	
						主语	宾语
里边	10	23	22	12	4	1	2
里面	29	61	14	33	0	3	7
里头	2	11	0	2	2	3	9

通过对数据的分析，我们可以得出这样一个结论：汉语的口语发展到明代已经达到了一个很高的高度，从附加式方位词来看，已经与现代汉语无异，三个后缀“边”“面”“头”的使用十分频繁，并且在语义和句法上也相当完善。附加式合成方位词作方位短语的用法也得到了一定的发展，与“X + 方位词”不同，“X + 合成方位词”时一般只作主语或宾语，很少作其他成分。

三、特殊用法

在《金瓶梅》中出现了双音节词“已外”，用法和现代汉语中的“以外”相一致，都表示时间义，后附于名词构成方位短语，但只出现了 1 例，还不能把这看作是固定的词，即：

我承望他到二十已外也罢，不想十八日就迎接。（第六十五回）

发现了2例用“四外”来表示现代汉语“四周”的语义，也不多见，只是昙花一现的用法，即：

有百十间房子，四外窠子，妓女都在那里安下。（第九十三回）
如今四外好不盗贼生发。（第九十六回）

在本时期有用“分中”代替“分内”的情况，但很快就消失了，用法完全一致，之所以出现可能是因为时人更倾向于口语化较强的“中”，但由于“中”承担的语义远远大于“内”，因此后来又不再使用了。出现了3例“半中腰”的用法，这三个字都含有“中间”的语义，连用仍然表示“中间”，在句法功能上，1例作定语，即：

走到半中腰滴翠山丛、花木深处。（第二十七回）

2例与方位词“里”构成方位短语，其中1例在句中作宾语，另1例作状语，即：

两个打到半中腰里，都下来了。（第二十五回）
打王家巷进去，半中腰里有个发放巡捕的厅儿。（第六十八回）

另外还有2例“中央”出现，也是同义连用。

第十二章　明代至清代“内”“外”“里”“中”的历时演变

第一节　单纯方位词“内”“外”“里”“中”的语义演变

清代，我们选取的代表性文献是《儿女英雄传》，该书描绘的是19世纪中国社会风俗画面，采用的是市井细民喜闻乐见的评话形式，因此口语性质极强，而且该书最擅长、也最有特点的就是它纯熟、流利的北京口语①。以此书为代表能够更好地展示清代方位词“内”“外”“里”“中”的发展情况。

一、空间义的演变

《儿女英雄传》中的方位词“内”表空间义共有37例，实指空间的有26例，如：

面上写了“褚宅家信”，又写上“内信送至二十八棵红柳树邓九太爷宝庄问交舍亲褚一官查收”。（第三回）

却说这能仁寺原是一座败落古庙，向来有两个游僧在内栖身抄化。（第十一回）

安老爷因公子中后，城内各亲友都曾远到庄园贺喜，如乌、吴、莫诸人以及诸门弟子也都去过。（第三十六回）

虚指空间义的共有11例，其中表示抽象空间的有6例，如：

安公子在驴儿上心中着实的感念十三妹，口中不言，心内暗想道。（第十一回）

---

① “胡适揄扬说：‘他的特别长处在于言语的生动，漂亮，俏皮，诙谐有风趣。’”“《儿女英雄传》的拟评话形式与醇正的京腔京韵形成了独特的美学风貌。”摘自袁行霈．中国文学史：第四卷［M］．1版．北京：高等教育出版社，1999：464－466．

公子只是腹内寻思那传话人是谁，默默不答。（第二十三回）

表示抽象界限或范围的有5例，如：

请旨革职拿问，带罪赔修，俟该参员果否能于限内照数赔缴，如式修齐，再行奏闻请旨。（第三回）

你家这桩事，便在原参的那忌刻之罪九十二款之内，岂不是替你报过仇了？（第十八回）

你我丈夫行事，四海之内皆兄弟也。（第十五回）

“外”表空间义共有253例，实指空间的有157例，如：

面随着许多男的女的、老的少的、村的俏的，都俯伏在殿外。（序）

他也不理。张姑娘随后赶到帘子跟前，往外一看，原来他头南脚北跪在当院子里碰头呢。（第二十七回）

送了四位陪客走后，安老爷合邓九公便进去安置，外间自有褚一官一班人料理。（第三十九回）

实指范围的有61例，如：

三个人谢了一谢，两个更夫就合他在窗外的分起来。（第五回）

可奈墙外是梆锣聒噪，堂上是人语喧哗，再也莫想睡得稳。（第三十四回）

表示虚指空间义的共有35例，其中表示抽象空间的有6例，如：

当朝圣人最恼的贪官污吏，也还算法外施仁，止于把他革职，发往军台效力。（第十三回）

列公，天下事最妙的是云端里看厮杀，你我且置身局外，袖手旁观。（第二十二回）

表示抽象的界限或范围的有29例，如：

偏生的华忠又途中患病，还幸喜得就近百里之外住着他一个妹丈褚一官。（第四回）

只谈些无尽无休的梦中梦，何思何虑的天外天。（第二十四回）

你作了榜外举人，落了第，便不想着那老师的有心培植。（第三十五回）

“里”表空间义的共有1 973例，其中实指空间的有1 383例，如：

一时饭罢，公子收拾笔砚，便在卷袋里找那三场的文章草稿。（第一回）

进门一看，见那屋里通连三间，露明彩画。（第二十四回）

因一向在书房里读书，怕耽搁了工夫，所以戒了。(第三十七回)

实指范围的有 14 例，如：

中间也是一个穿堂大门，门里一座照壁。(第四回)

以至关里关外，但是个有点听头儿的，提起来大概都知道他个根儿襻儿，你问谁罢？(第十五回)

家家窗户里都透着灯光，却是各各的闭着门户。(第二十四回)

表虚指空间的有 576 例，其中表示抽象空间的有 563 例，如：

纵里看去，便是宗动天、日天、月天、水天、火天、金天、木天、土天、二十八宿天，共是九天。(序)

口里既不好问，心里更想不出这是怎生一桩事。(第二十回)

家里更有这等乐亲戚情话的一位舅太太，讲耕织农桑的一双亲家，时常破闷帮忙，好不畅快。(第三十七回)

表示抽象界限或范围的有 13 例，如：

就是强盗里也有不得已而落草的！(第十一回)

连上方才唱《摔琴》的那个，此外还有一个，算四大名班里的四个二簧硬脚儿。(第三十二回)

那两件里，一个装着几块山涧里长的绿翳青苔，俗叫作“头发菜”。(第三十六回)

“中”表空间义共有 408 例，其中实指空间的有 83 例，如：

两旁歧途曲巷中，有无数的车马辐辏，冠盖飞扬，人往人来，十分热闹。(序)

若依你吩咐你那奶公的话，停在那破庙之中，怎生放心得下？(第十九回)

看到“身无彩凤双飞翼，心有灵犀一点通”的两句，益发觉得满室中古香秾艳。(第三十回)

表虚指空间义的共有 325 例，其中表抽象空间的有 319 例，如：

行了一程，安公子见那路渐渐的崎岖不平，乱石荒草，没些村落人烟，心中有些怕将起来。(第五回)

此外合孔夫子同时的，虽尊如鲁哀公，他祭孔夫子的诔文中也还称作“尼父”。(第二十九回)

借你口中言，传我心腹事。(第四十回)

表抽象界限或范围的有6例，如：

倘被亲友中传说开去，你小小年纪，这个名儿却怎生担得起？（第二十五回）

便是市上吹箫、街头鼓板这些事，古人中如汧国公、芦中人等辈也都作过。（第三十九回）

宋儒中如考亭、伊川、明道诸君子，大半是苦拘理路，不问性灵的。（第三十九回）

	实指空间	实指范围	抽象空间	抽象界限或范围
内	26	0	6	5
外	157	61	6	29
里	1 383	14	563	13
中	83	0	319	6

第十章提到，“内”由于其书面性较强，用例逐渐减少，发展到清代，这一趋势更加明显，“内”表空间义的情况已经十分少见，相比于其他方位词，“内”的用例濒临消失。方位词“中”表实指空间义的用例也大幅下降，主要用例是表虚指空间义。从上表可以看出，这一时期的方位词指空间的更多，指范围的比较少。

二、时间义的演变

“内”表时间义的用法共有5例，如：

这一月之内，自有那“没主儿的钱”送上门来，替你还他，连我也不过作个知情底保的中人。（第九回）

太傅那时正在工部侍郎任内，见了这人，只道他是解工料的微员。（第十八回）

大约一月之间也在书房坐上十天八天，但那一天之内却在书房作不得一时半刻。（第十八回）

“外”没有表时间义的用例。“里”表时间义出现了47例，如：

且不问这十年后如何，就这十年里，我便课子读书，成就出一个儿子来，

也算不虚度此生了！（第一回）

况且那褚一官我也略晓得些消息，便去请他，他三五天里也来不了。（第八回）

从半夜里就惦着这件事，才打寅正他就起来了。（第三十五回）

“中”表时间义的用法共有47例，如：

如今大家都在患难之中，这可讲不得你的门第，过去见个礼儿。（第八回）

不要管他，此刻半路途中，有母亲的灵柩在此，料无别法。（第二十二回）

那时离出榜还有半月光景，这半月之中，凡是下场的，最好过，也最不好过。（第三十五回）

	内	里	中
时间义	5	47	47

《儿女英雄传》中方位词“内”“外”“里”“中”表时间义的用例也比较少，“外”没有发现表时间义的用例，“里”的用例也大大减少了，和“中”大致相当，在口语中更多地使用合成方位词来表示时间义。

三、引申义的演变

“内”作引申义的用法共有7例，其中表示人身体或者某一群体的内部的有6例，如：

次日便觉得有些鼻塞声重，胸闷头晕，恹恹的就成了一个外感内伤的病。（第一回）

须是不苟言，不苟笑，内言不出，外言不入。（第二十七回）

究之今闻未集，内视已惭，而后叹《孝经》一书所包者为约而广也。（第三十四回）

有1例表示人的内心，即：

“外除”者，明乎其终身未尝“内除”也，这是被终身无穷无尽有工夫作的事。（第十七回）

“外”作引申义的用法共有45例，其中表示其他，与“本”相对的，有

10例，如：

公子更是早晚用功，指望一举成名，不干外事。（第一回）

我也不怕外外姐姐思量，这要说是个外路乡下的孩子，再没人信。（第二十二回）

表示外部的有6例，如：

便有内而内阁翰詹九卿科道，外而督抚提镇，合词参奏了他九十二大款的重罪。（第十八回）

想起自己父母不在跟前，不觉性动于中，情发于外。（第二十八回）

表示亲疏关系的有23例，如：

说这不当着他们俩老的儿么，你也不是外人。（第七回）

张亲家妈，可不是我外待你老。（第二十回）

老弟，我说句外话，你莫要镑张了罢？（第十六回）

表示另外、额外的各有1例，即：

想来是将才串店的这几个姑娘儿，不入你老的眼，要外叫两个。（第四回）

他原想着这是点外财儿，这头儿要了两吊，那头儿说了四百，一吊六百文是稳稳的下腰了。（第五回）

表示范围以外，有2例，即：

回来再把自己的诗文摹拟摹拟，却也不作孙山外想。（第三十五回）

他那个儿子只按部就班的也就作到公卿，正用不着到那等地方去名外图利。（第四十回）

有1例表示至多的含义，即：

那个院落南北相去外也不过三尺。（第三十四回）

“里”单独作引申义的用法仅出现1例，表示事物的内在含义，即：

十三妹听安公子的话，说得有里有面，近情近理，待要驳他，一时却驳不倒。（第九回）

“中”表引申义共有3例，表示内心的有2例，即：

只急得他悔焰中烧，说不出口，在满院子里干转。（第四回）

一时看着这些人，虽是这等亲热相关，想起自己父母不在跟前，不觉性动于中。（第二十八回）

表示中等、普通、一般人，有1例，即：

只见跟班的从怀里掏出一个黑皮子手本来，中人两旁看了，诧异道。（第十三回）

	内部/外部	内在/外在	亲疏关系	其他	另外/额外	至多	以外	内心	等级
内	6	0	0	0	0	0	0	1	0
外	6	1	23	10	2	1	2	0	0
里	0	1	0	0	0	0	0	0	0
中	0	0	0	0	0	0	0	2	1

这一时期的方位词已经很少用作引申用法，大部分的引申义都已经消失了，与明代相比，发展情况大致相同，在本方位词体系中，表引申义最多的是“外”，“里”仅剩1例。

《儿女英雄传》中的方位词语义特征具体分布如下表：

	空间义	时间义	引申义
内	37	5	7
外	253	0	45
里	1 973	47	1
中	408	47	3

方位词“内”“外”“里”“中”发展到清代，在语义上已经基本沉淀为表空间义，时间义和引申义的用例已经不多见。从横向来看，方位词“里”的用例依然是最多的，而“内”的使用频率依旧处于下滑的趋势。本时期“中”的用例减少的也非常明显，只有“外”变化不大。

第二节 单纯方位词“内”“外”“里”“中”的句法演变

总体来看，方位词“内”“外”“里”“中”在句中单独充当句子成分的用例越来越少，尤其是作主语和宾语的用法下滑的最为明显，作定语的用例稍有增加。“里”在句中单独作成分的用例已经十分少见了。主要是由于语言发展到这一时期基本上以双音节词的形式出现，因此单独作句法成分的情况只会减少，这基本符合语言的发展规律，下面看具体情况。

1. 作主语。

“内”单独作主语的用法仅有 1 例，即：

次日便觉得有些鼻塞声重，胸闷头晕，恹恹的就成了一个外感内伤的病。（第一回）

“外”作主语共有 2 例，即：

一时上上下下乱乱轰轰挤了一屋子人，里三层外三层，把老爷合公子围了个风雨不透。（第四十回）

次日便觉得有些鼻塞声重，胸闷头晕，恹恹的就成了一个外感内伤的病。（第一回）

“里”单独作主语仅有 1 例，即：

一时上上下下乱乱轰轰挤了一屋子人，里三层外三层，把老爷合公子围了个风雨不透。（第十回）

“中”单独作主语仅有 1 例，即：

他虽然大仇已报，大事已完，可怜上无父母，中无兄弟。（第十九回）

2. 作宾语。

“内”作宾语有 4 例，如：

旁边粘着一个小小红签儿，上写着“请内批”三个字。（第二回）

怎的推手向外为琵、合手向内为琶，怎的为挑、为弄、为勾、为拨。（第十八回）

往往遇着孤身客人，半夜出来劫他的资财，不就害人性命，甚至关藏妇女在内。（第七回）

“外”作宾语有68例，如：

说着，便又将方才在外如何商量并公子怎样要去的话，回了舅太太一遍。(第三回)

把里面窗屉子也吊起来，站在窗前，向外合那些村婆儿一长一短的闲谈。(第二十二回)

这个当儿，里间儿的女眷都过槅扇跟前来，隔着那层槅扇绢望外瞧。(第三十七回)

“里”作宾语共有14例，如：

他把着往里一望，原来安公子还方寸不离坐在那个地方。(第六回)

说着，往里就走。(第十七回)

十三妹听安公子的话，说得有里有面，近情近理。(第九回)

“中”作宾语共有32例，如：

说着，回了进去，又从中说了些懈怠话。(第二回)

安公子一秉虔诚的上前炷了香，居中跪下，磕下头去。(第二十四回)

那正房里当中供佛，一间住人，一间座客。(第三十七回)

3. 作定语。

“内”作定语共有18例，如：

又写上“内信送至二十八棵红柳树邓九太爷宝庄问交舍亲褚一官查收”。(第三回)

姑娘这才明白，原来是公婆的内厨房。(第二十九回)

老太太一定在内堂，望姑娘叫人通报一声。(第十七回)

“外”作定语共有106例，如：

他原想着这是点外财儿。(第五回)

我只守了母亲的灵，除了内眷，不见一个外人。(第十九回)

公子才进得外砖门，早见梅公子站在个高地方。(第三十四回)

“里”作定语共有33例，如：

不想我们老爷子从旁一怂恿，姑娘你果然就让这位老人家到里一层儿来了。(第十九回)

大衣裳呢，都交给裁缝作去了，几件里衣儿合些鞋脚不好交出去。(第二十四回)

再整张姑娘见他穿好里衣服，便上去给他穿大衣服。（第二十七回）

“中”作定语有14例，如：

因见这座能仁古刹正对着黑风岗的中峰，有些风水。（第五回）
等小侄儿过去安了盘子，拉了中线，看了再定规罢。（第二十三回）
张姑娘这屋里却是齐着前后两卷的中缝安着一溜碧纱橱。（第二十九回）

4. 作状语。
“内”作状语共有5例，如：

他的太翁纪延寿，内任侍郎，外任巡抚。（第十八回）
究之今闻未集，内视已惭。（第三十四回）

“外”作状语有17例，如：

鼻孔撩天，包牙外露。（第七回）
外来的如吹鼓手、厨茶房，以至抬夫、轿夫这些闲杂人等过多。（第三十二回）

“里”没有单独作状语的用例。
“中”作状语的共有2例，即：

只急得他悔焰中烧，说不出口，在满院子里干转。（第四回）
安老爷听了，也便中止。（第三十一回）

5. 作中心语。
“内”作中心语有6例，如：

大约一月之间也在书房坐上十天八天，但那一天之内却在书房作不得一时半刻。（第十八回）

“外”作中心语有9例，如：

说来却离此不远，也不过在四五十里之外。（第八回）

“里”没有出现单独作中心语的用例。
“中”作中心语共有57例，如：

如今大家都在患难之中，这可讲不得你的门第。（第八回）
因此我从那任侠尚义之中，又动了个同病相怜之意。（第八回）
然则他四位之中，如安老爷的学问见识，安太太的精明操持。（第二十五回）

	主语	宾语	定语	状语	中心语
内	1	4	18	5	6
外	2	68	106	17	9
里	1	14	33	0	0
中	1	32	14	2	57

通过数据对比可以看出，《儿女英雄传》中的方位词在句中作主语的情况屈指可数，而作宾语和定语的情况较多，但由于“内”和“中”一般不和介词组合构成介宾短语，因此作宾语的情况相对少一些。

第三节　“X＋方位词”的方位短语的演变

1. “X＋内”。

《儿女英雄传》中“X＋内”构成的后置式方位短语共有13例，其中“X＋内”作主语的共有3例，即：

口中不言，心内暗想道。（第十一回）

这万金内一半作为门生的尽心，一半作为众门生的集腋。（第十二回）

说着，天色已晚，船内上灯。（第二十二回）

“X＋内”作宾语的共有7例，是“X＋内”最主要的用法，即：

众情跃踊，也仗着夫齐料足，果然在一月限内便修筑得完工。（第二回）

再整何玉凤姑娘同舅太太、张太太在德胜关店内住了一夜。（第二十三回）

却说安老爷连日在城内拜完了客，又把公子的事一一布置指示明白。（第三十六回）

“X＋内”作定语共有2例，1例在“X＋内”之后加“的”，另1例不加“的”，即：

我方才还同令婿议论海内的人物，提起一家有名的豪杰。（第十五回）

安老爷因公子中后，城内各亲友都曾远到庄园贺喜。（第三十六回）

“X＋内”作状语只有1例，即：

公子只是腹内寻思那传话人是谁，默默不答。（第二十三回）

2. “X＋外”。

《儿女英雄传》中“X＋外”构成的方位短语共出现了126例，其中作主语的共有18例，如：

二十里外有个地方，叫作二十八棵红柳树。（第三回）

离你父母的坟比这里远不了多少，况且门外周围都是成窝儿的家人。（第二十四回）

可奈墙外是梆锣聒噪，堂上是人语喧哗。（第三十四回）

“X＋外”作宾语共有69例，如：

只听得远远的两个人说说笑笑、唱唱咧咧的从墙外走来。（第六回）

听见他是个秀才，便命落平，就在门外下了轿。（第十八回）

果见公子忙兜兜的从二门外跑进来，忙着跑的把枝翎子也甩掉了。（第四十回）

“X＋外”作定语共有26例，如：

护送你们的那个人，我合他约在前面二十里外柳树林里相候。（第十回）

何小姐又把安公子看得似门外萧郎，略无惜玉怜香的私意。（第二十三回）

安老爷头一天就差人在彰义门外三藐庵备下茶尖，便也合公子送下去。（第三十二回）

“X＋外”作状语共有13例，如：

留下地保，一面庙外找人掩埋那两个和尚一个妇人的尸身。（第十一回）

打一两八钱重的铁弹子，二百步外取人。（第三十一回）

他那个儿子只按部就班的也就作到公卿，正用不着到那等地方去名外图利。（第四十回）

3. “X＋里”。

《儿女英雄传》中“X＋里”构成的方位短语共出现了1 986例，其中作主语的共有284例，如：

我生平别无所好，就是好喝口绍兴酒，可不知你老人家里有这东西没有？（第十五回）

一面低头系着汗巾儿，不觉嘴里又叨叨出一句话来。（第二十七回）

那个黄沙碗里装着一碗清水。（第三十六回）

“X+里”作宾语的共有1 088例，如：

只把身子一蹲，伸手向上一绰，早把那枝镖绰在手里。（第十五回）
本是姐姐的东西，从那里说起会到玉郎手里？（第二十六回）
却说安公子见过父母，才回到自己屋里。（第三十六回）

“X+里”作定语的共有410例，如：

这话听书的列公再没有听不出来的，只怕有等不管书里节目妄替古人担忧的。（第六回）
只可怜山里的那些村婆村姑，还望着姑娘依依不舍。（第二十回）
当下公子夫妻进去，见堂屋里佛爷桌儿上换了簇新的黄布桌围。（第三十七回）

“X+里”作状语的共有204例，如：

说着，暗地里合那些庄客挤眉弄眼。（第十五回）
你们三个没过十二天呢，还家里吃你们的去罢。（第三十一回）
不信我们门里出身的倒会不及个门外汉了！（第三十九回）

4. “X+中”。
《儿女英雄传》中“X+中”的方位短语共出现了289例，其中“X+中”作主语的共有39例，如：

脸上青黄不定，疝气也唬回去了，口中只说。（第十一回）
恰巧走到青云堡，走得一身大汗，口中干渴。（第二十一回）
只有褚大娘子听见他父亲提到身后的事情，心中有些难过。（第三十二回）

“X+中”作宾语的共有158例，如：

我如今暂且告辞，赶回店中说明原故。（第十七回）
在上房时舅太太让了他一句，他便忙忙的回到房中。（第三十回）
照这等看起来，他这副眼泪竟自是从天性中来的。（第四十回）

“X+中”作定语的共有55例，如：

一个个早丢了手中兵器，跪倒哀求。（第十六回）
那才称得起绿林中一条好汉呢？（第三十二回）

他此时痛定思痛，想起那日梦中那位老者说的。(第三十五回)

“X+中”作状语的共有37例，如：

原来就是店中相遇的那位姑娘！(第六回)

等你梦中叫的那个有情有义的玉凤姐姐来了，你问他一声儿看。(第二十三回)

讲到安太太这面，这件事真好比风中搅雪。(第四十回)

	主语	宾语	定语	状语
“X+内”	3	7	2	1
“X+外”	18	69	26	13
“X+里”	284	1 088	410	204
“X+中”	39	158	55	37

《儿女英雄传》中的方位短语变化也很大，“X+内”的用例几近消失，“X+外”的用例仍旧保持在一个不增不减的状态，证明其发展已经进入一个稳定的阶段。“X+中”的用例也减少了很多，主要是作主语和状语的减少。“X+里”是出现最多的方位短语形式，出现次数超过其他三个方位短语的总和，其自身的变化主要体现在作状语的减少和作定语的增加。

第四节　合成方位词的演变及其他

一、复合方位词

到了清代，复合方位词仍然大量存在，甚至有所增加，且在语义和句法上与上一时期基本保持一致，但仍然有较大的变化，主要有“内外”“内里”“内中”“里外”“中间”，与上一时期一样，“内外”和“里外”既可以表示空间上的“里面和外面”，还可以表示该空间的内部和外部或指代人，“内里”主要表空间义,有时也可指内部，“内中”主要表示虚指范围,多指代人群之中，“中间”既可以表示空间义，也可以表示时间义。下面实指空间义、虚指空间义各举2例，即：

一时吃完，又添了东西，内外下人都吃过了。(第二十一回)
一时内外饭罢，更鼓初交。(第二十八回)
从此衙门内外人人抱怨，不说老爷清廉，倒道老爷呆气。(第二回)
人家各有个内外，难道人家还好后脚儿就跟进你来不成？(第十九回)
那公馆本是大小两所相连，内里通着，外边各开大门。(第十三回)
只有安公子因内里有位玉凤姑娘，倒不好时常进来。(第二十一回)
只见内中一个小头目走过来问道。(第十一回)
又见一群穿孝的男女迎接，内中除了宋官儿一个，余者多不认识。(第二十三回)
他随把桌子上的灯拿起来，里外屋里一照。(第六回)
塌一道十三股里外挂金线的绦子，正卷着二折袖儿。(第二十回)
饮酒中间安老爷也请教了一番到工如何办事的话。(第二回)
大家正说到热闹中间。(第十三回)
邓九公便让安老爷在中间北床坐下，公子在靠南窗坐下。(第十五回)
一按那机子，中间那枝就出去了。(第三十一回)

二、附加式方位词

从明代到清代，由单纯方位词附加词缀构成的合成方位词并无太大变化，仍然是“边”“面”“头”三个词缀后附于“里”和“外”，具体情况如下：

1. “外边”。

《儿女英雄传》中“外边”共出现了19例，其中作主语共有4例，如：

外边去的，是门上家人晋升……内里带的是晋升家的、梁材家的……(第二回)
说话间，外边拿进两个职名来。(第三回)
又吩咐何姑娘说：“外边有人，不用出来。”(第二十七回)

“外边”作宾语共有3例，即：

家人们在外边开发喜钱。(第一回)
那跑堂儿的听一句应一句的，回身向外边去了。(第四回)
十三妹道：“我还有点事儿，你们在外边略等。”(第十回)

“外边”作定语共有5例，如：

他却倚在门旁，不则一声的听那外边的动静。(第六回)

这一嚷，早惊动了外边的人。（第三十一回）
想着如此把他一调，既压一压外边的口舌。（第二回）

"外边"作状语共有6例，如：

这里叫他，外边断听不见。（第四回）
坐了一会，便告辞外边坐去。（第十二回）
你的差使算当完了，请罢，外边吃茶。（第二十八回）

另还有1例是"'X + 外'边"构成的方位短语，在句中作主语：

说着，果听得槅扇外边脚步声音慢慢的溜过东边来。（第三十一回）

2. "外面"。

《儿女英雄传》中合成方位词"外面"一共出现了71例，其中"外面"在句中作主语的总共有15例，如：

不多一会，只听得外面嚷将起来。（第四回）
一句话不曾出口，只听外面一片哭声。（第二十回）
一个个不管自己肚子里是一团粪草，只顾外面打扮得美服华冠。（第三十四回）

"外面"在句中作宾语共有16例，如：

他又叫人在外面给那些车马跟人煮的白肉，下得新面过水合漏。（第十七回）
但是大远的，他不好自己到外面去。（第二十四回）
支持外面是我的事，料理里面是他的事。（第三十回）

"外面"作定语共有16例，如：

怒轰轰的走进房去，把外面大衣甩了。（第五回）
那天气又不寒冷，便叫下了外面明瓦窗子。（第二十二回）
却说安老爷家向来最是内外严肃，外面家人非奉传唤，等闲不入中堂。（第三十七回）

"外面"作状语共有22例，如：

只这几个家人，又有张亲家老爷合程相公外面帮着，人足敷用。（第十四回）
便催着送饭，自己便陪了安老爷父子张老三人外面去坐。（第二十回）

便是外面雇个不知根底的人来，也不放心。（第三十二回）

此外还有2例“外面”后置于名词之后构成的方位短语：

正中山门外面用乱砖砌着，左右两个角门。（第五回）
你看，那厢茶馆外面坐的不是老爷？（第十四回）

3. “外头”。

《儿女英雄传》中附加式方位词“外头”一共出现了64例，其中“外头”在句中作主语的共有7例，如：

内里就是我们娘儿们上下几个人，外头就止张亲家老爷合看坟的。（第二十三回）
如今外头也捆好了，我却不耐烦去解他。（第三十一回）
老爷要使银子，外头有留出来的五十两没用完呢。（第三十九回）

“外头”在句中作宾语共有30例，如：

你把那大杠顺在外头，肩杠、绳子、垫子都堆在这院子里。（第十七回）
其实咱们离开不到一年，瞧瞧你们在外头倒碰出多少不顺心的事来！（第二十二回）
从外头进了二门，便绕着游廊往这院里来。（第三十一回）

“外头”在句中作定语共有6例，如：

咱们外头的事情都齐了没有？（第二十回）
你把他带到外头老爷书房头里，请出老爷的家法来。（第三十六回）
慢说外头的戏馆、饭庄、东西两庙不肯教他混跑。（第一回）

“外头”在句中作状语共有9例，如：

就有那班会想钱的人，从门缝儿里传出信来，外头报喜的接着分头去报。（第一回）
你们外头喝茶去罢。（第十七回）
趁这个当儿给他弄个人跟了去，外头又有舅母调理管教。（第四十回）

除了在句中单独作句法成分以外，“外头”还可以后附于名词构成“‘X＋外’头”的方位短语，共计出现12例，如：

我要到前三门外头热热闹闹的听两天戏。（第二十九回）
白净脸儿，小胡子儿，嘴唇外头露着半拉包牙。（第三十二回）

两个嬷嬷便也带了随缘儿媳妇跟着张进宝跪在屋门外头。（第三十六回）

	主语	宾语	定语	状语	方位短语
外边	4	3	5	6	1
外面	15	16	16	22	2
外头	7	30	6	9	12

4. “里边”。

《儿女英雄传》中附加式方位词“里边”一共出现了 28 例，其中在句中作主语的共有 8 例，如：

这几日里边有个媳妇，不好叫他在里头不周不备。（第十三回）
他家是前后两个大门，里边不通。（第二十四回）
只觉四围捂盖了个严密，里边静悄悄的，黑暗暗的。（第二十七回）

“里边”在句中作宾语的共有 4 例，如：

十三妹早从里边迎了出来。（第十回）
舅太太是坐在里边，有个张太太挡着出不去。（第三十二回）
只因他天理中杂了一毫人欲在里边，就不免弄成那等一个乖僻性情。（第三十六回）

“里边”作定语共有 2 例，即：

一眼看见那穿堂门的里边东首。（第四回）
里边褚大娘子才听得鸡叫，便先起来梳洗。（第二十一回）

“里边”作状语仅有 1 例，即：

又有褚大娘子里边弄的家园里的瓜菜。（第十七回）

此外有 1 例不是表空间义，而是指代空间范围内的人，即：

里边应了一句说：“一直往东去。”（第十四回）

除了在句中单独作句法成分以外，“里边”同样也可以后附于其他名词共同构成“‘X + 里’边”的方位短语，在《儿女英雄传》中共出现了 12 例，如：

却说安公子在排插后面炕里边守着那个黄包袱。（第八回）

回头看了看，床里边还放着个小包袱。（第十回）

我是要把这节事刻在科场果报里边，布告多士的。（第三十六回）

5. “里面”。

《儿女英雄传》中“里面”共计出现了64例，其中在句中作主语的共有33例，如：

只这一拍，听得里面哗啷哗啷的一阵铃响。（第七回）

烟袋锅儿上还挑着一个二寸来大的红葫芦烟荷包，里面却不装着烟。（第十五回）

打开，里面是个青玉莲花宝月瓶。（第二十八回）

“里面”作宾语共有9例，如：

两间耳房，像是进里面去的路迳。（第十四回）

那板院里也透着灯光，都像有人在里面。（第二十四回）

进去里面只一层殿，原来是汉昭烈帝合关圣、张桓侯的香火。（第三十二回）

“里面”作定语共出现了3例，即：

把里面窗屉子也吊起来，站在窗前。（第二十二回）

他便赶紧跑开躲着，暗听里面的动静。（第三十一回）

这班人都是老早花了重价买转里面的书办。（第三十五回）

“里面”没有出现在句中作状语的用例。

“里面”除了可以在句中单独作句法成分之外，还可以后附于名词与名词构成“‘X＋里’面”的方位短语，在《儿女英雄传》中共出现了15例，可以在句中作主语、宾语、定语或状语，如：

大江以北叫作“夜猫子”，深山里面随处都有。（第五回）

河台下船，只得在那小船里面向上请了圣安。（第十三回）

姑娘一看，只见一个盒子里面放着五个碟子。（第二十八回）

以上这些“里面”都表示空间义，另外还有4例指代空间内的人，如：

才说完，里面又在那里催说。（第十四回）

嚷得里面听得逼清，阖家大乐。（第三十五回）

门上一时回进去，里面连忙道：“请”。（第四十回）

6. “里头”。

《儿女英雄传》中合成方位词“里头”总共出现了134例，表示空间义的共有130例，其中在句中作主语的共有24例，如：

那老树上半截剩了一个杈儿活着，下半截都空了，里头住了一窝老枭。（第五回）

打开，里头却是一枝雁钗，一双金镯子。（第二十八回）

只那南边儿靠着东墙围着个帐子，约莫里头是个书场儿。（第三十八回）

“里头”在句中作宾语的共有38例，如：

我们爷儿们又装神弄鬼的跟在里头，这又是作甚么呀？（第十九回）

忽然想起昨日看的那副袖箭，正下了五枝箭在里头。（第三十一回）

那杯里还有大半杯在里头，便递给长姐儿。（第三十七回）

“里头”作定语共有4例，如：

一个个搓拳抹掌的都在那里盼里头的信。（第三十五回）

里头两位少奶奶带着一群仆妇丫鬟。（第三十五回）

里头 的女人们便赶紧拿锯末子守地。（第三十七回）

“里头”作状语共有4例，如：

偶然到亲戚一家儿走走，也是里头嬷嬷妈、外头嬷嬷爹的跟着。（第一回）

那也不值甚么，等我里头赶着给你老炸点儿锅渣面筋。（第二十一回）

还有作中心语的共25例，如：

难道这胭粉花朵的里头便不许有个英雄不成？（第十五回）

那两个戴困秋的里头，岁数大些那个。（第三十二回）

以上为“里头”在句中单独作句法成分，在《儿女英雄传》中还有35例“里头”后置构成方位短语的用法，“‘X + 里’头”在句中充当句子成分，如：

就连我们现在的本家亲戚里头，也有好几个裹脚的呢。（第十二回）

叫给舅母行礼，请舅母到厢房里头坐下受头。（第二十七回）

从佃户名下查亩数，从亩数里头查租价，归进来核总。（第三十三回）

“里头”除了表示空间义之外，还可以表示指代义和时间义，各有2例，如：

撤下去就蒸上，回来好打发里头吃。（第二十一回）
一片锣声振耳，里头早晓得公子到了。（第三十六回）
我原想月里头就赶到的，不想道儿上遭了几天天气。（第二十四回）
这一年半里头，除了父母安膳之外，你两个的事，甚么也不用来搅我。（第三十三回）

	主语	宾语	定语	状语	方位短语
里边	8	4	2	1	12
里面	33	9	3	0	15
里头	24	38	4	4	35

从数量上来看，附加式方位词发展到清代，由“边”作后缀的合成词减少了，而“面”“头”作后缀出现的频率增加了，作定语和状语的用例减少了，而作主语和宾语的用例相对增加了，“X＋附加式方位词”构成的方位短语总体有所增加，在同时期用例比较也是“面”“头”作后缀的合成词构成方位短语的数量较多，“外边”和“里边”后置的用法相对较少。而在语义上变化不大，附加式方位词在明代时已经具备了各种语义特征，与现代汉语出入不大，因此到了清代人们只是根据口语的需要选择其中某一个词来使用，而这些词的语义特征并没有发生改变。

三、特殊用法

除此之外，还出现了一些新的特殊用法。上文提到，在《金瓶梅》中出现了“以外”的雏形“已外”，而到了清代，“以外”的用例也在逐渐增加，在《儿女英雄传》共发现3例，而在同一时期也出现了与之对应的形式“以内”，有10例，在句法功能上保持一致，语义上与其相反，都用在表示界限范围的词语或是数量词之后，如：

人家才不过二十以内的个女孩儿，自己也是十七八岁的人了。（第六回）
把他逼得房帏以内生趣毫无，荆棘满眼。（第二十七回）
师爷在二门以外，自安老爷以至公子，是臭味与之俱化。（第三十七回）
那山以外墙以内，本有我家一座家庙。（第二十四回）

另外还出现了1例合成方位词“里外”作补语的用例，语义上表示“里”和“外”语义的叠加，如：

凡是出入的银钱，严谨个里外。（第四十回）

还有“里”和“外”的重叠连用构成的独立小句，如：

跟着他，里里外外的，又放一点儿心。（第二回）

有时还与其他方位词的重叠形式一起出现，在语义上有着重强调涵盖面广的意味，如：

方才前前后后里里外外嚷了这半天的，就是他。（第二十八回）
正上上下下里里外外忙成一处。（第三十六回）

结 语

通过对先秦至清代方位词“内”“外”“里”“中”进行具体的分析和描写，我们可以得出以下结论：在语言的发展过程中，人们对方位的认知由浅入深，人们总是先关注具体的空间方位，再由此引申到时间义或是引申义等其他用法，这符合人类认知的发展规律。对于“内”“外”“里”“中”构成的三维空间体系的认知，是先“内”后“外”的，这是因为人们把“内”作为亲近的方位，而“外”则有疏远的意思。正是基于此，在方位词的发展过程中经常出现语义分布不对称的情况。

在现代汉语中最常用的是“里”，其次是“中”，最少的是“内”，而“外”作为仅存的一个与其他三个方位词在语义上保持相对的方位词，它的发展基本维持在一个稳定的发展状态。“里”在历史上出现得最晚，其口语性也最强，因此它的发展总体呈现上升的趋势。与“里”在语义上有交叉的“内”和“中”的发展情况则有所不同。“内”出现得最早，在上古汉语中“内”是经常和“外”成对出现的，因此其书面性较强，随着时间的推移，它在人们日常口语中的使用频率就逐渐下降了。“中”包含两个空间义，一是和“内”“里”一样表示“里面”，二是表示两个事物或一个事物两端的中间部分，所以它的变化较为特殊，假设在某一时期它的一个语义出现使用减少的情况，另外一个语义却不会受到影响。

另外，方位词的后附性也是一个发展的趋势，随着方位词参照物的范围越来越大，后附性也相应地增强。相对于单纯方位词来说，方位短语的使用更加自由灵活。

方位词后缀“边”“面”“头”的出现则是由于词汇双音节化的趋势，并且由于以上原因，这些后缀只附加在“外”和“里”的后面。从以前统计的数据来看，附加式的合成方位词在明代就已经发展得十分完善了，尽管有极少数的特例出现，如“内边”，但几乎与现代汉语无异。还有“以内”“以外”等词语的出现也是词汇化的表现。

参考文献

个人专著

[1] 蔡强．汉语方位词及其概念隐喻系统［M］．北京：中国社会科学出版社，2010.

[2] 曹炜．现代汉语词汇研究［M］．修订本．广州：暨南大学出版社，2010.

[3] 曹炜．现代汉语词义学［M］．广州：暨南大学出版社，2009.

[4] 储泽祥．现代汉语方所系统研究［M］．武汉：华中师范大学出版社，2014.

[5] 郭锐．现代汉语词类研究［M］．北京：商务印书馆，2002.

[6] 班固．汉书·律历志［M］．北京：中华书局，2007.

[7] 储泽祥．现代汉语方所系统研究［M］．第2版．武汉：华中师范大学出版社，2003.

[8] 丁声树，吕叔湘，李荣，等．现代汉语语法讲话［M］．北京：商务印书馆，1961.

[9]《古代汉语词典》编写组．古代汉语词典［M］．北京：商务印书馆，1998.

[10] 胡裕树．现代汉语［M］．上海：上海教育出版社，1962.

[11] 李佐丰．先秦汉语实词［M］．北京：北京广播学院出版社，2003.

[12] 李毓芙．世说新语新注［M］．济南：山东教育出版社，1989.

[13] 刘义庆．世说新语译注［M］．北京：北京燕山出版社，1996.

[14] 林晓恒．中古汉语方位词研究［M］．北京：中央民族大学出版社，2011.

[15] 黎锦熙．新著国语文法［M］．北京：商务印书馆，1956.

[16] 吕叔湘，李临定，等．现代汉语八百词［M］．北京：商务印书馆，1980.

[17] 毛晃，毛居正．增修互注礼部韵略［M］．北京：北京图书馆出版社，2005.

［18］马建忠．马氏文通［M］．北京：商务印书馆，1983.

［19］齐沪扬．现代汉语空间问题研究［M］．上海：学林出版社，1998.

［20］魏励．常用汉字源流字典［M］．上海：上海辞书出版社，2010.

［21］杨伯峻，何乐士．古汉语语法及其发展［M］．北京：语文出版社，2001.

［22］朱德熙．语法讲义［M］．北京：商务印书馆，1982.

［23］张文国，张能甫．古汉语语法学［M］成都：巴蜀书社，2003.

［24］张斌，张谊生．现代汉语虚词［M］．上海：华东师范大学出版社，2000.

期刊论文

［1］侯兰生．《世说新语》中的方位词［J］．西北师大学报（社会科学版），1985（01）．

［2］罗日新．“里、中、内”辨异［J］．汉语学习，1987（04）．

［3］廖秋忠．空间方位词和方位参考点［J］．中国语文，1989.

［4］张世禄．先秦汉语方位词的语法功能［J］．河北大学学报（哲学社会科学版），1996（01）．

［5］储泽祥．汉语空间方位短语历史演变的几个特点［J］．古汉语研究，1996（01）．

［6］邢福义．方位结构“X里”和“X中”［J］．世界汉语教学，1996（04）．

［7］方经民．汉语空间方位参照的认知结构［J］．世界汉语教学，1999（04）．

［8］汪维辉．方位词“里”考源［J］．古汉语研究，1999（02）．

［9］曾传禄．“里、中、内、外”方位隐喻的认知分析［J］．贵州师范大学学报（社会科学版），2005（01）．

［10］邓芳．方位结构“X中/里/内”比较研究［D］．广州：暨南大学，2006.

［11］邱斌．古今汉语方位词对比研究［D］．上海：复旦大学，2007.

［12］张谊生．汉语非典型持续体标记“中”和“间”的形成和发展［J］．汉语学报，2007（04）．

［13］宋殿伟．《祖堂集》方位词研究［D］．上海：上海师范大学，2008.

[14] 周玉妍.《祖堂集》方位词研究 [D]. 贵阳：贵州大学，2008.

[15] 董孝一.《金瓶梅词话》方位词研究 [D]. 贵阳：贵州大学，2009.

[16] 储泽祥，王寅. 动词的“重新理解”及其造成的影响 [J]. 古汉语研究，2009 (03).

[17] 张睿. 方位结构“X里”与“X内”探究 [D]. 上海：上海师范大学，2010.

[18] 方妍.《儿女英雄传》方位词研究 [D]. 杭州：浙江师范大学，2011.

后 记

祖母是胡适母亲那样的大家闺秀。她老人家虽然不识字，但从不与儿媳妇有半句闲语。她嫁来施家时，刚好同村的其他两户人家也娶媳妇，于是祖母的父亲就“斗”起了“嫁妆”。那时候，祖母不仅有陪嫁丫鬟，光是她带来的嫁妆就足足摆满了一条巷子。直到祖母步入老年，住在八角井镇的小表姨都称赞她文静、清爽，与一般的农村老太太气质不同。我从入学起，祖母就谆谆教导我，“你太公是秀才，你也要争气啊”。待上了三年级，我便渐渐开始用功起来，那时坐在窗下看书，日旰忘食。

1993 年春，江苏省最后一次高考前的预考结束了，那时预考也能填报志愿，校方会择优录取。父亲的原则是只读“公费”（不花钱）学校。我考虑再三，只能先把农村户口转出去，吃上“皇粮”再说。当时学生们的高考压力很大，本校的一位学长在食堂就餐时因脑溢血而瘫痪，后来还有一位因压力过大而精神失常。

当时我的成绩在城东中学文科班排名第一，总分 520 多分，超过第二名 20 多分，在全县也是名列前茅。班上尽管有七八十个人，但是进入预考录取的却寥寥无几。奇怪的是班主任先后让我填写了三次志愿表，从最初的“南京师范大学”“徐州师范大学”（2011 年更名为“江苏师范大学”）到某高专学校，填完了，说不对，让我重填；重填后，过了一天，又说不对，再重填；直到最后志愿表上仅剩下一个学校，一个专业。2018 年春节，据一位同学回忆，当时她也被班主任要求改过一次志愿表，我从而想起了一句很有名的话：“人类的历史在很忍耐地等待着被侮辱者的胜利。”

2010 年，我有幸在高福民书记和崔志明校长的领导下，一边教书，一边编辑学报。这一年，我也有幸评上了副教授，次年还“中了个大奖”——获得了一个教育部的语言学研究项目。于是我又一头扎进浩如烟海的故纸堆。在这里，我要感谢曹炜老师的全程指导和蔡思杨、王莹、江慧慧、李璐、季林莉、胡敏韬等团队成员的帮助。

在整理史料的过程中，我见到了太多的兴衰成败、荣辱悲欢，渐渐对历史时代的变迁有了一点反思和触动。放眼看东周，林林总总，几十上百个国家，竟然产生了诸如管子、老子、孔子、墨子等众多的思想家。中国人的精神发育是何等的健全！其面貌是何等的意气风发！及至两汉以后，游牧民族南下，“游牧”和“农耕”两大文化的碰撞使得中原君臣一度萎靡不自信。宋起，融入了少数民族基因的中国人似已发育成熟，国家的经济文化发展与繁荣规模空前。

但元兵的南下，打断了南宋贸易立国、走向海洋的进程……明清时期的国人，更是退化为一个个顺民。无怪乎当马嘎尔尼、利马窦在踏入中国国境之时，看到的是一个停滞不前的国家。

正如克罗齐所言：一切古代史都是当代史。

当我们抬起头来瞄一眼现实，真可谓是应了狄更斯的话：这是最好的时代，这是最坏的时代，这是智慧的时代，这是愚蠢的时代；这是信仰的时期，这是怀疑的时期；这是光明的季节，这是黑暗的季节；这是希望之春，这是失望之冬；人们面前有着各样事物，人们面前一无所有；人们正在直登天堂；人们正在直下地狱。

在长期的摸索中，中华文明的九曲十八弯终于找到了入海口，又重新拥抱蓝色，拥抱世界。

2016 年，苏州职业大学也迎来了新的发展契机：在钮雪林书记和曹毓民校长的带领下，产学研的融合风生水起，校企合作渐入佳境，为学校弘扬工匠精神打下了良好的基础。

学校学风纯真的气氛也感染了我，从而加速了对书稿的修改进度。

我用“单兵推进”的方式完成了科研项目，结集成书，并使三本书实现了“群像呈现”。这便是大家目前看到的《汉语方位词“前”“后”发展演变史》《汉语方位词“上”“下”“内”“外”“里”“中”发展演变史》《汉语方位词“左”“右”“东”“西”“南”“北”发展演变史》。

在本书推出之际，我要感谢苏州大学文学院的博士生导师曹炜老师，他既是严师，又如慈父，始终关心着我的成长。王继如老师学识渊博、古道热肠，徐山老师古汉语学养深厚、诲人不倦，马克思主义学院的戚福康老师无私帮助，护佑着我一路前行。苏州职业大学钮雪林书记和曹毓民校长、刘丹副书记，及常熟理工学院的丁晓原老师、周宏老师、王任老师等也在工作中给予我诸多帮助和鼓励。远在湖南的甘智林兄还阅读完了《汉语方位词“前”“后”发展演变史》的初稿。在这套书的写作过程中，同窗好友竺炯操、沈斌也给予我较多生活上的帮助。另外，对赵龙祥、张薇、张霞、蔡建平、李娟、